中国历史悬疑系列

◎范荧 俞钢 主编

明清卷

上海辞书出版社

图书在版编目(CIP)数据

中国历史悬疑系列·明清卷/范荧,俞钢主编.—上海:上海辞书出版社,2016.5
ISBN 978-7-5326-4567-1

Ⅰ.①中… Ⅱ.①范… ②俞… Ⅲ.①中国历史-明清时代-通俗读物 Ⅳ.①K209

中国版本图书馆CIP数据核字(2016)第065055号

中国历史悬疑系列·明清卷
范荧　俞钢　主编
责任编辑/刘琼　封面设计/汪溪

上海世纪出版股份有限公司
辞书出版社出版
200040　上海市陕西北路457号　www.cishu.com.cn
上海世纪出版股份有限公司发行中心发行
200001　上海市福建中路193号　www.ewen.co
浙江省临安市曙光印务有限公司印刷

开本890毫米×1240毫米　1/32　印张11　插页1　字数232 000
2016年5月第1版　2016年5月第1次印刷

ISBN 978-7-5326-4567-1/K·1027
定价:30.00元

出版说明

《中国历史之谜》是已故李培栋先生主持的一个出版项目，自 1996 年出版以来深受广大读者欢迎。2003 年又先后出版了《中国历史之谜》（修订本）与《中国历史之谜 · 续编》，继续得到了读者朋友的支持。

2013 年之后，我社根据图书市场需求，对《中国历史之谜》及修订本、续编和《中国文物之谜》等书进行梳理，按照朝代顺序，增补和删除部分篇目，并吸收历史学、考古学等学科的最新研究成果，最终整合为成规模的一套中国历史悬疑系列丛书，分为先秦卷、秦汉魏晋南北朝卷、隋唐五代卷、宋元卷和明清卷，整体推出。

特此感谢《中国历史之谜》的作者王廷洽、曾维华、俞钢、范荧、吴松弟、曹朔、邵雍、顾汉松、俞如云、恽菊珍、张莉、谢宝耿、丁光勋、董淮平、吴强华、沈逸波等，以及改写者范荧、俞钢、曹朔，《中国历史之谜 · 续编》的作者范荧，《中国文物之谜》的作者王俪阎。本套丛书在编辑出版过程中，得到主编范荧和俞钢的鼎力支持，在此一并表示谢意。由于编辑时间仓促，书中难免存在一些瑕疵，敬请读者批评指正。

上海辞书出版社

2015 年 11 月

目　录

明成祖身世的疑问

● 明太祖朱元璋

明成祖朱棣（1360—1424）为明代第三个皇帝，系明太祖朱元璋和高皇后马氏所生，为朱元璋第四个儿子。这个事实不仅载于《明太祖实录》《皇明玉牒》等原始史料，而且亦为各种纪传体、编年体明史著作所公认。但明末以后，有关明成祖的出身，出现了许多离奇传说，这些传说宣称，明成祖并非朱元璋和高皇后马氏所生。

其中一类传说，以明末修成的《南京太常寺志》为依据，断定明成祖为碽妃所生。此志不仅提出明成祖生母为碽妃的说法，而且还以明孝陵奉先殿的陈设为旁证。书中引述亲眼目睹者的话说，奉先殿中除中间南向列太祖、马后两神座外，东边排列诸妃神座，而西边则独列碽妃神座。这一现象证明碽妃即明成祖生母，因而才得到如此尊重。此后，明人何乔远、张岱、李清等都沿袭上述说法，认为《南京太常寺志》是有根据的。谈迁《枣林杂俎》中，不但转述了志中记载，而且还以阉人皆称高皇后马氏无子的说法，来证明志中记载确实。他还将成祖生母为碽妃的说法作为信史，载入《国榷》中。清初学者潘柽章、朱彝尊等也肯定这一说法，朱彝尊还考证碽妃为高丽人。

与此同时，北方地区还流传另一类传说，称成祖为元顺帝之妃、蒙古人瓮（翁）氏所生，是元顺帝的遗腹子。如成书于康熙元年（1662）的蒙文史书《蒙古源流》称，朱元璋灭元后，将元顺帝的妃子格呼勒德哈屯纳入后宫。当时此女已怀孕七个月，成为朱元璋之妃后，过了三个月便生下一子，朱元璋将此子收养为己子，即后来即位的明成祖。清初刘献廷也在《广阳杂记》中记载了类似说法。书中称明成祖并非马后之子，其母系瓮氏，蒙古人。因瓮氏为元顺帝之妃，故明皇室隐瞒了这一事实，而于宫中别置祭庙，藏神主，世世祀之。太监传出此事，于是在燕京的故老中广为流传。太平天国失败后，南京地区也盛传这一轶闻，情节更为具体。据说南京报恩塔塔座下有明成祖御制碣文，称成祖生母为元顺帝宫人翁吉剌氏，入明宫仅六个月便生下成祖。按明代制度规定，宫人入宫七个月之内

明成祖朱棣

生子须受极刑。马后仁慈，称成祖为自己所生，以保护翁氏。

由于古代文献中的这些记载，20 世纪 30 年代我国史学界围绕这一疑案展开了一场争论。经过多方面考证辩论，大部分学者都认为明成祖不可能是翁吉剌氏所生。因为据《明太祖实录》和《国榷》等书记载，成祖生于元至正二十年（1360），朱元璋军队攻占元大都是至正二十八年，此时或此后如有纳元顺帝妃子之事，成祖早已出生八年多了。不过，当时还是有人相信成祖生母为碽妃的说法，甚至认为碽妃是高丽人的说法也是可能的。近年有人认为，成祖的生父生母确是朱元璋和马后，“碽”是翁吉剌氏略语的不同译音，碽妃或翁吉剌氏生成祖的传闻实属无稽之谈。这是一则元人编造出来的离奇故事，其目的是以此证明元代国运不衰。

莫知所终的建文帝

明洪武三十一年（1398），明太祖朱元璋驾崩，临终将帝位传给太孙朱允炆，此即建文帝。次年，建文帝的四叔燕王朱棣起兵反，号“靖难”，经三年鏖战，“靖难”军于建文四年（1402）攻破金陵城。此时，皇宫内忽起大火，建文帝不知所终，其去向至今仍是一桩疑案。

有的说建文帝自焚宫中。当燕王朱棣领兵攻京师，破金川门时，建文帝自知无可挽回，遂于宫中纵火自焚，葬身烈焰。史籍中有此记载，如《太宗实录》记，当朱棣引兵到金陵城下时，“诸王及文武群臣父老人等皆来朝，建文君欲出迎，左右悉散，惟内侍数人而已，乃叹曰：‘我何面目相见耶！’遂阖宫自焚”。朱棣在夺取皇位后，有给朝鲜国王的诏书，内中云：“高皇帝弃群臣，建文嗣位，权归奸慝，变乱宪章，戕害骨肉，祸几及朕。于是钦承祖训，不得已而起兵，以清憝恶。……不期建文为权奸逼胁，阖宫自焚。”

有人认为，建文帝自焚说不可信。虽然《太宗实录》等史籍称朱棣于残宫中找到建文帝遗骸，并令以皇帝规格举行葬礼，但事实上无人知晓建文帝陵园之所在。《春明梦余录》记，崇祯年间，有大臣上疏，请以建文君入祀典，崇祯帝无可奈何地说：“建文无陵，从何处祭？”再者，史籍关于建文帝尸体验证的记述，大多含混其辞，《明史 · 恭闵帝纪》称："燕王遣中使出帝后尸于火中。"此语似可理解为仅仅得到皇后尸体。乾隆年间补纂《明史本纪》称："棣遣中使出后尸于火，诡言帝尸。"这就更明确地道出当时根本没找到建文帝遗体，所以建文帝葬身火海难以自圆其说。

另有记载说，建文帝于城破后出亡为僧，晚年还曾重返京师，去世后葬于北京西山。监察御史程济为建文帝贴身亲信，《明史·程济传》记："金川门启，济亡去。或曰帝亦为僧出亡，济从之，莫知所终。"《明史·恭闵帝纪》说："或云帝由地道出亡。正统五年，有僧自云南至广西，诡称建文皇帝。"这一说法，在明代一些私家著述和以后众多野史中流传甚广，其中《明朝小史》记述形象生动，如同亲见："高皇大渐时，封钥一小匣，甚固，密授于帝，戒遇急难乃启。及靖难兵入城，启之，乃杨应能度牒也，诸披剃物悉具。遂削发披缁，自御沟中出亡。"从此，建文帝以僧人身份流浪各地数十年，足迹遍及江苏、浙江、四川、贵州、云南以及缅甸等地。20世纪20年代，北京出版的《艺林旬刊》上登载云南武定狮山佛寺塑造的"明天下大师像"照片，图注云："天

● 明太祖朱元璋

下大师者，明建文皇帝也。”朱棣死后，建文帝才来归，迎入西内，死后入葬北京西山。有近人曾在北京西山寻访到建文帝墓地。朱棣登基后，大力追寻建文帝，防止其卷土重来。《明史·胡濙传》等记，从永乐三年（1405）起，朱棣派太监郑和率船队下西洋，其使命之一就是秘访建文帝下落。他还派户科给事中胡濙等人以寻访仙人为名，出巡全国各地，进行持续二十多年的大搜索，寻找建文帝。如果建文帝已死于火海，朱棣何必如此顾虑重重、搜寻不休呢？但有研究者指出，建文帝出亡为僧之说不足凭信，因为当时京师内宫并无秘密地道或御沟通往城外，所谓建文帝剃发为僧、云游四方等，皆民间传说而已。

郑和下西洋的未解之谜

郑和是明代最出色的航海家。从永乐三年（1405）至宣德八年（1433）的二十九年间他屡率舟师大规模远洋航行，创造远程航海史的壮举。由于郑和远航的全部档案被当年兵部侍郎刘大夏付之一炬，致使后人对郑和远航的许多具体事实知之未详，专家学者各执一说，新论迭出，却难得定议。

谜之一，郑和远洋航行的目的是什么？说法各异。有的说，是奉成祖朱棣之命寻找建文帝，因为“靖难之役”后，建文帝朱允炆不知去向，朱棣怀疑他已逃亡西洋，为彻底去除建文帝卷土重来的可能，就派郑和下西洋寻找建文帝踪迹。有的学者指出，寻找建文帝作为郑和下西洋的附带任务是有可能的，但说是专程“追踪建文”，就不合情理了。有的提出，郑和下西洋是为“耀兵异域，示中国富强”，见《明史·郑和传》。近人梁启超说，下西洋是“雄主之野心，欲博怀柔远人、万国来同等虚誉”。尚钺《中国历史纲要》认为，郑和下西洋“大概是想联络印度等国抄袭帖木儿帝国的后方，牵制它的东侵”，从而保证明朝安全。有的认为，郑和下西洋以政治目的为主，欲造成万国来朝的盛世局面，稳固明朝政权，瓦解政敌势力。有的则说，是以经济目的为主，郑和远航既可满足明朝官方对外贸易上扩大市场的要求，又可沟通西洋大国对明朝的“朝贡贸易”，借此增加财源，弥补财政亏损。有的说，郑和下西洋有政治、经济双重目的。还有人说，郑和下西洋的目的有阶段性，前三次除为解决“疑建文帝亡海外”的问题之外，主要是和东南亚、南亚沿海诸国建立一种国际和平局势，后四次主要是向南亚以西的未知世界行进，开辟新航路，让海外远国“宾服中国”。

谜之二，郑和远洋航行所乘之宝船是在哪里造的？这有两种说法。一说是在南京，郑和下西洋的大部分宝船在南京龙江船厂造就。但有人指出，龙江船厂不靠近江边，又没有很大的船坞设备，无法建造大型海船。且明人著《龙江船厂志》中只字未提造郑和宝船之事，故宝船建造地不在龙江船厂。1957 年，在南京中保村发现宝船舵杆，相传这里是明朝官船厂址，并据《郑和航海图》与万分之一比例尺南京地图核对，证实该地是宝船诞生地。另说宝船建造于福建泉州，因为泉州历来是造大船的地方，明初这里仍是造船基地。

谜之三，郑和下西洋宝船有多大？据《明史》记载：“造大舶，修四十四丈、广十八丈者六十二。”不少人认为，这个尺寸是可信的，宋代已能造出三四十丈长的大船，明代造这样的船在技术上和物质条件上都可行。最早记录宝船尺度的是马欢所著《瀛涯胜览》，这是马欢随郑和下西洋的忠实记录，较为可信。自然科学工作者分析宝船长宽比例，认为较大的船宽，有利于提高船体强度和航行稳定性。但有学者指出，《明史》所记宝船规格不可信，1947 年《东方杂志》有《郑和下西洋的船》一文，根据南京静海寺郑和下西洋残碑记载，说宝船长度应是十六丈六尺，宽二丈四尺三寸。李约瑟《中国科技发展史》估计，宝船的排水量为 3 100 吨左右。有的从航海与造船的角度分析，认为《明史》所记宝船长宽比过小，不适于航海和操纵，有的则称“十八丈”可能是“六丈”之误，即将“六”误写成“十八”两字。

谜之四，郑和几下西洋？大致有三种观点，一种观点认为，郑和七下西洋，否认有永乐二十二年奉旨下西洋之事，因为郑和在《通番事迹记》和《天妃之神灵应记》两块碑中，没有提及永乐二十二年下西洋之举；《明史》载永乐二十二年旧港之行的任务，是赐印与旧港酋长，此事似不应劳动位高年迈的郑和；永乐二十二年八月仁宗继位后，即下令罢西洋宝船，郑和在短短几个月内不可能完成至旧港的往返航程。第二种观点认为，郑和八下西洋，肯定有永乐二十二年下西洋之事，因为旧港赐印事关明廷威信，派位高年迈的郑和亲自前往，是完全可能的。第三种观点说，郑和八次奉使出海，七次下西洋，肯定永

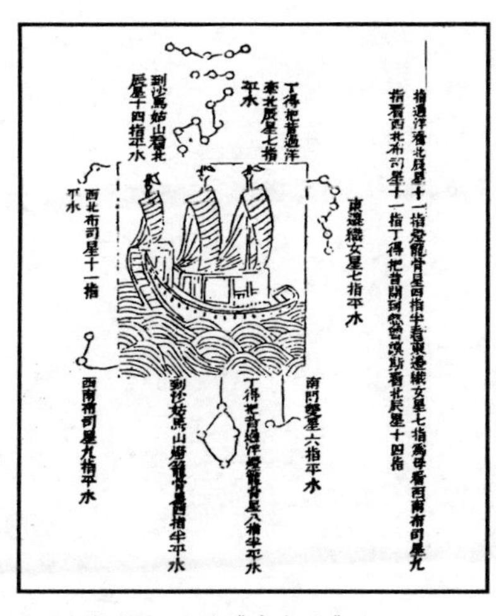

● 宝船航行图（《武备志》）

● 宝船厂（《武备志》）

乐二十二年旧港之行的存在。但旧港在明人概念中属东洋，故郑和下西洋是七次。这样，郑和在记述西洋之行的《通番事迹记》和《天妃之神灵应记》两碑中，不提旧港之行，也就可以理解。

谜之五，郑和下西洋到过几个国家？郑和远洋航行路经印度支那半岛、印度尼西亚、印度半岛，一直到达非洲一些国家。至于郑和所率船队到过哪些国家，郑和本人亲自访问了哪些国家，至今仍未完全搞清楚。一般对此都含糊其词，说是三十多个国家，有人据国内外有关资料考证说有五十六处，有的据《明史·郑和传》载路经的三十七国考订，可考的三十五国，另有比剌、孙剌所在不详。

有关郑和的未解之谜还有不少，如：郑和是否到过日本？是否踏上过菲律宾的土地？郑和下西洋历史作用如何？郑和遗骨在哪里？等等。郑和下西洋是我国和世界历史上的大事，解开这些疑问意义重大。

“三保太监”还是“三宝太监”

有关明朝航海家郑和的历史之谜已经够多了，诸如郑和航海的目的是什么？郑和几下西洋？郑和到过哪些国家？郑和的遗骨在哪里？郑和航行用的宝船有多大？宝船是哪里制造的？等等，都称得上是未解之谜。这里还有一个问题等待人们去解决，即郑和的名号到底是“三保太监”还是“三宝太监”？如果是前者，又因何得名？

上海科学技术出版社的《航运史话》说：明代航海家郑和“名字叫‘三宝’（亦作‘三保’）”。《航海史话》说：“郑和有一个哥哥，一个姐姐，还有三个妹妹，自己排行第三，所以他的名字叫三宝（一作三保）。”《海洋探险》中却说：郑和“信佛教，受过菩萨戒……所以人们称他‘三宝太监’”。

什么是“三宝”？据《辞源》解释，三宝是“佛家语，以佛法僧为三宝，佛说法而僧保守之，得永以济度世人，故皆为宝也”。于是有的学者认为，郑和的初名不可能叫“三宝”，因为郑和出身于回族家庭，其祖父、父亲曾去麦加朝觐。在这样的家庭中，是不大可能给孩子取个佛家语“三宝”作名字的。永乐元年（1403），郑和三十三岁时，他接受了菩萨戒，成为佛门弟子（法名速南吒释，即福吉祥），才有可能被称为“三宝太监”。郑和《施印大藏经发愿文》也曾说过，他下西洋成功，与佛教的庇护是分不开的："凡奉命于四方，经涉海洋，常叨恩于三宝。"如是，郑和被称"三宝太监"是完全有可能的。

但是，也有学者不同意这种说法，他们认为，佛教的三宝是指佛法僧三者而言，佛指大知大觉的人，法是佛所说的教义，僧是宣扬和继承教义的人。郑和虽信佛，有"福吉祥""福善"等法名，还出钱刻过《摩利支天经》等佛经，但并不等于说就可以把佛、法、僧"三宝"集于郑和一身。有明一代，皈依佛教的人很多，在佛教方面的功劳超过郑和的也大有人在，"三宝"这一尊号自然轮不上郑和。

不是"三宝"那就是"三保"了？事情又不是那么简单，任何事情都有一个来历，"三保"说就是在来历问题上众说纷纭。

今人柳丛在《郑和与三不老胡同》一文中说：郑和"小名叫三保"。《辞海》"郑和"条中也说："本姓马……小字三保。"这可以说是"小名说"。明万历年间严从简所辑《殊域周咨录·占城》指出："三保之称，不知系是郑和旧名，抑岂西洋私尊郑和、王景弘、侯显等为三太保故耶。"这是"西洋私尊说"。朱国桢《皇明大政记》卷七谓："郑和下西洋者七次，后守备南京。出使同行者有冯三保，使西域者有杨三保。一曰三宝，又曰三航，言下海之多也。"这是"三航说"。

先看"三航说"。明成祖朱棣时代叫三保的不止郑和一人，永乐十一年的杨三保是和出使有关的，但他是到尼八剌（尼泊尔）。而永乐八年五月初九（1410.6.11）的两道诏令中提到的三保和永乐十二年五月二十二（1414.6.9）诏令里提到的三保，一是将兵的，一是通信的，都不是下西洋的使者，可见，不下西洋的人也可以叫"三保"，因此，因下海之多而称“三航”，又称“三保”的说法，是站不住脚的。

“西洋私尊”三太保的说法也有问题。王景弘曾与郑和同下西洋，伯希和著《郑和下西洋考》说，爪哇故事中相传有一王三保。侯鸿鉴《南洋旅行记》“三宝垄”：“三宝洞有一墓，当时郑和、王敬宏同下西洋，王卒于此，故葬之，误传三保大人埋骨之处。”可见，王景弘有“三保”之称，是后人的附会，没有历史文献作依据。侯显虽以通使西番而名声显赫，但他多走陆路。就出使西洋而言，侯显是不能与郑和、王景弘齐名的。他出海到过榜葛剌（孟加拉），却没到过西洋大国；郑和到过西洋，但没到过榜葛剌，西洋人怎么会把他们三人并称三保呢？

至于“小字说”，也不确切。明郎瑛在《七修类稿》中说“郑和旧名三保”，旧名不等于小字。郑和在永乐二年正月初一赐姓，在此之前，他的名字叫三保。与郑和同时代的袁忠彻在《古今识鉴》中说：“内侍郑和，即三保也……上问以三保领兵如何？忠彻对曰：‘三保姿貌才智，内侍中无与比者。’”可见，当时郑和新名得之不久，朱棣和袁忠彻对话时也用了习惯称呼，袁忠彻提到郑和时，还要加上“即三保也”的注释。郎瑛提到郑和“旧名三保”时说“若王彦旧名狗儿”。朱国桢的《皇明大政记》中说：“郑和即三保，李谦即保儿。”可见，三保、狗儿、保儿，是郑和、王彦、李谦在将兵、任职前的名字，可称旧名，但毕竟不同于小字。

那么，“三保太监”就是郑和旧名加上“太监”二字而成的了？且慢，范忠义《“三保太监”名号的由来》一文认为不是这么简单。明初，太监是官职名，与人们通称的宦官概念不同。按照中国习惯的泛称，总是把姓和官衔连在一起，如李尚书、王丞相等，而为什么却把郑和的名字（还是旧名）与官衔联系起来呢？

带着这种种不可解释的问号，我们来看看郑氏家人是如何认为的，或许还是《郑氏家谱》为此作了最好的注解："至宣德六年，钦封公（郑和）三保太监。"原来，"三保太监"是皇帝敕封，于是，一切一切的"不合法"都是合情合理的了。

《永乐大典》正本何在

《永乐大典》是明成祖永乐年间修成的大型类书，它动用了三千多文臣，耗时五年（1403—1407），收集了自有文字以来“经、史、子、集百家之书，至于天文、地理、阴阳、医卜、僧道、技艺之言”约八千种图书。当时的编纂宗旨是：“包括宇宙之广大，统会古今之异同，巨细精粗，粲然明备。”因此，编成后共有凡例、目录六十卷，正文二万二千八百七十七卷，装订成一万一千零九十五册，共计三亿七千多万字，全用毛笔工楷书写。其卷帙之浩大，篇目之繁富，在当时的世界文化领域中也是罕见的，因而被誉为“典籍的渊薮”。

由于篇帙浩繁，《永乐大典》从未刊刻过，修成后由南京运送到北京，珍藏于皇宫内的“文楼”。嘉靖三十六年（1557），宫内失火，幸而《大典》有惊无险。嘉靖帝得此教训，命阁臣徐阶、礼部侍郎高拱等组织人员摹写新本，称之为“副本”。令人痛心的是，这一世界文化瑰宝却遭到最野蛮的毁掠，清光绪二十六年（1900）八国联军侵入北京，《永乐大典》几乎丧失殆尽，至清末民初，劫后余烬的《大典》仅剩下六十四册了。新中国建立后，经海内外学者多方搜寻，查实散见于世界各地博物馆、图书馆的共有三百多册、近八百卷，还不到原书的百分之四。但是，值得注意的是，搜罗到的全是副本及其抄本，而

《永乐大典》的正本迄今一页未现！这部总体积达 40 立方米左右的珍贵类书，难道会烟消云散、踪迹全无吗？

关于《永乐大典》正本的下落，历来有四种说法。其一，“抄副后归于南京，毁于大火”。其二，藏于皇史宬特厚的夹墙中。其三，清嘉庆年间失火于乾清宫中。其四是郭沫若在《重印永乐大典序》中所说：“从此正本与副本分藏于文渊阁和皇史宬。明末之际，文渊阁被毁，正本可能即毁于此时。”这也是大多数书籍谈到《永乐大典》正本下落时所采用的说法，但这一说法却没有任何史料能够证明。其他几说，或于史实上失之可证，或在道理上失之可信，因此只能冠以“可能”“或许”“怀疑”等字眼。《永乐大典》正本的下落，在明末清初之前就已经是中国书籍史上最大的谜团。

1986 年，张忱石依据一些蛛丝马迹，深入分析，提出了殉葬说，但未及展开。近年，栾贵明在对《永乐大典》残本作了二十多年研究后，对其正本的下落提出了新说：这部中国乃至世界文明史上最伟大的百科全书极有可能仍存于世，它被珍藏在北京十三陵保存最好的永陵中，这是当年明世宗嘉靖皇帝所为。他的理由是：

其一，嘉靖帝生前对《永乐大典》异常珍爱，他的几案上总是放置着一二册《大典》，他下令重抄一部《永乐大典》，除了“以备不虞”外，很可能还有其他企图和打算。

其二，《永乐大典》从嘉靖四十一年开始抄录，完成于隆庆元年（1567）四月，而嘉靖帝已在上一年的十二月去世。三个多月中，经历了隆庆帝登基、嘉靖帝入葬等一系列大事，而嘉靖帝神主祔庙后不过二旬（四月十五日），隆庆帝就表彰和赏赐了重录《永乐大典》的参与者。入葬与表彰两事靠得如此近，使人有理由怀疑两者之间是有密切联系的。

其三，中国古代皇朝修典既成，往往在大肆进行褒奖的同时，还会记载该书典藏于何处，并在官修目录中著录，以彪炳“皇恩浩荡”。但是《永乐大典》的重录却没有这样做，成为仅有的特例。《明实录》中记载皇帝对《大典》重录之臣的表彰及爱怜连篇累牍，却偏偏不提《大典》正、副本藏于何处，这实在是非常反常的。

总之，随着嘉靖帝的死，《永乐大典》正本就再也没有出现过，栾先生分析，嘉靖帝有“殊宝爱之”的占有动机，有达到目的的权力，有严加保密的手段，还有道佛“转世”的意念，因此，《永乐大典》没有毁坏，没有亡佚，它成了嘉靖帝的随葬品，安睡在永陵的玄宫中！

栾贵明的推测引起人们极大的关注，试想，假如《永乐大典》正本真的藏在永陵，而我们现在的勘探技术和其他科技手段又能保证它的安全“出世”的话，中国文化的发展史很可能会有众多的改写，中国文化将又一次引起世界的惊羡，这是多么激动人心的前景！但是，仍有不少文史学家保持冷静。他们认为，这仅仅是一种学术上大胆的假设，因为，历史上没有任何文献记载能够表明，《永乐大典》与永陵有关。明史专家王春瑜认为，明朝已是中国封建社会后期，就殉葬制度而言，成化以后废除人殉，从此成为定制，表明历史在走向文明，制度更趋于规范。在这种情况下，倘若嘉靖皇帝敢于打破祖制，企图将尚未抄完副本的《永乐大典》正本随葬，也一定会在丧礼遗诏中有所交代。然而现存史料所载嘉靖皇帝丧礼遗诏，丝毫未语及《永乐大典》。即使有密诏，又怎能瞒过众多耳目，让人人守口如瓶呢？再说，嘉靖皇帝从来不是一个书迷，读书甚少。尤其是嘉靖二十一年发生宫婢谋弑事件后，就移居西苑万寿宫，直至驾崩，二十多年根本未回皇宫。他日夜斋醮，一心想成仙，又何尝有半点兴趣读《永乐大典》？在羽化升天思想支配下，嘉靖帝是不会在意将什么东西带到地下去的。至于《永乐大典》的下落，王先生较倾向于甲申年间（1644）李自成撤出京都时下令烧毁皇宫之说，《大典》很可能在此时遭受厄运。

考古部门表示，对《永乐大典》总体积达 40 立方米这样巨大的物体来说，运用物理勘探方式勘查出其空间位置，应当说是没有问题的。但是要确定这巨大物体是否图书典籍，目前还难以做到，因为纸制品目前还未发现其形成一种专门信号。如果《永乐大典》是以金属或木

《永乐大典》书影

质器物作外保护的，勘测可能容易一些。另外，从有关记载来看，《永乐大典》收录的书籍中，采用了朱砂等矿物质作书写原料，朱砂具有放射性，对勘测也会有所帮助。问题是《永乐大典》被珍藏于永陵，目前只是一个大胆的推测，文物部门不可能仅凭一种推测进行重大的考古行动。

如此，《永乐大典》正本的下落，仍然是中国文化史、书籍史上不可解的悬案。我们期待着文史学家们发掘出更可靠的史料和证据，早日破译这个重大的文史之谜。

明仁宗"无疾骤崩"的隐情

永乐二十二年（1424）七月，明成祖朱棣驾崩，其长子朱高炽登位，即明仁宗。次年五月，仁宗暴卒，在位不足十月，享年四十八岁。

仁宗驾崩前三天还"日理万机"，他从不豫到"崩于钦安殿"，前后仅两天时间。明人黄景昉称仁宗"实无疾骤崩"(《国史唯疑》卷二)。壮年天子，登基未足一年，"无疾骤崩"，其中必有缘由。但《明仁宗实录》《明史·仁宗纪》等，皆只字不载其死因。

有人指出，仁宗是死于嗜欲过度。仁宗之贪欲好色人所共知，当时有大臣李时勉在仁宗即位不久上一奏疏，其中有劝仁宗谨嗜欲之语，并说："侧闻内宫远自建宁选取侍女，使百姓为之惊疑，众人为之惶惑。若曰：天子之宫，古有常制，则大孝尚未终；左右侍御，不可无人，则正宫尚未册。恐乖风化之原，有阻维新之望。"仁宗览奏后，怒不可遏，当即令武士对李时勉动刑，李时勉险些丧命。仁宗直至垂危之际，仍难忘此恨，说："时勉廷辱我。"由此可见，仁宗确实嗜欲无度，李时勉奏疏触及其痛处，否则不会如此耿耿于怀。继仁宗即位的宣宗皇帝，曾御审李时勉："尔小臣敢触先帝！疏何语，趣言之。"李时勉叩首答曰："臣言谅暗中不宜近妃嫔，皇太子不宜远左右。"宣宗叹息称李时勉"忠"，复其官（《明史·李时勉传》）。可见，宣宗对仁

● 明仁宗朱高炽

宗嗜欲一节也一清二楚，不以李时勉所奏为非。仁宗因纵欲过度而得不治之症，这在明人陆钛《病逸漫记》中有记述："仁宗皇帝驾崩甚速，疑为雷震，又疑宫人欲毒张后，误中上。予尝遇雷太监，质之，云皆不然，盖阴症也。""阴症"之说出自仁宗时一太监之口，当有一定可信度。当时治疗此等"阴症"恐无特效良药，这使一些奸佞之徒有机可乘。《明史·罗汝敬传》中记："宣宗初，（罗汝敬）上书大学士杨士奇曰：'……先皇帝（仁宗）嗣统未及期月，奄弃群臣。揆厥所由，皆憸壬小夫献金石之方以致疾也。'"可见，导致仁宗死亡的直接原因，是服用治"阴症"的金石之方，而中毒不治。

有学者经精细考察各种蛛丝马迹，指出仁宗是被其长子朱瞻基，即继仁宗登位的宣宗害死的。仁宗生性温厚懦弱，理政能力差，且嗜欲享乐，成祖生前对他大为不满，只因"礼教"和"祖训"的关系，才立朱高炽为太子，但成祖一直有废朱高炽储位之心。仁宗长子朱瞻基与其父相反，善骑射，谙武事，热衷权力，工于计谋，成祖在世时，深得成祖赏识，他还竭力为其父保全储位出力。成祖死后，仁宗即位，虽立朱瞻基为太子，但已察觉他非安分之辈，故屡有劝诫之语。然朱瞻基迫不及待地为自己早日登位筹谋，为此可不顾骨肉亲情。洪熙元年（1425）三月，仁宗命朱瞻基南行祭陵（凤阳的皇陵与南京的孝陵）。朱瞻基于四月十四日离京，随侍仁宗的宦官海涛，是朱瞻基亲信，他按预先密谋，加害仁宗，五月十三日仁宗驾崩。朱瞻基离京后，不按应循日程行进，而直奔南京。离南京前，南京城中已传言“仁宗上宾”，须知当时北京还未发丧，亦无如今的传播手段，可见仁宗上宾是在一些人预料之中的。当时，朱瞻基还说：“……予始至遽还，非众所测。”显示他有人们难以想象的重大安排。他匆匆北返，于途中等待赍诏而来的海涛，于六月三日抵北京。一到北京，就有大臣劝诫：人心汹汹，不可掉以轻心。朱瞻基答曰：“天下神器非智力所能得，况祖宗有成命，孰敢萌邪心！”(《宣宗实录》卷一）显示一切皆在其掌握之中，流露出对弑父谋位活动的自信和自得。

仁宗究竟因何暴卒，仍有待进一步考察。

戚继光可曾斩其子

戚继光（1528—1588）是明朝著名的军事将领，出身将门，世袭登州卫指挥佥事，长期在山东、浙江一带担负抵御倭寇的重任。他从小亲睹倭寇对沿海人民的残酷蹂躏，对倭寇的野蛮行径充满刻骨仇恨，对人民的苦难怀着深深的同情，因此立下雄心壮志，要荡平倭寇，拯救黎民于水火之中。他还写下“封侯非我意，但愿海波平”这样的诗句，以此表达他非凡的抱负和坦荡的胸襟。

戚继光在抗倭过程中，以严于治军闻名。他经常以岳家军为榜样，对士兵进行军纪教育，一不准扰乱百姓，二要拼死杀敌，做保国安民的“赤子”。他坚持与部下同甘共苦，战士若在淋雨，他就决不肯进屋；战斗中他也身先士卒，不避矢石，冲锋陷阵。这样，他的军队号令严，赏罚信，所向披靡，威震四方，倭寇一听到“戚家军”，便丧魂落魄。

这样的军队不是短时期能够训练成功，严明的军纪也不是一朝一夕就能形成的，戚继光为此付出的代价，恐怕也是难以估量的，浙江、福建一带就有着戚继光斩子的种种传说。

福建《仙游县志》记载：“戚公至莆田，将出师，烟雾四塞，其子印为先锋，勒马回，且求驻师，公怒其犯令，杀之。”

年代比戚继光稍晚的沈德符也曾说："戚继光之斩其子……此军法所不贷，不得已也。"

清代《四库全书总目提要・子部・兵家类存目》著录了戚继光所撰的《纪效新书》，其提要曰："第四篇中一条云，若犯军令，便是我的亲子侄，也要依法施行。厥后竟以临阵回顾，斩其长子，可谓不愧所言矣。宜其所向有功也。"

至于戚印为什么会"临阵回顾"，也有多种说法。有的说戚印奉命出征，途中获知敌军数倍于己，恐寡不敌众，决定暂时回军。但临阵违令为戚继光所不能容许，因而被斩。有的说，戚印本来是奉命诈败诱敌，但临阵见形势大好，杀敌心切，不肯诈败，虽然打了个胜仗，却还是因违令被斩。还有人说，戚继光曾下令，战斗中不许回顾或退回，但在这次战斗中，戚继光因战马中流矢而落马，戚印担忧父亲的安危，回马探视，乱了行列，使战斗差一点失利，回营后戚继光依法斩子。

种种说法虽然不一，但在民间影响甚大。浙江临海市有纪念戚印的"太尉庙"，福建福清市还有"思儿亭""相思岭"等古迹。可见，戚继光斩子之说颇有点深入人心。

但是，不少人对此提出异议，如郭沫若先生就认为"戚印的存在不免是有些问题"，这个传说是"后人所造的"。

否定说的主要依据是：首先，在正史中没有任何有关戚继光斩子的记录。《明史・戚继光传》曰："继光为将号令严，赏罚信，士无敢不用命。与（俞）大猷均为名将，操行不如，而果毅过之。大猷老将

● 戚继光

务持重，继光则飙发电举，屡摧大寇，名更出大猷上。”其中虽然说到戚继光“果毅过之”，但却毫无斩子的痕迹。其他如查继佐的《罪惟录》、董承诏的《戚大将军孟诸公小传》（戚继光晚年号孟诸）、汪道昆的《孟诸戚公墓志铭》等，对此事均无提及。

其次，此事与戚继光的《年谱》有颇多不合之处。戚继光的几个儿子在他死后二十五年的天启壬戌年（1622）编定了年谱，对戚继光的事几乎有闻必录，但却没有有关斩子的蛛丝马迹。更重要的是，从《年谱》中可以了解到，戚继光于嘉靖二十四年（1545）与王氏结婚，时年十八岁。即使婚后立即得子，到他于嘉靖三十四年赴浙抗倭时其子也不会超过十六岁，十六岁即随父从军的可能性或许有，但担任先锋却不可能。再者，戚继光在他死前半年的时候，曾建立孝思祠，祀其历代祖妣。在他自撰的《祝文》中，有“今有五子一侄奉承蒸尝”一言。这“五子”是指祚国、安国、昌国、报国、兴国，其中长子祚国于隆庆元年（1567）出生，正值戚继光在闽、浙的抗倭于嘉靖四十五年结束，也就是说，戚继光在南方抗倭的过程中是没有儿子的。这一点还可以找到一个佐证，即戚继光在福建抗倭时，曾于1563年到兴化九鲤湖祈祷九鲤仙，祈祷的内容之一就是“续嗣之忧”，如果当时他已有可当先锋的长子戚印，自然也就不会有这样的祈祷了。此外，古人的姓名是很讲究排行的，而戚印的大名却与戚继光五子祚

● 戚继光

国、安国、昌国、报国、兴国毫不相干，这或许可以证明，戚印充其量是“戚继光初年的义子”而已。

戚继光究竟有没有斩子？其先决条件是他到底有没有“戚印”这个儿子？如果这个儿子都不存在，那么，斩子当然也就是子虚乌有的了。

懿安张皇后的下落

懿安皇后张氏，是明熹宗朱由校的皇后，河南祥符县（今开封）诸生张国纪的女儿。她在崇祯帝朱由检继位、抑制魏忠贤势力等历史活动中，起过重要作用。

天启七年（1627）八月，熹宗病重，因其无子，由谁继位尚无定议。魏忠贤力图使张皇后取魏良卿之子为己子，立为继承人，张皇后垂帘听政，魏忠贤摄政，把朱氏王朝一变而成魏家天下。张皇后临危不乱，建议熹宗传位给信王朱由检。熹宗召朱由检进宫托付大政，朱由检推辞再三。张皇后当机立断，由屏风后转出，声泪俱下曰："皇叔义不可辞，且事急矣，宜速谢恩。"朱由检至此不再推托，于熹宗死后即皇帝位，他就是崇祯皇帝。此后，张皇后又在清除魏党过程中出了不少力，朱由检尊皇嫂为懿安皇后，予皇太后待遇，一时声名显赫。

明熹宗朱由校

● 明代仕女（［明］唐寅《四美图》）

崇祯十七年（1644）三月十八日，李自成农民起义军攻入京城，崇祯帝自尽，皇后周氏亦于宫中自杀，但懿安皇后的下落，至今未有定论。

赵士锦《甲申纪事》载，当李自成军入北京城，“相传懿安皇后出迎，并献金银，后不知下落”。但有人认为，出迎者并非懿安皇后，而是任氏冒名。

计六奇《明季北略》中记：“上之出南宫也，使人诣懿安皇后所，劝后自裁，仓卒不得达。两宫已自尽，宫人号泣出走，宫中大乱。懿安皇后青衣蒙头，徒步走入朱纯臣（成国公）家。”不过，有学者指出青衣蒙头出走的不是懿安皇后，而是一位宫人。

贺宿《懿安事略》云：“崇祯甲申，贼入京师，宫中鼎沸。后闻变自缢。永寿已目睹其死。”王永寿是当时宫中太监，在起义军攻入皇宫前目睹懿安皇后之死，当较可信。

有不少记载说，懿安皇后得到李自成军中将领李岩相助，最后洁身归位。彭孙贻《平寇志》云：“伪制将军李岩入成国公府，懿安皇后在府中，闻帝后并崩，仓卒将就缢。岩询之为后，呼肩舆令老宫人送归母家。”王弘撰在《山志》记：“闻崇祯十七年三月十九日京师陷，后缢而未绝。伪将军李岩知为后，送还太康家，仍自缢崩。”《甲申日记》记："懿安娘娘实于三月十八日夜易男装至张皇亲家，三月十九日自缢。得以洁身归位者，全赖李岩之力。"戴笠、吴殳《怀陵流寇始终录》云："李岩以大义脱懿安张后，得自尽。"郭沫若亦持此说，其《甲申三百年祭》中引《剿闯小史》所载："张太后，河南人。闻先帝已崩，将自缢，贼众已入。伪将军李岩亦河南人，入宫见之，知是太后，戒众不得侵犯。随差贼兵同老宫人以肩舆送归其母家。至是，又缢死。"此说信者甚众。不过，谈迁的《北游录·纪闻》中依据内侍赵璞的说法，则认为当时保护了懿安皇后的是刘宗敏而不是李岩。

还有一些史书记载，懿安皇后是被起义军俘获的，只是俘获后的情况所说各异。谈迁在《国榷》中引杨士聪语称，懿安皇后被俘后，受到严刑拷打并被追问金银财宝的下落。俞樾《俞楼杂纂·壶东漫录》引王源《居业堂文集》称，懿安皇后被俘后立即被杀。王源在《居业堂文集》中谈到，当攻克北京后，河南尉氏人王大本等五人共同俘获懿安皇后，其中有人对皇后不逊，王大本大怒："这是一代国母，怎能胡来？"当即抽刀将皇后杀死，使其虽死却未受辱。

懿安皇后究竟是死于宫变当时？还是事后自缢？或者是被俘后遭杀害？抑或是趁乱逃逸？虽记载多多，然终难统于一说。

袁崇焕因何被杀

袁崇焕是明末主持抗击后金的著名将领，一度收复辽东失地，给进攻明朝的后金以沉重打击，为保卫明朝立下汗马功劳。但奇怪的是，崇祯帝于崇祯二年（1629）十二月逮袁崇焕下狱，次年八月将其杀害。崇祯帝为何杀袁崇焕，是一个很令人关注的问题。

历来人们都认为，崇祯帝听信阉党余孽诬告，中皇太极反间计，导致误杀有功之臣袁崇焕。先是，后金军在关外两次被袁崇焕击败，崇祯二年，后金军避开辽东防线，绕道进攻北京，史称“己巳之变”，袁崇焕快速入援，在北京城下又一次痛击后金军。皇太极深感必须除掉袁崇焕，才有可能进取中原。当后金军进攻北京时，朝中就有人散布流言，诬陷袁崇焕有意引后金兵深入，欲为城下之盟。崇祯帝疑心大发。这时，皇太极又施反间计，蒋良骐《东华录》卷二载：“先是（后金）获明太监二人，监守之。至是副将高鸿中、参将鲍承先遵上密计，坐近二太监，故作耳语云：‘今日撤兵，计也，顷上车骑向敌，有二人来见，语良久乃去，意袁巡抚有密约，事可立就矣。’时杨太监者，佯卧窃听。庚戌，纵之归。”杨太监急将袁崇焕与后金有密约之事告崇祯帝，崇祯帝深信不疑，“执崇焕入城，磔之”。袁崇焕的兄弟、妻子受株连，被流放到几千里外的边远省份。据说，皇太极平素最喜

明思宗手迹

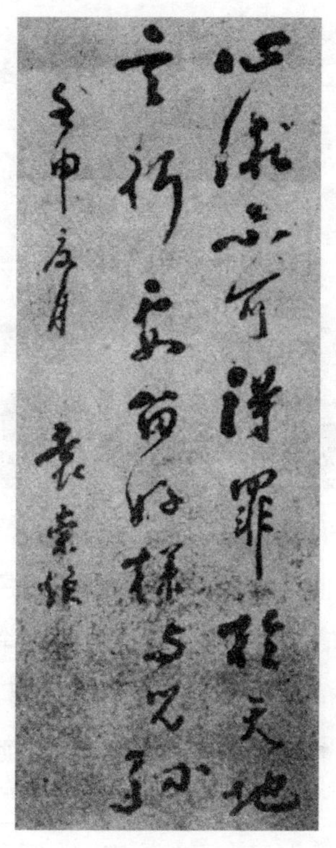

袁崇焕手迹

读《三国演义》，深明其中奥妙，此计便是其妙用《三国演义》中的“蒋干中计”策，假手崇祯帝翦除劲敌。崇祯帝中敌计，误杀忠臣，自毁长城，东北防备大受影响，明亡的日子不远了。

后有研究者认为，崇祯帝杀袁崇焕是蓄意杀戮，并非误杀。杀袁的真实原因，是崇祯帝担心袁崇焕及东林党人妨碍其专制皇权，袁崇焕是皇权与大臣之权冲突的牺牲品。明季太监专权，崇祯帝即位，除阉党，起东林，但当阉党对皇权威胁减弱时，崇祯帝又着力削弱大臣势力，从依靠东林党回归到依用阉党群小。袁崇焕崛起于这种环境下，

● 袁崇焕

成为阉党余孽倾陷对象。他为人耿直、豪放，敢说敢为，且主持整个对后金战局，权势颇重，偏偏崇祯帝猜忌心极强，专权欲极盛。因而袁崇焕只要稍有不慎，必会惹上杀身之祸。袁崇焕杀明辽东悍将毛文龙，先斩后奏，就是一大不慎，事后他悟道："文龙大帅，非臣所得擅诛。"而崇祯帝"骤闻，意殊骇"。明末史家谈迁说，袁崇焕擅杀毛文龙，"适所以自杀也"。崇祯帝杀袁崇焕之心由此而起。由于崇祯帝正期待袁崇焕"五年复辽"，故暂时容忍袁目中无君之举。但暗中采取了不少监视牵制措施。至"己巳之变"，后金兵大举入犯，围北京城，崇祯帝感到靠袁崇焕复辽已无望，赖以维系君臣依存关系的支柱消失了，此时，后金施反间计，内廷阉党捏造袁引敌胁和、擅主和议、专戮大帅三大罪状，崇祯帝即将袁投入监狱。但从入狱到杀戮，前后有八九个月之久，崇祯帝有足够的时间辨明是非。有史实表明，反间计、诬告皆瞒不过崇祯帝，都不足以置袁崇焕于死地。但他从巩固皇权、防止大臣结党这一目标出发，决定杀袁，并彻底摧毁东林党势力。崇祯三年八月，袁崇焕被杀。由以上论述可知，反间计只促成崇祯帝逮袁下狱，而杀袁的动因，乃是为维护专制皇权。

吴三桂是否真心降清

明崇祯十七年（1644）春，李自成起义军攻占北京，崇祯帝自尽，李自成随即提兵挺进山海关，欲以武力胁迫明将吴三桂投降。双方在山海关附近一片石激战，酣战之际，一直在关外的清军突然出现，攻击李自成军，李自成军措手不及，遭到败绩。吴三桂引清兵入关后，在清朝军事统一中国过程中，立下“汗马功劳”。

当明王朝行将覆亡之际，驻防山海关的辽东总兵吴三桂，仍持观望态度。由于他占据要地，拥有重兵，各方势力都尽力争取他。清皇太极让已降清的吴三桂之舅祖大寿致函劝降，吴三桂遣书拒绝，并有投向李自成之势。但不久他又与清方联手，攻打李自成军。

大多数人认为，吴三桂确已投降清王朝，因为他引清兵进攻李自成，接受清朝官爵，执行清廷命令，镇压大顺、大西政权，拒绝南明政权联合抗清要求，追杀南明永历帝，俨然是清王朝一员猛将。

对于吴三桂投清原因，史学界有不同见解。一是陈圆圆被掠说。吴三桂本已有入关投大顺之意，但忽闻在北京的爱妾陈圆圆被李自成手下将领刘宗敏劫占，便勃然大怒，拔剑斩案曰：“大丈夫不能保一女子，何面目见天下人？”遂转而向清方乞兵攻打李自成。吴梅村还以此事为题材，写下《圆圆曲》，内中有“恸哭六军皆缟素，冲冠一怒为红颜”“全家白骨成灰土，一代红妆照汗青”之句。有人指出，吴三桂降清不可能起因于陈圆圆被掠，因为对帝王将相来说，女子本为玩物，吴三桂不会为一女子而确定自己的重大决策。再说，刘宗敏这样忘我投身李自成事业的人，不会为一女子而影响大顺政权前途。之所以会有吴三桂为陈圆圆而降清的说法，大多是人们出于对吴三桂降清的讥讽贬斥，或是后人对此事的附会加工。二是为父复仇说。吴三桂的父亲、明官僚吴襄，本已归降大顺。当大顺政权实行追赃助饷措施时，吴襄被捉拿拷打，强逼交银，吴三桂得悉父亲被大顺军拷打将死，怒不可遏，决定投靠清朝，攻灭大顺，为父雪仇。有学者认为，此说不实，据《明季北略》载，吴襄投降大顺后，曾修书劝吴三桂降大顺，吴三桂不允，并因此声称断绝父子关系，有此一节，吴三桂当不会有为父复仇之心了。三是阶级本性说。李自成所率是农民起义军，进京后，基本保持农民起义军本色，吴三桂出于其大官僚地主阶级的本性，为维护本阶级利益，保证自己的荣华富贵，从而作出投降清朝的选择。

有人认为，吴三桂并未真心降清。在引清兵入关前，吴三桂是一贯坚持抗清的，明朝降清将领致函劝降，吴三桂答书严拒。吴三桂在要求多尔衮联合攻击李自成的书信中，只说在攻灭大顺政权后，“我朝之报北朝者岂惟财帛？将裂地以酬”，并无投降归附之意。其引清军对抗李自成，是形势所迫，不得已而为之。山海关战后，多尔衮采取措施，加强对吴三桂的控驭，说明清廷对吴三桂极不放心，也恰恰证明吴三桂未真心而降。吴三桂在发布的檄文中称：“周命未改，汉德可思……试看赤县之归心，仍是朱家之正统。”在攻陷北京前后，他曾计划奉朱明太子即位，这些都可视为他未降的证据。后来他还招揽奇才，广植党羽，训练士卒，积蓄力量，为反清复明做了不少工作。若吴三桂真心降清，就不会有上述活动了。

吴三桂引狼入室，得千古骂名是咎由自取。然而他是否真心降清？诸多问题引来的异说还值得继续探究。

李自成的结局

李自成率农民起义军于崇祯十七年（1644）三月攻入北京，推翻明王朝。明将吴三桂引清兵入关进攻起义军，李自成迎战失利，退出北京西去，此后李自成的结局如何，三百年来众说纷纭，尚无定论。总的看来，主要有两种说法：一是削发禅隐，圆寂而终；一是兵败被杀。

李自成当和尚的说法，最早见于乾隆年间澧州（治今澧县）知州何璘《书李自成传后》。何璘在此文中记述了实地考察所得："余以澧志不备，周咨遗事。有孙教授为余言：'李自成实窜澧州。'因旁询故老，闻自成由公安奔澧，其下多叛亡。至清化驿，随十余骑，走牯牛坝，在今安福县境，复弃骑去，独窜石门之夹山寺为僧。"取法号奉天玉。李自成曾于崇祯十六年称"奉天倡义大元帅"，后又称"新顺王"，故奉天玉隐喻奉天王。何璘考察时遇到一位服侍过奉天玉和尚、口音像陕西人的老和尚，他曾出示奉天玉和尚遗像，观之颇似史书所记李自成的模样。

民国初年，著名学者章太炎撰文论证李自成夹山为僧说，他还亲到夹山，访得李自成《梅花百韵》诗五首。湖南澧县、石门一带民间长期流传李自成遁迹石门夹山灵泉寺为僧的故事。

在文物方面，发现过奉天玉和尚墓葬。还有梅花诗残版，诗中有

“金鞍玉镫马如龙”“徐听三公话政猷”等句，分明不是和尚所有的口吻和气势。人们还在夹山得到了三块石碑：奉天玉弟子野拂所立“奉天玉”断碑、康熙十四年（1675）杨彝子写的《重修夹山灵泉禅院功德碑记》和道光三十年（1850）通州知州王大猷所撰《重修夹山灵泉寺碑志》，都与何璘所述相印证，显示奉天玉和尚就是李自成。又据考察，野拂就是李过，即李自成亲侄儿，曾精心侍奉奉天玉和尚，这又从侧面印证奉天玉是李自成。前些年，人们又在夹山、澧水流域搜集到“永昌通宝”铜币、刻有“永昌元年”字样的竹制扇骨和铜制熏炉等，“永昌”是李自成在西安建立大顺政权时的年号。更引起人们注意的，是一个铜制马铃，上面铸隶书阳文“西安王”字样，它和李自成家乡陕西米脂县出土的、上面铸有“自成王”字样的马铃，形制相同，字体一样，花纹近似。此外，奉天玉和尚墓葬出土的符碑，与米脂地方传统的随葬符碑内容十分相近，而这类符碑，在石门当地其他墓葬中从未发现过。

有学者进一步指出，李自成当和尚的目的，是为实现与其他武装力量共同抗清的宏图。当时，对李自成等人来说，头号对手是清朝统治集团，必须联合抗清，但李自成考虑到，与张献忠有“旧恶”，难以相容；南京南明政权继续与农民军为敌，不能合作；湖南何腾蛟拥唐王朱聿键，据西南半壁江山，可以与之联合。但与何腾蛟谈判，何提出部队全归他指挥，李自成业已称帝，怎能受唐王宰臣指使，且李自成逼死崇祯帝，恐唐王不谅。于是，他想出变通办法：制造被杀假象，隐居石门夹山，由其妻高氏和李过出面，完成与何腾蛟的联合，共图抗清大业。

也有人指出，奉天玉和尚不可能是李自成，何璘所述不可靠。如奉天玉画像，与史书所载有出入，《明史》说李自成曾于崇祯十四年左目中矢，被称作“瞎贼”，而画像左目未眇。夹山寺所见梅花诗残版，并不是李自成的文物，元明清时士大夫中作诗之风颇盛，其作品大抵属驰骋才思、卖弄知识之类，僧人中亦不乏高手，故在没有可靠依据前，不能臆断梅花诗残版为奉天玉作品，更不能因为其中一些诗句带某种口气而武断奉天玉就是李自成。据考察，奉天玉和尚是顺治年间从四川云游到石门夹山寺的云游和尚，也有人说他是明朝遗臣。侍奉奉天玉和尚的野拂，不是李过或义军中的一员武将，而是原明朝官员。

有不少学者认为，李自成于顺治二年（1645）在今湖北通山县九宫山被地主武装杀害。其原始依据是阿济格和何腾蛟的两个奏报。阿济格是穷追李自成至通山九宫山下，并将其老营消灭于九宫山区的清军统帅，他从被俘和投降的义军将士口中得知：“自成窜走时，携随身步卒仅二十人，为村民所困不能脱，遂自缢死。因遣素识自成者，往认其尸，尸朽莫辨。”何腾蛟从李自成亲信随从处得知，李自成于九宫山被杀。参与清廷不少军国机密的汤若望说，自成“越河南而逃往湖北；在湖北，他于1645年显然未经人所识出而被农民击毙”。费密《荒书》叙述更详：“自成亲随十八骑，由通山过九宫山岭，即江西界，山民闻有贼至，群登山击石，将十八骑打散。……山民程九伯者下，与自成手搏，遂辗转泥滓中。自成坐九伯臀下，抽刀欲杀之，刀血渍，又经泥水，不可出。九伯呼救甚急，其甥金姓以铲杀自成，不知其为闯贼也。”地方史乘如康熙年间编纂的《湖广通志》《武昌府志》《通山县志》等也都有类似的具体记载。有人进一步指出，李自成被杀地点是九宫山区牛迹岭小月山西坡，实地考察发现无论是沿途地名、地理环境、族姓构成、居民点分布等等，均与文献史料所载吻合。小月山下还有李自成墓及其生前所用的鎏金双龙首马镫。程九伯老家的“世忠堂程氏宗祠”，以及清廷赏赐给程九伯的“仗义勤王”金字匾等，都保存了三百多年。由此观之，李自成牺牲于通山九宫山，似是无可置疑了。

还有学者认为，李自成牺牲于今湖北通城县的九宫山。通城九宫山位于县城南约 2.5 千米的桃源洞北，上有九宫庙。据考证，李自成没有到过通山，光绪《武昌县志》载，李自成“由金牛、保安，走咸宁、蒲圻，过通城”，而湖南临湘、巴陵、平江等县志中，只有大顺军诸将领进入县境的记载，李自成的名字已经消失，因此可以推断他已于通城九宫山阵亡。

关于李自成死地还有几说，如死于黔阳罗公山、死于辰州九宫山、死于广西峡山、死于平阳等，究竟何者为是，实在令人无所适从了。

● 李自成
篆刻
郑英旻

牛金星降清还是遁亡

牛金星是明末李自成起义军中的谋士，深得李自成信任，对起义进程有较大影响。关于他，有一些至今未了的争议。

在牛金星为何方人士问题上，现存两种说法。据《绥寇纪略》《明史·流贼传》等记载，他为河南卢氏县人。但嘉庆初所纂《宝丰县志》中《选举志》所录香山寺碑版文字显示，牛金星是宝丰人，此碑版至今尚存。后有学者到宝丰实地考察，竟在当地两处明代建筑上发现牛金星名字，可见牛金星是宝丰人之说，有相当说服力。

牛金星是否投降清朝是又一个尚未断明的问题。当李自成军兵败山海关，退回西安后，牛金星突然去向不明，清初史籍中均不见有关其下落的记载，当时人大多认为他不知所终。后有资料显示，牛金星居于其子牛佺官署，并老死署中。他是降清后得以苟安余生，还是未降清却侥幸得免呢？

有史家认为，牛金星投降了清朝。其主要依据是《清史稿·季开生传》所附的给事中常若柱奏疏，奏疏曰："贼相牛金星，弑君残民，抗拒王师，力尽始降，宜婴显戮；乃复玷列卿寺，靦颜朝右。其子铨（佺），同父作贼，冒滥为官，任湖广粮储道，赃私巨万。请将金星父子立正国法，以申公义，快人心。"此奏疏说明，牛金星父子已经降清。清廷对于要求将牛氏父子“立正国法”的反应是:“流贼伪官,真心投诚者多能效力。常若柱此奏,殊不合理,着议处。”(《清世祖实录》卷四十五)结果常若柱被罢官,“即日赁一车,夫妇共坐出国门,老仆步从,行路皆叹息”。常若柱因奏请杀已降的牛金星父子而落得如此下场,更证实清廷已把牛金星、牛佺列为“真心投诚”“多能效力”之列。此外,杭齐苏也曾上奏称:“乃有天下元凶如伪丞相牛金星及其孽子伪府尹、今黄州知府牛佺,伪尚书、今漳南道兵备张嶙然是也。孽党三人,均当一例骈斩,以泄神人之愤。”可见清廷已掌握牛金星的身份和下落,也知道黄州知府牛佺为牛金星之子,但并未予以捕杀,在得杭齐苏题奏后,还将牛佺提升为湖广粮道副使兼右参议。种种迹象说明,牛金星父子确已降清,且降得很彻底,清廷对其几无顾虑。设若牛氏父子未降,清朝当局决不会允许此等“天下元凶”在其统治范围内安然存活,并为官作宦的。赵翼《檐曝杂记》,还推求牛金星降清原因:“及阅王阮亭《池北偶谈》,则金星又尝为我朝京卿。盖奸宄之雄,见自成势盛,妄思为佐命功臣,及本朝定鼎,又知天命有归,则背伪主而仕兴朝,尚为得策也。”

有的学者认为,牛金星未降清。因为清初载有牛金星事迹的史籍中,均未道及其降清之事。官修《明史》称“牛金星、宋企郊等,皆遁亡”,也说明清廷并未获知牛金星降清。《清实录》(顺治六年八月甲辰)中所记常若柱奏疏也仅云:“牛金星从闯为逆,弑君残民,抗拒王师,力尽始逃。”既未说降,也未说“玷列卿寺,靦颜朝右”。可见,牛金星降清之说并无实据。

宋献策的归宿

宋献策本来是江湖术士，一度靠卖卜算卦为生，明崇祯十三年（1640）李自成军再破河南时，加入起义军。由于他长期云游各省，阅历丰富，且足智多谋，经牛金星推荐，被李自成拜为军师，为李自成出谋划策。

以往史家对宋献策评价偏低，认为他是江湖术士，搞骗人的迷信把戏，给农民起义军带来消极作用。但现在更多的人认为，宋献策是李自成起义军中一位足智多谋的风云人物，为推翻明王朝立下汗马功劳。这样一位重要历史人物的归宿，至今仍未揭晓。

有的说，宋献策为清军擒获杀戮。明崇祯十七年三月，宋献策随李自成起义军攻入北京，四月即仓皇弃北京西走，七月退守西安，后又退出西安，向河南转移。以后，宋献策与刘宗敏等一起继续战斗。据顺治二年（1645）闰六月多尔衮收到清靖远大将军英亲王阿济格的战报称，在湖广拿获刘宗敏等，“及术士、伪军师宋矮子（宋献策外号）……俱斩于军”。郭沫若在《甲申三百年祭》中也说：“献策与宗敏，……后为清兵所擒，遭了杀戮。”

有的说，宋献策被擒后逃脱，不知所往。《明史·李自成传》曰：“……又获伪汝侯刘宗敏、伪总兵左光先、伪军师宋献策。于是斩自成从父及宗敏于军，牛金星、宋企郊等皆遁亡。”可见，宋献策虽被执，但被杀戮人中没有他。吴伟业《鹿樵纪闻》记曰：“大兵追至，获其从父二人及刘宗敏、左光先，皆斩之。执宋献策，金星、企郊皆潜遁。”后宋献策“道亡”，“忽失所在”。

宋献策逃走后到哪里去了？有记载说，他投至泉州某总兵门下，并老死总兵府。徐珂《清稗类钞·战事类》记：“顺治间，总兵某镇泉州，时海氛未靖，总兵颇留意抚戢。一日，有客踵门请见，貌甚猥琐，心易之。姑接与谈，则高谈雄辩，抵掌风生。自云宋姓，湖北人，向为军门记室。闻公好士，愿备驰驱。总兵即延为上客。军书章奏，皆其主裁；部勒兵伍，动合机宜。忽报日本兵自澎湖入犯，时郑成功据台湾，与海酋约结。泉州为闽海门户，军储未广，士卒新募，总兵惶急无计，商之宋，宋云：‘倭寇易退，勿烦虑也！’约与俱至海岸五炮台，宋令健卒百人拾沙上乱石，纵横累砌之，如布营垒然。既毕，与总兵坐台上，置酒对酌。夜将半，倏见海上飞舰如蚁，直趋厦门，火炮不绝。将近港口，船忽挥旗鸣金，徐徐敛退。总兵讶其故，宋曰：‘适余所布石乃武侯八阵图也。彼疑大军有备，故遁去。’总兵奇而德之，礼有加焉。久之，卧病增剧，取藏书一筐，避人焚之。总兵适至，见内有阵图符箓，深以为惜。宋曰：‘留此不适公等用也。’后出一编授曰：‘此金创良药秘方，可广传军伍，以备不虞。’因徐语曰：‘公知余否？余即李自成部下宋献策是也。’……言已，泣下而殁。”若此说为真，那以足智多谋闻名的宋献策，也算是死得其所。

李岩是否是“乌有先生”

明末农民起义军中有没有一个叫李岩的将领，这一争论已延续了三百多年，至今还是个谜。

有较多的资料记载了李岩的经历，既具体，又连贯，言之凿凿，似确有李岩其人。与李自成起义同时代人计六奇编《明季北略》一书，其中述及李岩投身农民起义前的经历：“李岩，河南开封府杞县人……有文武才。”时灾荒频仍，百姓流离，他向县令宋某建议“暂休征比，设法赈给”，县令不允。他即捐米二百余石赈饥民，饥民闻之，群起强逼富户援李岩之例出米赈济，甚至发展到焚掠富户，地方当局镇压，捕李岩入狱。众人进攻县衙，杀宋县令，救出李岩。李岩对众人说：“汝等救我，诚为厚意。然事甚大，罪在不赦。不如归李闯王，可以免祸而致富贵。”众人愿从，于是“一炬而去，城中止余衙役数十人及民二三百而已”。李岩参加李自成农民起义军后，做了不少舆论宣传工作，如“吃他娘，着他娘，吃着不尽有闯王，不当差，不纳粮”等（《平寇志》卷八），传播远近，影响甚大。他还向李自成建议实行均田免赋政策，以维护劳苦百姓利益。其军中的职务为“中营制将军”（《绥寇纪略》）。赵士锦《甲申纪事》记述了李岩在北京的情况：他居住于周奎宅，李自成赴山海关讨伐吴三桂时留守京城，还出面保护懿安皇后，派兵保护杞县状元刘理顺。《绥寇纪略》卷九记载了李岩的结局：定州之败后，“人言河南全境皆反正。自成大惊，与其下谋之。岩曰：‘诚予臣以精卒二万，驰至中州，彼郡县必不敢动，即动亦可得而收也。’金星劝从其请。既而自成以为疑，金星见其疑也，进曰：‘河南天下形胜地，且属李岩故乡，若以大兵与之，是假蛟龙以云雨，必不制矣。异日者举中州之豪杰以与关中争胜负，即主上且奈之何？’自成曰：‘如是若何以劝我从之？’金星曰：‘岩蓄叛已久，臣始劝从之以安其心耳。且岩与主上同姓，前闻宋军师谶语，在众中欣然有自负色。今河南反，彼不候军令，不荐他将，而自请兵，目中已无主矣。国兵新败，人心动摇，遂欲乘机窃柄以自王，是岂复可信乎？不如除之，无贻后患。’自成曰：‘善！’明日，金星以自成命盛为具，与岩帐饮，伏壮士于幕后，三爵后并其弟牟执而戮之。宋献策闻二李之死也，扼腕愤叹。刘宗敏按剑切齿以骂金星曰：‘我见金星，即手剑斩之！’文武不和，军士解体，自成遂不能复战，而席卷归秦矣”。至当代，杞县有李姓者自称是李岩后代，他们在幼年时还见过家传画像一轴，画一书生，素巾红袍，祖上讲是李岩画像。另一些杞县老人传说，杞县尚家胡同以东是李岩家故宅，县城外东半里的太平庄是李岩别墅，县城南五十里的荆岗有李岩的乡居。

有人则指出，李岩是“乌有先生”。康熙年间人郑廉在《豫变纪略》中说：“杞县李岩则并无其人矣。予家距杞仅百余里，知交甚夥，岂无见闻？而不幸而陷贼者亦未闻贼中有李将军杞县人。……其为乌有先生也。”在一些重要的明代档案和直接参与镇压李自成起义的明代官僚文集中，皆不见李岩事迹的记载。康熙《杞县志》作者还专撰《李公子辨》，申明杞县没有参加义军的“李公子”。所谓李公子李岩，很可能是指李自成，因为李自成又名“炎”“延”“兖”，皆与“岩”同音或近音。据《杞县志》看，在崇祯十五年（1642）李自成起义军占领杞县以前，杞县没有被饥民攻破过，也没有宋姓县令被杀之事。故李岩出粟赈荒被执，饥民破城杀县令救李岩等等，皆成子虚。至于那些号召人民起来斗争的歌谣作者，应是广大贫苦农民；起义军的免赋政策，是李自成、刘宗敏等领导人提出来的，均与李岩无涉。此外，李岩被杀一节也有令人费解之处，因为当时河南已有袁宗第等人及十数万大军，所以即使地方有叛乱，李自成根本不必“大惊”，并舍近求远，从身边派军去平息。即便李岩带二万人去河南谋反，也没到“必不制”的程度。李岩本是民间传闻人物，全为虚构，后因有人把这一传闻纳入史籍，逐渐定型，使不少人误认为实有李岩其人了。

戴笠《怀陵流寇始终录》、吴伟业《绥寇纪略》、毛奇龄《后鉴录》及近人所著《梼杌近志》等都生动记载了红娘子的事迹：红娘子是行侠好义的“绳伎”女艺人，明末官僚地主横征暴敛，人民生活于水深火热之中，反抗斗争此起彼伏，红娘子成为一支对抗官府队伍的首领。她活动于河南，并“挟众攻略开封”，擒得李岩，竟一见钟情，强与李岩成婚。李岩不肯就范，得间逃脱，不料为杞县官府拿获，官府认定他通贼，将其囚于狱中。红娘子率众来救，城中饥民响应，砸破囚牢，救出李岩。红娘子终于如愿以偿，与李岩结为夫妻。后来他们一起投奔李自成起义军。有学者指出，红娘子救李岩的事迹发生于明崇祯八年到十三年间，她所率的很可能是白莲教起义军。

以上关于红娘子的叙述，与李岩这一人物有密切关系，但李岩究竟有无其人尚是一个悬案，故是否真有红娘子其人，更成了一个难解之谜。

● 李岩
篆刻
郑英旻

史可法捐躯的异说

清顺治二年（1645）清军大举南下，明督师史可法与军民固守扬州孤城，阴历四月二十五日，清兵破城而入，大肆屠杀十天。关于明将史可法的下落，当时人洪承畴就曾发问："果死耶？抑未死耶？"此后关于史可法去向的记载、传说颇多。

有的说，史可法于城破时出城逃生，具体出逃过程又有异议。一为缒城出走，计六奇在《明季南略》中记曰：四月二十五日，清兵诈称明总兵黄蜚的援兵到，史可法令开西门放行，清兵进城，即攻击明军。史可法于城上见此状况，知无可挽回，即拔剑自刎，左右相救，遂与总兵刘肇基缒城潜去。二是跨骡出城，乾隆《江都志》载扬州故老言，城被破时，史可法"跨白骡出南门"，有人还就此赋诗："相公誓死犹饮泣，百二十骑城头立。瞬息城摧铁骑奔，青骡一去无踪迹。"

一般认为，史可法于扬州之役被俘遇害。清代官修史籍大多如此记载，《清实录》云："攻克扬州城，获其阁部史可法，斩于军前。"《明史》说，史可法自刎未遂，被部将拥至小东门，为清军抓获，史可法大呼："我史督师也。"遂遇难。还有史可法嗣子史德威著《维扬殉节纪略》记述道，扬州城陷时，史可法自刎未遂，为清军捕获。多铎对史可法"相待如宾，口呼先生"，并劝降说："为我收拾江南，当不惜重任也。”史可法答曰：“我为天朝重臣，岂肯苟且偷生，作万世罪人哉！我头可断，身不可屈……城亡与亡，我意已决，即劈尸万段，甘之如饴。”于是被杀。此外，史可法于四月二十日左右写过五份遗书以及给其母亲、夫人的绝笔，其中有“一死以报国家”之语，可见他早就抱定一死之心，说他得以逃生似不可信，且其部将刘肇基在扬州城陷前已中流矢而亡，不可能与史可法一同“缒城潜去”。

有传说史可法是沉江而死。史可法出城后，骑马渡河，因马蹶落水溺死。或说他出东门遇清兵堵截，自觉无望，即赴水自尽。康熙年间孔尚任《桃花扇》，就是这样描述的。

还有说清兵破扬州时，史可法便销声匿迹，不知所终。计六奇于顺治六年外出，途中坐船遇一嘉兴人，自称是当年扬州抗清失败后逃出来的，他说城破时，史可法下落不明。

张献忠藏银今何在

张献忠是与李自成齐名的明末农民起义领袖，他在崇祯三年（1630）于米脂县十八寨聚众揭竿而起，自号“八大王”，率部转战于山西、陕西、河南各地。崇祯十七年，张献忠在成都建立大西政权，自称大西王，年号大顺。但是，在当地明朝官吏和地主、士绅武装的反扑以及由陕南入川的清军的攻打下，大西政权并不稳固，因而也不长久，顺治三年（1646）七月，张献忠撤出成都，率兵北上以迎击清军。所谓的张献忠藏银，就是在这时候发生的事情。

张献忠的大西国拥有许多金银财宝，这是有明文记载的。《甲申朝事小记》中曰：“时壬午之五日，执楚王，掠宫中金银数百万，辇载不尽。”仅仅在武昌楚王朱华奎府中，张献忠就获取了“辇载不尽”的数

大西政权所铸之大顺通宝

百万金银，他从重庆瑞王朱常浩、成都蜀王朱至澍、太平王朱至渌、襄阳王朱翊铭等各藩王及地方府库、官吏处缴获的财宝更是不计其数。张献忠将这些财物一部分用在军事上，一部分在建立大西政权后，铸了“大顺通宝”，作为货币流通，其余都封存在府库，由心腹管理。如今，要撤离成都了，这批金银该怎样处理呢？

《明史·张献忠传》记载：“用法移锦江，涸而阙之，深数丈，埋金宝亿万计，然后决堤放流，名水藏，曰：‘无为后人有也。’”在张邦伸的《锦里新法》中记得更为详细：“将所余蜀府金银铸饼及瑶宝等物用法移锦江，涸其流，穿穴数仞，实之，因尽杀凿工，下土石掩盖，然后决堤流，使后来者不得发，名曰锢金。”其他如彭遵泗《蜀碧》、彭孙贻《平寇志》等都有类似记载，再加上民间许多神乎其神的传说，张献忠锦江藏银说，似乎已毋庸置疑。

几百年来，垂涎这批财宝的大有人在，锦江之滨多次云集寻宝者，挥镐抡锄，苦苦寻觅。最早动手的是张献忠的劲敌杨展，他在与张献忠较量的江口大战一结束，就派出兵士沿江打捞和挖掘，虽未找到主要的埋藏点，却也获得了不少财宝。《锦里新编·杨展》记载：“展取所遗金宝以益军储，自是富强甲诸将。”在四川征战的清朝将领也不甘落后，肃亲王豪格一面拷问被俘的义军将士以了解线索，一面派人多方寻找，但都不得要领。道光十八年（1838），清朝特派道员在锦江实地勘察，欲寻得宝藏。咸丰三年（1853），为缓解因镇压太平天国而造成的财政危机，咸丰帝再次下令将军裕瑞“悉心访察，是否能知其处，设法捞掘，博采舆论，酌量筹办”。但一次次的寻宝活动都以失败而告终，延至近代，锦江底的藏银逐渐为人淡忘。

到了20世纪的70年代，两次意外的发现使“锦江藏银”再次引起人们的关注。1975年，成都市望江公园附近的锦江岸边，发现了一批成色高、铸造精良的钱币，上面镌刻着“大顺通宝”字样，“大顺”是张献忠大西政权的年号，因此可以断定，这批重达十余千克的钱币是张献忠的遗留物。第二年，在成都市南郊的农田中，又发现两处窖藏，也有“大顺通宝”百余斤。这下，人们激动了，以为张献忠藏宝已见端倪。可惜，当人们进一步探寻时，仍然是一无所获，“锦江藏银”更加扑朔迷离了。

除了藏在锦江的藏宝外，张献忠还随军携带了一部分金银，他曾想只身携宝入湘，即便称不了王，也不失为一个富商。但半年后张献忠卒于西充县凤凰山，这批财宝也就下落不明。史家推测，张献忠将这批财物沿撤退路线作了埋藏，绵州、盐亭、西充等地都有可能是其埋藏地点。但是，三个多世纪以来，这批宝物也同样毫无踪影。1984年，在绵阳市郊区的一个工地上挖掘到一个墓葬，出土了玉圈、玉戒指等珍贵葬品，其中有两个蝙蝠形的金戒指，镌有“大顺赤金”的字样。相传张献忠在撤退时曾找金工炼黄金，而根据绵阳地方志的记载，绵阳皂角铺荀克孝父子是当地有名的金工，曾为大西军炼金数月。于是，人们期望考古学家能够证实绵阳古墓的主人确是大西政权时去世的，这样，大西军在绵阳炼金就可以得到证实，张献忠曾将黄金炼器分藏的说法也更加可靠一些。

但是，一部分学者压根儿不信有张献忠藏宝这回事，他们认为，张献忠在内外交困、大兵压境之时，哪里还能从容地炼金藏宝？《明史》

等史书上的记载，都是地主阶级诬蔑农民起义军的不实之词。官修史书既然可以捏造张献忠在四川“屠城”“杀人六万万有奇”的谎言，当然也可以编造其藏宝亿万的奇谈。而后世以讹传讹，演变成煞有其事的传说。至于 70 年代的两次发现，也并不能说明张献忠曾经藏过宝。“大顺通宝”是当时的流通货币，在当地民间流传甚广，张献忠失败后，老百姓怕因收藏“贼钱”而获罪，只好沉之于江，或埋之于野地中。初藏时或许还作些记号，以备他日之需，久之，也就成为无主之物了。

上述诸说，有依据史料的断言，也有合乎情理的推论，但张献忠究竟有没有藏银？人们期待研究的深入和新的考古发现。2005 年 4 月，四川岷江大桥施工工地挖出了七枚重五十两的明朝官银，又一次引发了关于张献忠藏银的关注。直到 2009 年，国家一流的物探专家还在这一带以科技手段探测金银沉落的精确位置，并声称已发现异常物，不过最终的结果一直未揭晓。

可喜的是，在本书即将付梓前的 2015 年 12 月底，十余名国内考古、历史专家齐聚地处岷江中游的彭山县的江口，实地考察了当地的出土文物和相关遗址，共同签署了一份意见书，认为：鉴于当地工程建设中发现了大量文物，文物出水地点与文献记载中张献忠沉银的地点一致，出水文物中包括铭刻年号的金册、银锭以及“西王赏功”金币、银币等。通过与历史文献相比较，基本上可以确定彭山“江口沉银遗址”就是为历史记载的张献忠沉银中心区域之一。这一结论让人们更加急切地期待着对张献忠藏银之谜的最终破解。

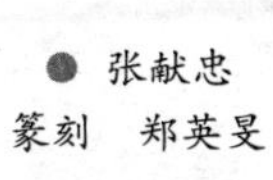

● 张献忠
篆刻　郑英旻

张献忠“屠蜀”之疑

在明清交替之际，四川人口锐减，以致有清初“湖广填四川”的移民潮。据《明史·地理志》和《清文献通考》载，明万历六年（1578）四川省尚有人口三百十万，到清康熙二十四年（1685）锐减至约九万。有些史书和学者认为，四川人口急剧减少，是张献忠农民军的大肆滥杀造成的，有的则不以为然。

史籍中记载张献忠“屠蜀”的文字，比比皆是。《明史·张献忠传》称，张献忠“嗜杀，一日不杀人，辄悒悒不乐。诡开科取士，集于青羊宫，尽杀之……坑成都民于中园。杀各卫籍军九十八万。又遣四将军分屠各府县，名草杀……共杀男女六万万有奇”。费密《荒书》说，张献忠“尽一省而屠之”，全省人被杀光了！吴伟业《绥寇纪略》等书，记载张献忠及其部将曾先后“屠成都”“屠重庆”“屠广元”“屠保宁”“屠锦州等州县”“屠邛州”……现今也有不少学者认为，张献忠军滥杀无辜。

是什么原因促使张献忠大开杀戒？彭遵泗《蜀碧》记，张献忠少时曾随父到内江卖枣谋生，其父在当地被打受辱，张献忠发誓：“我复来时，尽杀尔等，方泄我恨。”民间另有传说，张献忠率军由湖北入四川时，在碚石野外解手，不巧手抓着活麻，手和臀被刺痛，他气恼至极，怒曰："四川人真厉害，连草都这么凶，我就从这里杀起！"于是四川一片腥风血雨。

有史家指出，张献忠在四川没有滥杀人。张献忠军相当注重军纪，顺治元年（1644）起义军由重庆向成都进发时，张献忠明令："归诚则草木不动。"（《滟滪囊》卷二）在攻打泸州时，发布檄文说："凡我军士，如有借故滋扰，株连良民，及其他淫掠不法情事者，……务须从严查办，赔偿损害。"（《张献忠屠蜀记》上册）农民军为百姓申冤雪恨，深受欢迎。梓潼百姓在张献忠牺牲后，特在七曲山文昌庙内塑张献忠像，以示纪念。况且，当时全国人口总共六千多万人，说张献忠杀人六亿有奇，显然是没有根据的。所以四川人口锐减，不是张献忠屠蜀造成的，当另有缘由。有人对此进行分析，指出四川人口减少发生在明万历年间至清康熙二十几年的大约一百年时间内，而张献忠在四川才两年多，且其占领区不过当时四川辖区三分之一，显然张献忠不可能是导致四川人口减少的主要因素。导致人口减少的主要原因，是明清官兵和四川官僚武装对起义军的屠杀，清军与明军、清兵与吴三桂之间在四川长期战争造成的杀戮以及天灾频仍、瘟疫流行等。当然，张献忠在四川也杀了不少人，但所杀的主要是明宗室、官员及顽抗的明军，并未滥杀百姓。

大顺二年圣谕碑

有的人认为，张献忠虽没有滥杀，但确有杀戮扩大化。有大量材料显示，张献忠所杀的人中，不一定都是与农民起义军为敌者，其中不少是无辜者。如在川北大杀投靠李自成的人，甚至把俘虏全部杀死；在镇压地主阶级反抗时，不讲策略，冤杀了一些好人；撤离成都时，杀后妃宫女以及那些不愿随其一同撤离的人。此外，在占领区还杀了不少乡绅士子、医僧匠役、四路遗民和士卒等。

由于众说纷纭，张献忠“屠蜀”，仍是史苑疑云。

崇祯帝诸子的下落

朱慈烺是明崇祯皇帝长子，崇祯二年（1629）周皇后生，崇祯三年被立为皇太子。崇祯十七年三月十八日，李自成农民起义军攻入北京外城，崇祯帝见大势已去，急令后妃等自尽，并杀女儿昭仁公主，让太子朱慈烺、定王朱慈炯、永王朱慈炤等潜逃出宫，自己登煤山上吊身亡。次日城破，明朝灭亡。亡命三子此后的命运如何？归宿何在？人们的说法各异，成为明末清初一大疑案。

先看太子朱慈烺的下落。《明史·诸王五》等史书载："京师陷，贼获太子，伪封宋王。"据说李自成起义军攻进京城后，立即四处搜索太子朱慈烺，太监栗宗周把太子献给李自成，李自成将其留于军中，由刘宗敏收视。李自成兵败西撤时，将朱慈烺随军带走，后竟不知所终。

《国寿录·崇祯太了》《甲申传信录》等记曰：京城破时，朱慈烺走李国公家，家中无人，遂越墙去，为卖豆腐老妪察觉，怜而收之。妪知为太子，令匿名姓，住三月，贫不能养。因间送太子舅周皇亲家，周家惧不相识，痛哭言之，终不识。闻报，送刑部狱，提审时，刑部主事钱凤览和御史赵开心等认定太子是真的，而旧侍讲谢升等人认为是假的。后摄政王多尔衮亲自审讯，断定其为假冒，并将其处死。

● 明宗室后裔八大山人

有的说，李自成山海关失利后，把朱慈烺交给吴三桂。吴三桂在清兵协助下，于山海关大败李自成农民军，他提出归还太子等为议和条件。李自成答应归还太子，把朱慈烺交给吴三桂。后朱慈烺从吴三桂军中逃脱，与太监高起潜回至天津，浮海南下。又传说，朱慈烺从吴三桂处逃出后，死于战乱之中。但有人指出李自成不可能轻易将太子交给吴三桂，所交出的是假太子。因为有资料表明，李自成西撤时，太子朱慈烺仍在李自成军中。《明史·李自成传》载："（四月）二十九日丙戌僭帝号于武英殿，追尊七代皆为帝后，立妻高氏为皇后。自成被冠冕，列仗受朝……是夕焚宫殿及九门城楼。诘旦，挟太子、二王西走。"《明季遗闻》曰："（四月）二十六日，狼狈还京……二十八日悉锐西行，辎重无算。或曰太子、二王挟之俱出。二十九日，焚宫殿，后队亦离去。"可见李自成未将太子交给吴三桂，即便有交太子一事，也可以断定所交为假太子。

还有人认为，朱慈烺于随李自成西去途中，与东宫侍读李士淳一起逃走，到地处粤东的阴那山灵光寺削发为僧。此说在当地流传甚广。李士淳是广东梅州地区人，曾充当东宫侍读，李自成攻陷京城，他和太子一同被捕，受宽待，被加封，君臣共同的命运为他们同谋潜逃提供了可能。李自成西奔时，收视太子的刘宗敏因身负重伤，自身难保，李士淳和朱慈烺逃跑就有了好机会。李士淳后裔李大中在《二何先生事略》中说：李士淳“年六十，遭闯祸，身受刑笞，不污为命。携王潜遁南归。……顾势已无可奈何，乃请某王削发为僧。在阴那半山人迹罕到之处，筑室以居之，名之曰‘紫殿’，又曰‘圣寿寺’，并为王取法名曰‘奀和尚’。尝于中秋佳节，偕‘奀和尚’登塔赋诗，情深言远，感怆伤怀，至今仍见诸塔中勒石。”梅州地区还传说这样的故事：明亡后，阴那山灵光寺有一不寻常的和尚，法号“奀”。和尚去世后，灵光寺内供奉其神位，叫“太子菩萨”。每当新谷收获，灵光寺主持就雇人携“太子菩萨”神牌到乡间化缘，以所得供奉“太子菩萨”。辛亥革命后，人们才知道当年的奀和尚，就是明太子朱慈烺。

还有说，太子朱慈烺辗转逃至南京南明小朝廷，福王朱由崧召集大臣马士英等对他进行盘问，他对答如流，连在场的一些大臣名字也能叫出。由北京南逃来的原宫中内监，也认为他是真太子，而御史杨维垣指认他是驸马王昺的侄孙王之明所假冒。朱慈烺愤而问曰：“为何不叫我明之王？”南明在外地的一些将领得知此事，纷纷上奏要求保全太子，甚至有人欲起兵攻打南京，拥立朱慈烺。福王为稳定自己的帝位，拒不认太子为真，有言太子为真者皆被处死。后清兵攻破南京，清豫王多铎把太子掳至北京，从此不知所终，想必为清廷所害。

关于崇祯帝另几个儿子踪迹的记载也有不少，扑朔迷离，真假莫辨。清汪钝翁《尧峰文钞》中有《书张缙始末》一文，记云：顺治十六年（1659）六月，在河南柘城有一戴缨笠、着汗裤、骑马赶路的男子，与旅店主人发生争执，当地居民将其制服，在行囊中搜得铜印一枚。这男子被扭送县衙，他拒不下跪，自称是明崇祯帝第四子朱慈英，周皇后是其生母，并道出他离开皇宫后的经历。县官见事关重大，即把他送往巡抚衙门，巡抚又将他送往北京，清廷命兵部审查，后得出结论说这男子姓张名缙，浙江金华府人，假冒崇祯帝皇子，犯下死罪。

《清宗室王公传》记载，康熙十二年（1673）冬，正值吴三桂于云南起兵反清，京中有自称朱三太子朱慈璘者，纠集党徒在京城内外举火起事，但很快被平息。与此同时，两广一带有人自称是崇祯帝太子朱慈灿，欲响应吴三桂合力反清，后被清朝当局拿获。清廷曾让京中的朱慈璘和两广的朱慈灿当堂对质，两人竟互不相识，于是皆被凌迟处死。康熙十九年秋，陕西又有人自称朱慈璘，发起反清叛乱，不久即被擒获杀死。另据记载，康熙四十七年，清军在镇压浙江大岚山一带反清活动时，得悉义军所欲拥戴的是朱三太子朱慈焕，接着，清朝当局在山东汶上县逮捕了一个在退职县令家教书的王老先生及其两个儿子王孟发和张珽。审讯中，七十五岁的王老先生称自己是崇祯帝第五子，名慈焕，多次改名换姓，东躲西藏，直至被捕。王老先生一妻一妾及三个女儿在浙江湖州府长兴县，知事发皆自尽。清廷断言崇祯帝第五子早已亡故，此系冒名，王老先生等与此案有涉数十人被处死。

除上述各起皇子案外，清初还有多次自称是崇祯帝皇子的事件，清朝当局不论其真假，一概斥之为假冒，予以彻底剪除，消除反清复明的隐患。

明宫藏银的疑谜

明宫藏银之数一向是一个扑朔迷离的悬案。还在明朝中叶以后，皇室越来越奢靡，用度迅速膨胀，供皇室所用的“内帑”——每年百余万两白银的经费根本入不敷出。嘉靖时期，皇帝就经常从国库的藏银处“太仓库”支取银两补贴皇室，万历中期索取更多。万历二十年（1592）以后，国家多事，花费无算，财政日益困难，除了增加对人民的剥削外，朝廷官员一方面反对皇帝继续从太仓库取银，一方面吁请皇帝“发内帑”，以舒缓财政危机。而皇帝因为内帑无银，根本无法满足朝臣的要求。于是，君臣之间常常为此发生争执。崇祯时期，国家财政面临崩溃，为了应付赈灾、饷军等突然变故，崇祯皇帝偶尔也拿出一些银两来应急，数量并不大，但这更造成朝廷官员对皇家库藏的错误估计。因此，直到明亡前几天，大臣们还吵着“请发内帑”。这说明，宫中藏银在那个时候就让人疑疑惑惑的了。当时朝野的记载总括起来大约有三种说法，一是认为宫中藏有大量白银，总数有数千万两之巨；二是认为宫中虽有白银，但已为数不多；三是认为宫中帑藏已一无所有。

明亡之后直至现代，这一问题更是歧见百出，聚讼纷纭。郭沫若在《甲申三百年祭》中断定明亡时皇宫内存有大量白银。姚雪垠在《评〈甲申三百年祭〉》中却认为郭沫若是“误信了宫中藏银的传说”，当时的明宫不可能有大量藏银。而顾诚又在《如何正确评价〈甲申三百年祭〉——与姚雪垠同志商榷》和《明末农民战争史》中支持郭沫若的说法，认为明宫应有白银三千七百万两、黄金一百五十万两，数量相当庞大。

古今对明宫藏银之数判断的一个关键点就是明末农民大起义时李自成到底从皇宫中运走了多少财物。明翰林院左谕德杨士聪认为“括各库银共三千七百万，金若千万”；工部员外郎赵士锦认为李自成“载往陕西金银锭上有历年字号，闻自万历八年以后所解内库银尚未动也，银尚存三千余万两，金一百五十万两”；兵部职方司郎中张正声认为是“九千几百万，金半之”；士子刘尚友认为没那么多，李自成“匆匆为行计，括城驴骡驼马以万计，罄宫中所有，载之西归，或云金银共十七库，库各数万”；上虞令贾汝寿说：“贵为天子，所蓄不过二十万，何以不亡？”从九千万两到二十万两，数字是够悬殊的，但是根据各种史料对李自成运载金银情况的记载来分析，当时集中载运是在四月十六日，之前之后也有零星的运载，以“驼马万计”，“每驮二锭”，“每锭千两”计，日运可达二千万两，再加上零星运载的，总数就在三千万两左右。当时的北京可以集中的牲畜有限，因此绝对不可能承运九千万两之数。

其次，李自成运走的三千万两也并不是全部出自明皇宫。明末清初学者彭孙贻在《平寇志》中这样记载：“刘宗敏进拷索银一千万两，李岩、李牟刑宽，所进不及其半，以己所有补入之，人皆称焉。其所得金，大约侯家十之三，宦寺十之三，百官十之二，商贾十之二，共七千万两。宫中久已如洗，怀宗减膳布衣，酒卮器具之金银者尽充军饷。内帑无数万之藏，贼淫刑所得，扬言获之大内，识者恨之。”可见，宫中解出的银两大多是农民军从勋戚贵族、文武百官那里拷掠得来的，但拷掠之数七千万两并没有全部上缴，部分被各级将领隐留，另一部分因军心不稳而“将领人百两，兵卒人十两”作为赏银发下，所以能被运走的也就是二三千万两。由于熔铸和装载都是在大内干的，容易让人们产生金银均出自明皇宫的误解。

那么，明宫没有藏银吗？学者蒿峰否定了这一结论，他认为明宫藏银还是有的，只是数量有限，而且是发自秘密库藏。如前文所及，杨士聪、赵士锦、刘尚友等都说到大内库银，这些人当时亲在北京，言之凿凿，不能说完全是空穴来风。康熙皇帝曾亲口说：“明代万历年间于养心殿后窖金二百万金，我朝大兵至京，流寇挈金而逃，因追兵甚迫，弃之黄河，大抵明代帑金，流寇之难三分已失其一。”康熙离甲申不远，又久在宫中，所云帑金恐怕也是实情。康熙可以肯定窖金是万历年间埋藏的，上文赵士锦也说大内积金自万历八年来没有动用过，这一方面可能是银锭上刻有万历某年字样，另一方面也符合历史事实。万历初年，张居正当国，明朝经济情况较好，此银可能就是万历八年左右神宗窖藏的。万历中期以后，国家多事，战争不断，花费浩大，年年拮据，不可能再有余金，更不可能会有七千万两白银供窖藏了。所以说，农民军在明宫缴获了部分白银，其中最大的一笔就是也只能是养心殿后的这二百万两，此外，应别无他藏了。

崇祯皇帝知道这窖金二百万两吗？这是人们争论明宫藏银的要害所在，如果他知道，那他就是吝财亡国，如果他不知道，那就另当别论了。根据崇祯最后时期的表现，他应是不知道这笔银两的。当李自成兵临城下时，明王朝财政已是山穷水尽，“正月外解来，才度过二月”。二月外解不到，崇祯只好反复动员贵族、官僚捐助，但是，连他的岳父也不肯出钱，其他百官也就是敷衍而已。三月初八，国库只有八万两银子了，阁臣请求发内帑，崇祯“默然良久曰：‘今日内帑难以告先生。’语毕，潸然泪下”。至三月十六日，形势危急，京军老弱皆上城防守，他们已四个月没有发军饷了，为刺激士气，一些官员甚至捐出衣服簪珥送至城上。在这国将不保，身家性命也将不保的时刻，崇祯若知道有藏银而不用，未免就太昏愚了，这个抱有中兴之志，十七年躬行节俭，全力支撑明朝政局的崇祯皇帝恐怕还不至于昏庸如此。

那么除了崇祯皇帝所不知道的窖金，明末时明宫究竟还有多少藏银呢？甲申二月，崇祯帝召见吴襄时曾说：“内库止有七万金，搜一切金银什物补凑，约二三十万耳。”如此，当时明宫银两不会超过四十万。对于庞大的宫廷开支而言，这四十万两确实是少之又少，说“内帑如扫”确也不为过。

明宫藏银之数，确实令人困惑：李自成从宫中运走白银，但这些白银并非全部出自皇宫；崇祯末年国用极度匮乏，而宫中却有窖金数百万；百官逼着皇帝要钱，皇帝的家底却“羞为人说”；再加上农民军的宣传、部分官吏别有用心的渲染，虚虚实实，真真假假，明宫藏银越传越多，成为难解之谜。上述分析和结论，是否能够帮助我们了解明宫藏银的真相？

● 故宫乾清宫

郑成功是被毒死的吗

明清之际，台湾为荷兰殖民者所占领。南明永历十五年（1661），民族英雄郑成功率将士数万人，自厦门出发，经澎湖，于台湾禾寮港登陆，围攻荷兰总督所在地赤嵌城。经过八个月的激烈战斗，荷兰总督终于投降，台湾回归祖国的怀抱。郑成功在台湾建立行政机构，推行屯田，促进了台湾社会经济的发展。但是，仅仅五个月之后，当郑成功正欲进一步大展宏图之时，却突然与世长辞，年仅三十八岁。

郑成功一生的战绩，有杨英《从征实录》详细记载，使后人得以见到第一手资料。但是郑成功去世前后，杨英也正好卧病，没有坚持写实录，因此关于郑成功的死，就没有确切材料可依据，以至众说纷纭。

几乎所有的史籍都记载郑成功是病死的，不同的是他死于什么病。如有的记“偶伤寒”，有的说“感冒风寒”，也有的记“骤发颠狂”等。至于后人的猜测就更多了，有的说郑成功是“由于狂怒而闷窒致死”；有的说是“身染肝郁病症，内伤外感，又缺药物，终致死亡”；还有的认为郑成功是先得咳嗽，再发展成危险的热病；此外还有说郑

郑成功

● 郑成功

成功得肝病、肺结核病、恶性疟疾、流感等，甚至干脆说他是得“奇怪的病”。看来，可以肯定郑成功最后是得了病；但是，据夏琳《闽海纪要》记载，他的病应该并不严重，郑成功病中“尚坐胡床谈论，人莫知其病”。汪日升《台湾外纪》也记载郑成功可以“日强起登将台，持千里镜望澎湖”，就在死的那一天，他还“又登台观望”，然后回书室，请《太祖祖训》出，边阅看边饮酒。这种状况，恐怕没有人会想到郑成功当天就会死吧？

林其泉不同意郑成功死于任何急性病的说法，他指出郑成功是被人用毒药害死的。他承认这观点似乎近于骇人听闻，但还是言之有据的。

首先，暗杀郑成功是确有其事，恐怕还不止一次。据说，清王朝曾收买郑军内部的人来实施暗杀，一次，收买了郑成功的厨师，计划在点心中投放孔雀屎来毒杀郑成功，但这厨师心慌手软，几次动手都因胆怯而没有干成。经不住内心的折磨，他将此事告诉了自己的父亲，其父大骂他忘恩负义，拉着他到郑成功面前负荆请罪，最后得到了宽恕。此事虽未造成严重后果，但反映出对郑成功进行谋杀的阴谋是存在的。

其次，郑成功身边有急欲置他于死地的人。郑成功的儿子郑经生活失检，令郑成功十分失望。而他的兄弟子侄辈中，有不少是有职有权的，其中郑泰长期掌管郑军的东西洋贸易，控制着郑军的财政大权，拥资数百万，虽深得郑成功信任，但却心怀叵测，早生二心。郑成功出兵台湾遇到重重困难时，他袖手旁观，不予援助；台湾收复后百废待举，财政困难，郑泰却在日本存银三十多万两，分文不动。他一心想让郑成功在各种困难和打击下自败，但未能如愿以偿，相反，台湾在郑成功的努力下形势一天天好起来，这使郑泰颇感不安，于是极有可能孤注一掷，毒杀郑成功。

其三，郑成功一贯的严刑峻法可能促使了谋杀手段的采用。郑成功平时纪律严明，赏罚分明，因此得到了广大群众的拥护，但也引起了一部分人的不满，产生了离心倾向。史书记载说："于是人心惶惶，诸将解体"；"成功用法严，其下常惧诛"；"滥用权威，人多思叛"。这些虽然不全是事实，但确实反映了一些要害问题。郑成功的严刑峻法再加上他的性情暴烈，使得一部分人投降了清廷，一部分人逃离了台湾，另一部分人则会铤而走险支持和参与阴谋篡权，甚至谋划杀害的活动。

其四，郑成功临死时的状况完全是毒性发作的症状。从各种记载可以看出，郑成功临死时是十分痛苦的。如夏琳《闽海纪要》说他"顿足抚膺，大呼而殂"；江日升《台湾外纪》说他"以两手攀面而逝"；吴伟业《鹿樵纪闻》说郑成功死时"面目皆抓破"；沈云《台湾郑氏始末》说"啮指而卒"；外国学者乔治·菲力浦写的《国姓爷的一生》中还有郑成功临死时用牙齿咬破嘴唇、咬断舌头的记载。这些，都可以看作是毒性发作时的症状。据《闽海纪要》的记载，“郑成功病革，都督洪秉诚调药以进，成功投之于地，大呼而殂”。可见，郑成功当时已发现或感觉到有人在毒害他，否则，为什么到快要死的时候还把别人进的汤药扔掉呢？

其五，关键性人物马信在郑成功死后神秘死亡。郑成功偶感风寒，但在病中仍然喝酒，于是谋害他的人很可能在酒中放慢性毒药，但由于病中饮酒少，药量不够，就由“马信荐一医生以为中暑，投以凉剂，是晚而殂”。那么，马信很可能是被利用于直接杀害郑成功的凶手，至少了解一部分内情。马信原是清朝的台州镇将，后投靠郑成功任都督，很得郑成功的信任，被当作得力助手。谋杀的主谋者可能收买了马信，但事后又怕马信泄密，所以又来个杀人灭口。郑成功死后五天，马信就“无病暴亡”。马信的死本来就是个谜，而这个谜与郑成功的死一定有着密切的联系。

郑成功的死在当时并不是没有引起人们的怀疑，但是，他的继承人郑经在逮捕了阴谋篡权的郑泰后，发现郑泰有大量银款存放在日本，不免眼红心热，便把注意力集中在向日本索要银款上，对父亲的突然死亡就没有进一步追查。或许他根本没有想到郑成功是郑泰一伙毒死的，或许他对父亲的死也不很伤心，根本不想追查，于是，就让郑成功的死因湮没了三百多年。

郑成功被毒死说，并没有直接的文献记载，而是从各种材料的蛛丝马迹中推论出来的，它是否就是郑成功之死的确解，还值得我们进一步深入研究。

柳如是属“秦淮名妓”吗

明末清初，金陵的秦淮河畔，出了八个才貌超群的歌妓，被称为“秦淮八艳”。“八艳”个个秀丽俊逸，聪慧貌美；又能歌善舞，唱尽一代风流；还精于绘画，尤以画兰著称一时；更不易的是，她们中的好几位都善于诗词，有不少佳作传世。在同一时期、同一地点，集中出现这样的女才子，这在历史上也并不多见。

一般认为，跻身于“八艳”之列的，是马湘兰、柳如是、顾横波、卞玉京、寇白门、李香君、董小宛、陈圆圆。她们之所以为人们所熟知，不仅在于她们的“艳”，还在于她们结交的都是一时名士，柳如是嫁钱谦益，董小宛嫁冒辟疆，李香君许身侯方域，这钱、冒、侯三人都是当时著名文人。至于陈圆圆、董小宛、李香君的故事，更是人所皆知。三百多年来，不知有多少文人骚客为“秦淮八艳”赋诗作文，使她们的艳名远扬。

但是，有人认为柳如是不属于“秦淮八艳”。

柳如是是江苏吴江人（一说浙江嘉兴人），幼年家贫被卖为婢。妙龄时堕入青楼，渐为名妓。她明辨机智，敢作敢为，曾女扮男装，到松江访南明复社领袖陈子龙，自称“女弟子”。后两人倾心爱慕，相恋甚深，但陈子龙在抗清起义中战败身死。柳如是二十余岁时，嫁给年近六十的东林党领袖、文名甚著的钱谦益，生有一女，从此再未重返青楼。

柳如是一生曾三次随钱谦益短期寓居金陵（今江苏南京）。一次是在崇祯十七年（1644）七月，钱谦益就任设在金陵的南明小朝廷的礼部尚书，柳如是同行赴任。不久，南明小朝廷崩溃，钱谦益降清，去了北京，但柳如是仍留在金陵。仅半年后钱谦益称病辞归，夫妇二人即同返常熟虞山居住。

在虞山，夫妇二人一起投身于黄毓祺的反清复明活动，柳如是卖尽了自己的珠宝以资助军队，还亲自到舟山群岛海上去慰问义军。后黄毓祺兵败，清廷以钱谦益曾留黄毓祺住其家为由，将钱收捕入狱，关押在金陵。柳如是第二次来到金陵，贿赂清廷官员，才使钱安全出狱。

清顺治十六年（1659），郑成功自崇明入江，直捣金陵。柳如是第三次来到金陵，这次，是为接应郑成功攻打金陵而来的。康熙三年（1664），柳如是在虞山去世，时年四十七岁。

纵观柳如是一生芳踪行迹，从未在金陵秦淮河畔为妓，说她是“秦淮八艳”之一，可能是受了野史、杂记的影响。如石三友的《金陵野史》记：“柳如是原名杨爱，幼即聪慧好学，美艳绝代，妙龄因家贫坠入章台，为秦淮名妓，易名柳隐。因读辛词‘我见青山多妩媚，料青山见我应如是’，故自号如是。”《秦淮歌妓董小宛》一书中说：“余谈心所著《板桥杂记》中，将秦淮的南曲名妓柳如是、顾横波、马婉容、陈圆圆、寇白门、卞玉京、李香君、董小宛等八人，誉为‘秦淮八艳’。”而一些工具书上都不作是说，如《中国人名大词典》《中文大词典》《辞海》等的“柳如是”条，或称“明末江南名妓”，或称“吴江名妓”，也未与“秦淮”相及。

可见，柳如是不是“秦淮八艳”之一，至于“秦淮八艳”究竟是哪八位名妓，这又是另外一个谜了。

柳如是

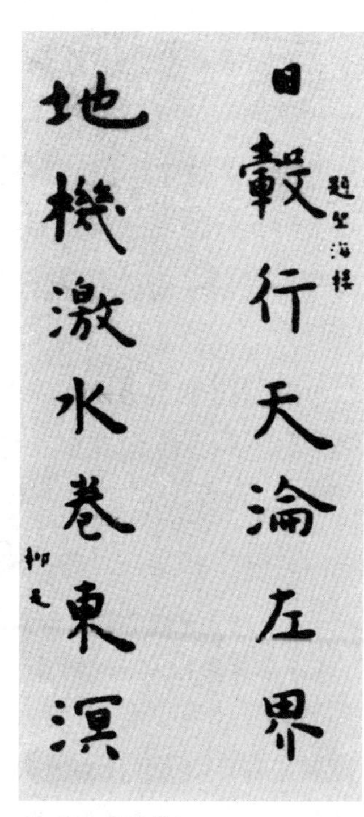

柳如是手迹

谁点燃了绛云楼之火

钱谦益嗜书如命，失去一好书，他比作如同李后主去国时的那种凄凉情状。所以，他为人虽不无微疵，藏书却为大江以南之首富，令人缅想及之。清代考据大家阎若璩十分自负，但独推崇黄宗羲、顾炎武和钱谦益，恐怕也与此有关。

钱谦益娶了柳如是为妾后，在常熟虞山脚下的钱氏别业——红豆山庄内，修建了华丽壮观的绛云楼。楼共五楹，装饰十分考究，四壁挂满晋唐宋元的书画，四周环绕亭台林泉之胜，对读书人来说，没有比这更宜人的环境了。钱谦益将平生珍藏的所有书籍，分门别类，分为七十三大柜，总卷数达十万余以上，其中有极其珍贵的三千九百部宋元版古籍。钱谦益曾“顾之自喜曰：‘我晚而贫，书则可云富矣。’”夫妇二人日夕栖息于此楼，谈诗论文，夫唱妇随，其乐融融，成为当时艺林的一段佳话。

可惜好景不长，一天，钱谦益的幼女深夜与乳母嬉戏，不小心使剪下的烛芯掉进了纸堆中，火迅速燃烧起来。等钱谦益在楼下惊觉，火焰已冲天。来不及抢救任何东西，一家人仓皇逃奔出楼，俄顷，楼即倾塌下来，所有的藏书当然也就荡然无存了。

关于起火原因还有另一说，即王沄所说的：“钱平生所蓄古玩珍宝秘书甚富，及自著野史，皆藏绛云楼。一日大雨，雷火焚楼，仅以身免。”

总之，时人多以为绛云楼是毁于火灾。钱谦益曾在《宋本汉书跋》中说：“吾家庚寅（即清顺治七年农历十月初二）之火，江左书史图籍一小劫也。”时人也叹：绛云一炬，为江南图书一厄。

但后人却怀疑绛云楼是钱谦益自己纵火烧毁的。

钱谦益曾是明代崇祯朝的礼部侍郎，崇祯皇帝自缢身死后，又成为南明弘光朝的礼部尚书。清兵入关后，柳如是劝他殉国，他不肯，却率先迎降，“至京候用”。顺治三年（1646）五月，授为礼部侍郎管秘书院事，充修《明史》副总裁。六月，即以疾乞假，回原籍虞山。事实上，钱谦益一到北京，亲眼看到清吏的暴虐，又亲身感受到清廷对明朝降官的歧视，对自己轻率地屈节事清就有些后悔。回原籍后，他结交的故友新朋中，有不少是反清复明的志士，如余姚黄宗羲、琴川邓起西等，与其渐为同志。钱谦益本是常熟首富，他依靠自己的百艘双桅大船，以经营渔盐为名，扬帆于海上。与郑成功

柳如是画作

反清复明基地舟山、鼓浪屿来往甚密，书信频繁。绛云楼名为藏书楼，实际上已成为反清复明志士的聚会处和南明小朝廷书信密札的收藏地。

顺治七年，清兵攻陷了广州和桂林，南明永历帝出奔南宁，督师瞿式耜被俘，不屈而死。形势的急剧变化，使钱谦益忧心忡忡，他担心众多的小朝廷密札的安危，尤其担心一年以前通款永历帝的“楸枰三局疏”事败露。思前想后，一边是全家的生命财产，一边是视若珍宝的图书典籍。最后，他终于决定，用不慎失火的假象，让南明朝廷的密札和数万书籍一起化为灰烬。

上述之说虽然没有太多的史料依据，但观点新颖，不失为一家之言。明末清初江南最大的藏书楼绛云楼荡然无存了，然而烧毁它的那把火究竟是如何点燃的，确实还是一个谜。

《三国演义》作者之疑

《三国演义》全称《三国志通俗演义》，是我国古代小说史上长篇小说的开山之作。其作者是元末明初小说家罗贯中，最早的刊本刻于明朝嘉靖元年（1522），这两个说法在学术界似早已定论，因为在嘉靖本《三国志通俗演义》上就明确标注着“罗贯中编次”。正因如此，学者们讨论《三国演义》的思想性、艺术性，总是以此为前提。但是，这一结论并不是无懈可击的，譬如，人们推测，罗贯中大约在1329年前后创作了《三国演义》，而此时距嘉靖元年差不多有二百年的时间，这期间从不见有关该书的记载，它是怎样保存下来的？又如，罗贯中的时代，既没有成熟的小说理论，又没有现成的长篇小说可以借鉴，罗贯中如何能够创作出这样一部成熟的巨著来？只是这些疑问并不足以动摇有关《三国演义》作者的传统看法。

学者张志和一直致力于《三国演义》的研究，他调查了北京各大图书馆收藏的《三国演义》的各种版本，查阅了相关资料，收集了大量证据。最重要的收获是，他在国家图书馆发现了一部明代插图孤本黄正甫刊二十卷《三国演义》。在此之前，不少学者也见过这部书，但都未加留意，因为它是明天启年间的刻本，要晚于嘉靖本一百年。但是，张先生发现，该书的封面、序言、目录和君臣姓氏附录是明天启三年（1623）补配的，而正文部分却是早年留下的旧版！其理由是：一、该书封面标题是《三国演义》，而正文各卷卷首则标为《新刻京本按鉴考订通俗演义全像三国志传》；二、目录字体与正文有异，且与正文相应的标题不一致；三、书序中明言该书“不失本志原来面目，实足开斯世聋瞽心花”。张先生将此本与嘉靖本作详细对勘，获得大量证据说明这个黄正甫本要比嘉靖本早二十年以上。这个发现使“嘉靖本为《三国演义》最早刻本”的固有观念失去了依据，更重要的是，这个本子从头至尾没有提及作者是谁。这就是说，迄今为止的最早刻本并没有标明是“罗贯中编次”，那么人们就有理由怀疑，“罗贯中编次”的字样在并非最早刻本的嘉靖本上出现，完全有可能是书商为了鬻书射利而贴上去的标签。

罗贯中，名本，号湖海散人，山西太原人。他的生平事迹史籍记载很少，唯明代贾仲明的《录鬼簿续编》较为可信，因为作者与罗贯中有交往。而在该书中只说到罗贯中“乐府隐语，极为清新”，写过三种杂剧，压根儿没提到他创作《三国演义》。何以到了二百年之后，罗贯中一下子就成了天才的小说家了呢？（顺便提一句，该书也没有说罗贯中名本，因此说罗贯中名“本”字“贯中”的说法同样可疑。）

罗贯中创作《三国演义》的说法，是嘉靖本确定的，但该书的破绽却不少。该本蒋大器《序》云：“若东原罗贯中以平阳陈寿传，考诸国史，自汉灵帝中平元年，终于晋太康元年之事，留心损益，目之曰《三国志通俗演义》。”此中不仅将罗贯中的籍贯误为东原人，还将该书的起讫年代搞错，使《三国演义》的叙事由一百十三年变为九十七年，这个谬误就大了。那么，由这样一篇错误百出的序言来断定罗贯中是该书作者，难道是靠得住的吗？

再从《三国演义》本身内容来看，也有许多地方可证明其作者并非罗贯中。如“关云长五关斩将”的故事，描写关羽从许昌到滑州（今滑县）去寻找刘备。从地理上看，两地相距不过五百里，且是一马平川，而关羽怎么会翻山越岭跑到洛阳、汜水、荥阳，绕个大弯子去过关斩将呢？显然是地理描述上有误。如果让身为太原人的罗贯中来写，恐怕还不至于造成这样的地理错误。

《三国演义》的作者如不是罗贯中，那又该是谁呢？胡适在 20 世纪 30 年代就曾说过：“《三国演义》不是一个人做的，乃是五百年的演义家的共同作品。”从北宋到明中叶这段时间内，一代又一代的说书艺人创作了一个个三国故事，又口耳相传，不断丰富和完善，逐渐形成了有关三国的系列故事。有眼光的书商看到了其中的商机，便与某个熟悉三国故事的文人联手，参阅《资治通鉴》等史书，编成通俗演义式的三国史书，然后付梓刊行。至于这位最初的写定者，张志和认为应是南方人，这可以从他对北方地理的无知中确认，也可以从语言上来证明：如黄权这个人物，在黄正甫刊本中第一次出现时被误写成“王权”，这就是南方方言所造成的，如果是太原人罗贯中写的，一定不会犯这种错误。以早期出现的《三国志传》多由福建的书坊刊出来论，这个最初的写定者极有可能就是福建人。

如果《三国演义》的成书真如张先生所断言的那样，那么，其最初的写定者是谁已无关紧要。正如胡适讲的：“《三国演义》的作者、修改者、最后写定者，都是平凡的陋儒，不是有天才的文学家，也不是高超的思想家。"《三国演义》这部书，实际上是由“演义家”们共同创作出来的，最初的写定者无论是谁，他对该书的创作都无太大的贡献，不能将他看成就是《三国演义》的作者，更不需要把不一定与《三国演义》有关系的罗贯中当作天才的小说家供奉在艺术的殿堂中。

张志和的观点是否足以推翻“罗贯中是《三国演义》的作者”这样深入人心的成说？恐怕仍会是疑者自疑，信者自信。好在中国人民大学出版社已将张先生引为“铁证”的明黄正甫刊本重新出版，读者自可以在各种版本的对照中，作出自己明智的判断。

谁是《水浒传》的作者

凡读过《水浒传》的人，或许都会毫不犹豫地认为作者是施耐庵。确实，不论是清代和民国年间流行的金圣叹评本，还是新中国成立后最流行的人民文学出版社的整理本，题署的作者都是施耐庵，包括许多文学史的论著中，也把《水浒传》的作者归于施耐庵一人。因此，这一结论可以说已经深入人心。但是，在公映的电视连续剧《水浒传》中，却标明原作者为施耐庵、罗贯中二人。这就给人们带来了困惑：《水浒传》的作者到底是谁?

其实，这一问题已经争论了四百多年了。

《水浒传》成书于元末明初，到明中叶对于其作者已有好几种说法。第一种观点认为罗贯中是唯一作者。如田汝成在《西湖游览志余》中说："钱塘罗贯中本者，南宋时人，编撰小说数十种，而《水浒传》叙宋江等事，奸盗脱骗机械甚详。"王圻《续文献通考》、阮葵生《茶余客话》等也是这么记载的，钱曾《也是园书目》即如此著录。第二种观点认为，是施耐庵和罗贯中合撰。高儒在《百川书志》中就持这种观点，不少明代刊本的题署及序言中也作如是之说。第三种观点则认为，施耐庵是唯一作者，与罗贯中无关。胡应麟《少室山房笔丛》说："今世传街谈巷语，有所谓演义者，盖尤在传奇杂剧下。然元人武林施某所编《水浒传》，特为盛行；世率以其凿空无据，要不尽尔也。余偶阅一小说序，称施某尝入市肆，细阅故书，于敝楮中得宋张叔夜禽贼招语一通，备悉其一百八人所由起，因润饰成此编。其门人罗本亦效之为《三国志演义》，绝浅陋可嗤也。”

三说当中哪一说最可靠呢？

从时间上说，施耐庵独撰说出现得最迟，胡应麟是明万历时人，独署施耐庵的两个《水浒传》版本也要到明末的崇祯年间才问世，但这并不意味着可以肯定这一说最可靠。从写作方法而言，罗贯中写的《三国志演义》与《水浒传》在语言风格上完全不同，前者用的是浅近的文言，后者却几乎是通俗的白话，说两者同出自罗贯中的手笔，很难使人信服。合撰说倒是有一定的道理，但是两人是怎样一种合作关系，谁为主，谁为次？还是难以交代清楚。有意思的是，这证据都不充分的三说，在清代却和平共处，相安无事，并不互相批驳。各种刻本或题罗贯中纂修，或题施耐庵编辑，或干脆不题撰人姓名，可谓各显神通。

其实，在清初，已有一种新的说法面世。金圣叹认为，《水浒传》的前七十回是施耐庵所撰，七十回以后就是罗贯中所续。《水浒一百单八将图》题跋的作者徐渭仁也坐实了这样的分工。由于金圣叹删定的七十回本广为流传，这一说法逐渐被很多人接受。但是也有人提出反对和疑问，甚至揭露说是金圣叹伪造了施耐庵的原序。

鲁迅先生在《中国小说史略》中对这一问题有全新的见解，他认为，《水浒传》有简繁两本，先简后繁，简本为罗贯中所撰，施耐庵却

鲁智深菜园演武（《水浒全传插图》）

是“演为繁本者之托名”。鲁迅的观点将施、罗的主次作用颠倒了一下。他的施耐庵可能是“托名”的看法，引起了学者的注意，引发了“有无施耐庵其人”这一争论热点。

其实，人们较多倾向于《水浒传》是两人合作的结果。至于如何合作，高儒《百川书志》中有一说法：“《忠义水浒传》一百卷，钱塘施耐庵的本，罗贯中编次”。而嘉靖本、袁无涯刊本都题：“施耐庵集撰，罗贯中纂修”。所谓“的本”就是“真本”，“集撰”含有“撰写”的意思，这就是说，施耐庵是作者，是执笔人。而“纂修”“编次”都可解释为“编辑”，也就是说，罗贯中或者是编者，也可能是整理者、加工者。这样，施、罗二人的主次作用应是泾渭分明了。因此，刘世德先生如此归纳：从狭义上说，施耐庵是《水浒传》的作者；从广义上说，《水浒传》是施耐庵、罗贯中二人合作的产物。电视连续剧《水浒传》便是吸取了这一较为公允的说法。

武大郎其人其事

《水浒传》中，打虎英雄武松引出了武大郎和潘金莲这对夫妻的故事。小说中的武大郎，“身高不满五尺，面目生得狰狞，头脑可笑”，人称“三寸丁谷树皮”。这个不会风流的老实人，拴不住娇媚的妻子的心，终于招来杀身之祸。《水浒传》之后，《金瓶梅》又大事渲染了潘金莲的性格和行为，使得潘金莲的卑鄙、淫贱定了型。从此，描写这一故事的戏剧层出不穷，但大多是将潘金莲写成恶妇、淫妇。直到五四运动以后，才有人尝试着把潘金莲描写成一个反封建礼教的正面人物。

清朝初期，王士禛在《香祖笔记》中记载道：“兖州阳谷西北有冢，俗称西门冢。有大族潘、吴二氏，自言是西门嫡室吴氏、妾潘氏之族。一日社会，登台演戏，吴之族使演《水浒记》，潘之族谓辱其姑，聚众大哄，互控于县令。”根据此说，有人认为潘金莲系出自名门大族。

还有人说，武大郎乃清河（今属河北）武家那村人氏，名植，自幼崇文尚武，才力超群，仕运亨通，位居知州。其妻潘金莲是清河县黄金庄的大家闺秀，才貌双全，且贞淑贤德。夫妻俩郎才女貌，相敬如宾，而且乐善好施，颇得人缘。

在 1993 年，清河县修建“金瓶梅乐园”，觉得有必要把两人的真面目弄清楚。经多方勘查，终于在武家那村南武家祖坟寻找到武大郎的墓地，古墓呈椭圆形，为青砖修造，墓上的护林碑还完好。有关部门决定发掘古墓并开棺，以证实武大郎的身份。出人意料的是，当这口正南正北采用铁链吊存的棺木被开启后，呈现在人们眼前的是一具颇大的尸骨。按推算，死者生前应是 1.8 米的彪形大汉。

人非其人，事非其事，那么，为什么他们在戏剧、小说中一再被丑化而受到不公正的对待呢？

据说，武大郎的王姓同窗好友家道中落，前来投奔他。武大郎不欲当面施舍，使朋友尴尬，只是暗中派人到好友家打点安置。好友不了解情况，以为武大郎势利不肯帮忙，一气之下不辞而别，沿途出于气愤，讲了夫妇俩很多坏话。到家后得知真相，后悔莫及。所散布的不实之词，逐渐传开，为小说家所采用。甚至还有人说，这个同窗好友，就是《水浒传》的作者施耐庵。

● 武大郎（《水浒全传插图》）

武氏族人对先祖名节无端遭诋毁十分痛惜，便将武大郎墓修葺一新，并于 1996 年筹资修建穿厅、展室、围墙、大门、甬道，还在墓前修建碑楼，并撰写碑文曰："武公讳植字田岭，童时谓大郎，暮年尊曰四老。公之夫人潘氏，名门淑媛。公先祖居晋阳郡，系殷武丁裔胄，后徙清河县孔宋庄（现名武家那）定居。公幼年殁父，与母相依，衣食难济。少时聪敏，崇文尚武，尤喜诗书。中年举进士，官拜七品，兴利除弊，清廉公明，乡民聚万民伞敬之。"这样的碑文，足以为武大郎夫妇平反昭雪。

不过，有一种说法将清河县的武植与《水浒传》的关系撇得干干净净，理由是：根据施耐庵的生平，可以断定《水浒传》成书于元朝年间，即便其后有罗贯中加以编辑，但故事的主要情节不会有大的改动。而明朝开科举时，施耐庵已经去世，也就是说施耐庵还没有等武植成为进士，就已经死了，他可能根本不知道武植这个人。因此，清河县的武植并非《水浒传》中的武大郎，宋代的武大郎，应该另有其人。

又有一种说法是，施耐庵是站在张士诚的立场上写《水浒》的，张士诚有两个反元起事时的伙伴潘元绍、潘原明。张称吴王时，两潘大受宠信，一为吴王爱婿，一手握重兵，出镇杭州。但

● 武大郎和潘金莲（《容与堂刻忠义水浒传图》）

是，当张士诚危难的时候，两人先后投奔朱元璋，从而加速了张士诚的灭亡。施耐庵鄙视两潘的为人，特意在书中创造出两个背夫不贞的潘姓女子：潘金莲、潘巧云。

不同的说法，结论是完全不同的。纠结于武大郎、潘金莲风貌人品的，其前提是相信《水浒》中的描写确有其人；而认为该描写是为张士诚出气的，显然是认为武、潘完全是施耐庵笔下所创造的小说人物。

小说自然不是历史，但历史常常为小说提供素材。读史和读小说毕竟是两码事，倘若将两者混为一谈，难免沦入时下盛行的“戏说”之流。

《西游记》作者有新说

《西游记》的故事虽然妇孺皆知，但谁是该书的作者？这却是一桩争论了四百年之久的陈案。早在20世纪20年代，胡适与鲁迅分别根据明天启年间《淮安府志》的记载以及清代学者的种种论说得出结论：《西游记》的作者是淮安嘉靖中岁贡生吴承恩。七十余年来，文学史与大小工具书大多承认此说。但是，由于目前所能见到的各种古版《西游记》，没有一部是署名吴承恩所作，因此，学者们对此总是疑疑惑惑，欲进一步探究真相的也不乏其人。

毕业于北京大学图书馆学系、又长期从事图书编目工作的沈承庆一直有志于《西游记》研究。20世纪80年代后，他整理自己多年来搜集的各种《西游记》版本的古今资料，开始考证《西游记》的作者。他从世德堂本《新刻出像大字官板西游记》(即“世本”)卷首的“华阳洞天主人校”的“校”字入手，对比杨致和《西游记》(即“杨本”)和朱鼎臣《释厄传》(即“朱本”)两个版本之间增、删、改的故事情节变化和发展，论证了小说的成书过程，理顺了这三个版本的出版顺序，并结合其中体现的佛、道、儒三家思想脉络，追根溯源论证《西游记》作者的阅历及身份，最后得出结论：《西游记》一书与吴承恩毫无关系，真正的作者应是明嘉靖时代的“青词宰相”李春芳。

李春芳是扬州兴化（今属江苏）人，嘉靖年间状元及第，因善撰“青词”而累升宰辅。他年少时曾在江苏华阳洞读书，故又号“华阳洞主人”。他还曾受命总校《永乐大典》，以其才学，撰写《西游记》也并非没有可能。沈先生在《话说吴承恩——〈西游记〉作者问题揭秘》中提出的本证、旁证、史证多达十二条，其中他认为的“钢证”是《西游记》第九十五回中的一首诗：

缤纷瑞霭满天香，一座荒山倏被祥。虹流千载清河海，电绕长春赛禹汤。草木沾恩添秀色，野花得润有余芳。古来长者留遗迹，今喜明君降宝堂。

沈先生认为，写诗固然可以随着感觉走，但是也不能跑题无法，与这首诗有关的故事中，并没有什么“长者”，描写的也是眼前情景，为什么在第七句中突然出现了“长者”，又何从“古来”？在这里，无论是作者还是故事人物都是在现说现话，又到哪儿去寻“遗迹”？而且这个“遗迹”还是那位“长者”所留？另外，在这首诗的第四句中，嵌有一个“春”字，第六句中有个“芳”字，第五句的木字偏旁稍“添”而近“秀”，可以“拆白道字”而组成一个“李”字，第七句“古来长者有遗迹”中，“长者”是编撰人自称，“留遗迹”是自白，因此，合此四、五、六、七句，其廋词隐语已昭然若揭，即“李春芳老人留迹”是也！

沈承庆的新说一出，颇获赞誉，有论者称其“立论大胆，考证严谨”，“推翻了七十多年来学术界一直流传的错误结论，给中国古典文学名著研究史添上了浓重的一笔”等。但是，也有学者不同意其结论，认为只凭一首诗暗含李春芳就断定《西游记》的作者，不够有说服力。其中吴圣昔更是认为沈著对这首诗的分析也是“钻牛角尖”。

《西游记》第九十三到九十五回描写的是天竺国故事，故事的一开头，就叙述唐僧师徒在布金寺前谈论着当年的给孤独长者买园，以金铺地，请佛祖讲经的故事。进寺后，又在寺僧的陪同下，到给孤独园旧址赏玩凭吊，唐僧还赋诗一首：“忆昔檀那须达多，曾将金宝济贫疴。祇园千古留名在，长者何方伴觉罗。”诗中的须达多就是给孤独，祇园就是给孤独园。“给孤独”之意即喜欢救济孤独者，因此人们尊称他为长者，这是佛教中有名的故事。据此，故事演进到第九十五回天竺国王为接回被兔精摄走的女儿而亲临布金寺时，“古来长者有遗迹”的诗意就十分明确了。“长者”即给孤独，“遗迹”当然指给孤独园和布金寺，与李春芳简直就是风马

唐僧取经图（榆林窟第3窟）

牛不相及。又何况李春芳有何资格自称“长者”，又怎会在自己还活着的时候称作品为“遗迹”？

以李春芳“青词宰相”的才气，写几首嵌字诗应该不难，但这首诗若属“嵌字”的话实在不高明，如改李姓为“木”姓，又将姓放在双名当中，这完全不符合中国人的姓氏习惯。若说此词中嵌有“李春芳”之名，还不如说嵌有“丘处机”更贴切：“一座荒山倏被祥”不就隐个“丘”？丘处机封长春真人，第四句中明显就有“长春”二字！《西游记》中可以寻找“隐名”的诗很多，因此，以此作为断定《西游记》作者的“钢证”，其科学性和真理性都是令人生疑的。

《西游记》的作者究竟是谁？这个答案恐怕还不是很容易得到的。

红崖天书——文化史的悬案

在贵州省黄果树附近的一座山的崖壁上，有一些奇怪的文字，大者齐人，小者如斗，错落参差，排列不整，这就是被称为“黔中瑰宝”的“红崖天书”。自明清以来，“红崖天书”一直是许多中外学者和好奇人士的兴趣所在：它究竟是一种什么文字？产生于何时？什么人所作？其内容又如何？对此，人们有各种各样的猜测。有的认为这是诸葛武侯的镇山符，又因《华阳国志》有“诸葛亮乃为夷作图谱”的故事，认为是诸葛亮教夷人作图谱的遗迹；有的认为这是大禹治水时留下的遗迹；又有人说它是少数民族的古文字，是彝族的巫师为“岁祭丰年”而在石壁上书写的符箓性符号；还有人说这是“自然石花”，因石质中若含朱砂水银之属，故字青石赤；另有人把它看做是“夜郎挂经”，可以提示某种人间

● 红崖天书

祸福；甚至还有人提出这是“天外来客”留下的“宇宙讯息”……总之，“红崖天书”，不知有多少人为之苦思冥想，也不知有多少人欲破这“千古之谜”。

破译“红崖天书”谈何容易。“红崖天书”没有拓本传世，因为它是直接书写在未经打磨的石壁上的，其痕迹极浅而无法拓片，这就失去了对现存摹本真伪辨别的依据。石壁长期裸露在外，涂写的符号在日晒、雨袭的风化中剥蚀，历代对它的破坏也十分厉害，尤其是光绪二十七年（1901），因北京官员索要“天书”拓本，安顺知府即命当地团总罗光堂用桐油石灰捶拓，后又用巨斧铲凿，以沸水洗涤，使字迹漫漶，难以辨认。更有甚者，贵州提督徐印川（或说周达武）居然在“天书”中草书一“虎”字，这就愈加混淆耳目了。于是，后人要临摹“天书”，只好在这些若隐若现的图迹上勾勒填写，难免会造成摹本与真迹之间的差异。而民间又有各种形形色色的复刻本流传，以讹传讹，以致众多的研究者因执赝本而无所适从，得不出科学的结论。

1995 年 3 月，贵州省安顺地区行署负责人提出“悬赏百万，破译天书”，于是，海内外又兴起了“红崖天书”热，独辟蹊径的新见解也逐渐形成，并成为新的争论焦点。

山东大学艺术系刘乐一亲赴安顺考察，他首先致力于寻找一份可靠的红崖摹本，因为只有与红崖古迹相对应的真迹摹本，才是进一步研究的科学依据。幸运的是，他在安顺地区博物馆发现了一张民国时期拍摄的红崖古迹照片，照片上的十几个字，字迹还较为清晰。以之与现存的多种摹本相对照，发现只有清朝瞿鸿锡的摹本最为契合。再

● 红崖天书瞿氏摹本

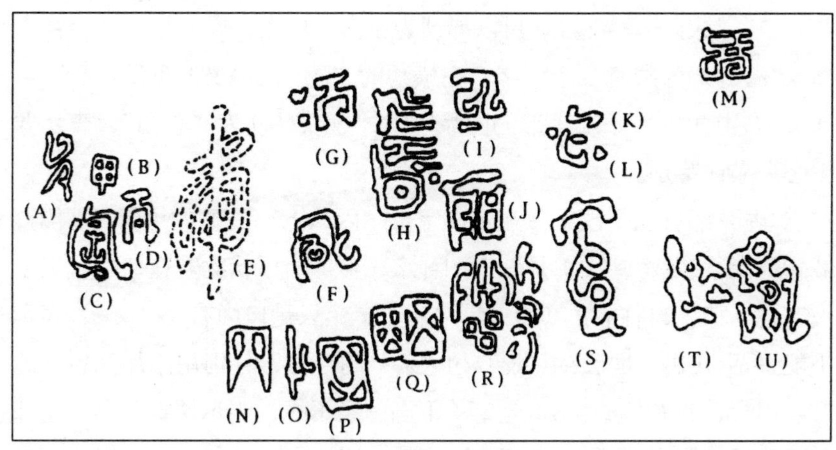

到石壁观看，发现残留的几个字迹无论从形体与方位都和瞿氏摹本相符，于是，下面的考证都以瞿氏摹本（如图）为基础进行。

“天书”虽或隶书或古籀，或篆体或图释，但汉字的属性一目了然。只是在书写方式上有横写也有倒写，又采取了添加、省减、移位、图释的方法将字形肢解，以增加文字的隐蔽性。但其中有一个“甲”、一个横写的“乙”和一个大篆体的“丙”字在字形上未加变化，这是开启天书的钥匙。

“天书”左上角“甲”部分的（A）是钟鼎文字体的“允”字，（C）字中藏有一个隶书体的“出”，如与（D）换位，就可组成“凤”字。（E）是徐印川添加的“虎”字，其右侧（H）是省减竖划的“书”字，“书”字的左下角（F）是古文“凤”字，左上角（G）是省减的“须”字，右上角（I）是小篆“认”的省形，右下角（J）是篆体古字

“门”字。综合这一部分，可以释读为：允，凤出，凤书须认书门。

“乙”部分共有三个汉字，在横写的“乙”字（K）下是“心”字（L），右上角则是添加字形的“品”字，可以释读为“心品”，表示要用心去品评鉴别。

“丙”部有六个汉字，在金文字形“丙”（N）右侧的（O）是倒置减省的大篆“戌”，（P）是一个图释字，似一个核状物塞在口中，表示被塞住了口，再往右的（Q）是“咽”字，只是口中有个“×”，表示不能讲话，（R）是籀文“殴”和“杀”的合体，分别用添加和省减的方法组合，其右侧的（S）是宝盖下画一条毒蛇，表示“宦”字。这部分可以释读为：丙戌，宦官乱政，殴（杀），有口难言。

“天书”的右下角有两组图形，像是一个女人在祈祷（T），另有一个童儿在戏耍（U）。其含义可以是：自此隐居山林以享天伦之乐。

从“天书”的汉字属性看，似乎是一位曾目睹宫廷内乱的见证人所书，其作者应是“天书”中的“凤”。从“天书”中的“允”字及“丙”“戌”推测，其内容应与明朝建文帝朱允炆有关。建文帝在靖难之役后下落不明，但据谷应泰《明史纪事本末》记载，他在永乐四年，即丙戌年（1406）曾流落襄阳一带，后化装成僧人匿迹于滇黔。此情此景，与“天书”的文字和图释似乎不无关系。至于作者“凤”是何人？与建文帝什么关系？这又是新的问题了。

从事船舶科技工作又对文史兴趣不减的林国恩用了九年时间钻研“天书”，他将各种摹本考证、核实，并用科技手段检验，最后认定瞿鸿锡摹本是原迹摹本，这与刘乐一不谋而合。但林先生认为，首先，

“天书”的作者是建文帝，是他在逊国后创作的一篇讨伐燕王朱棣夺嫡篡位的“伐燕诏檄”，因而是以圣旨的格式写的。其次，“天书”图文并茂，从局部到全局都有这一特点。其三，“天书”是一幅御驾亲征图，一幅围捕燕寇的天罗地网图，一幅常山蛇阵图，甚至还是祈望获胜复辟、太平盛世的丹凤朝阳图。由于当时“朝廷侦帝甚密”，作者不得不设法隐秘地表达自己的意思。又由于没有条件雕刻，只能将图文直接制作在未经打磨的崖面上，以致图文有或多或少的变形。

林先生的上述论断也不是臆测的，据说，他是参照了朝鲜《李朝实录》中的有关史料翻译的。檄文历数燕王朱棣夺嫡篡位的罪状，号召天下文武臣民协力同心，讨伐燕寇，以拯救宗社，重振朝纲。落款的图文为：“建文八年（丙戌年）甲天下之凤皇——允炆御制。”林先生肯定，译文的每一个字在“天书”中都有出处，他很自信地要为他的发现申请著作专利权。

论证了数百年的文化史悬案“红崖天书”，在重赏之下，是否已真正揭开其神秘的面纱？

宣德炉缘何而制

宣德炉也叫宣炉，是最著名的明代文物之一，因铸造及盛行于明宣宗宣德年间而得名。明宣宗在位虽长达十年，但真正意义上的宣德炉，只是指宣德三年（1428）初次铸造的一批，其珍贵程度，从后人评价中可见一斑："宣炉之真者，其款式之大雅，铜质之精粹，如良金之百炼，宝色内涵珠光，外现淡淡穆穆，而玉毫金粟隐跃于肤理之间，若以冰消之晨夜，光晖晶莹映彻"(《宣炉博论》)。"宣炉最妙在色，假色外炫，真色内融，从黯淡中发奇光，正如好女子肌肤柔腻可掐"(冒辟疆《宣炉歌注》)。

精美绝伦的宣德炉，尚有等级之分，上品包括鎏金、裹银、错金、错银几种。最为名贵者是鎏金炉。据说此类炉是专为宣宗皇帝御用而造，铸造工艺极为复杂，经十二次精炼铸成后，还要以水银和药熏染入骨，再用赤金制成泥沥于器身，放于高温中炙烤。熏染十余次后，赤金色由浅至深地沁入炉体，呈现最完美的状态。总之，宣德炉之美几乎到了不可名状的程度。

明宣宗为什么要铸造这批精美绝伦的器具呢？

流行的说法是：明宣宗以为郊坛、太庙、内廷中的鼎彝之器都粗略简陋，想用新器将旧物替换掉。而此时恰好有数万斤上好铜料——

风磨铜运抵京城。据说一般的铜经四次冶炼会呈现珠光宝色，宣宗遂以这批风磨铜铸仿古青铜器。为了增加铸器光怪陆离、豪华奢丽的效果，宣宗特以赤金六百四十两，白银两千两，各种贵重矿物质三十多种，一并作为铸器原料。

铸器形制也经精心选挑与设计。据载，为确定宣德炉的式样，共参照商周古器，唐天宝局器，宋祥符礼器图、宣和博古图、元丰礼器图，以及汝、官、哥、定窑各类瓷器形状，最后确定一百十七种典雅者，作为铸炉样式，其中包括鼎彝、乳炉、敦炉、鬲炉、钵炉等。宣德三年，由司礼监会同工部用前述原料铸造出三千三百六十五件（一说五千余件）仿古青铜器，即正宗宣德炉。

铸造宣德炉的缘起还有另一种说法。传说宣德年间，内廷失火，烧毁大量金银财宝和古铜器等。被焚烧的金银铜玉等熔为成堆的姹紫嫣红的混合物，无法分解开来。宣宗于是下令用烧毁的器物作原料铸造香炉。这批材料都是极为名贵之物，其合成比例无法知晓，之后也难以仿制，因此，这批宣德炉成了后无来者的极品。不过，此说难免有说不通的地方，如天启年间的鉴赏家项子京就认为：金银铜玉刚柔不同，遇火不会一熔即合，即便熔合一堆，分炉时也会分解开来，所以，以金银铜玉混合物做宣德炉材料并达到如此效果，在技术上是难以解释的。此外，史书中也未见宣宗年间内廷发生火灾的记载。因此，此说缺少历史依据。

宣德炉为何而制？至今不得而知，但这不影响人们对宣德炉的珍视和追捧。1979 年，在“各省市自治区征集文物汇报展览”中，有一件北京市送展的宣德金片炉，炉为敞口，小圆唇，扁鼓腹，双桥耳，三锥形足。从三足跟部可见炉的铜质呈金光色，炉身则为暗紫色，并有茶褐色云文斑，器表通体鎏、贴大小不等的赤金片。在口唇、款识的边框等处分布着金屑。炉外底正中有 1.9 厘米 ×2.5 厘米、扁方形阳文“大明宣德年制”楷书六字款识，此器被视为现存宣德炉中的上乘之作，引起了相当的轰动。相比之宣德炉的精美珍贵，它的诞生之谜，难以引起人们高度的兴趣和关注，或者也是情有可原的吧。

真伪难辨的宣德炉

真正的宣德炉只在宣德三年（1428）铸造过一次。凡此次铸造的炉，器底都有“大明宣德年制”楷书款。正因为宣德炉做工细，造型美，耗材贵，十分珍稀，从铸造伊始，就十分炙手。明朝中期已有富豪、收藏家以重金求购宣德炉。到明晚期，宣德炉价格更高，一件品相佳者，动辄需耗白银数万两。此后，宣德炉价格居高不下，因暴利诱人，故仿造者、作伪者多不胜数。宣德炉造伪在相当长的历史阶段内存在着。

最早的伪造者，是宣德炉监造者之一吴邦佐。他在宣德炉封炉停造后，将参加铸炉工匠搜罗起来，利用剩余原料仿铸宣德炉。公平地说，这些炉的做工也很精细。只是由于原料不足，炉的形态多变。这些宣德炉的底款增为“大明宣德五年监督工部官吴邦佐造”或“工部员外臣李澄德监造”等。这批炉虽然工艺精，与宣德炉原料同，也仍然只算得上是仿品。

明万历到清乾隆间，仿铸宣德炉之风更炽。仿铸者

● 宣德炉

此起彼伏，层出不穷，而且有了北铸、南铸、苏铸等派别之分。其时有很多以仿铸宣德炉著称的高手，如北铸派施念峰，南铸派甘文堂，苏铸派的蔡家、徐家等。很多人的仿品可与真宣德炉媲美，实在难辨真伪。因而有人干脆将其归入“宣德炉”之列，与真宣德炉同等看待。

清末以后，北京前门大街一带有好几家专门铸伪宣德炉的店铺。由于意在骗人，其做工不再讲究。更有甚者，为简便而想出“高明”的欺诈法，如在市场上收买大批旧破铜炉，磨去原来颜色，敷以瓦块、猪肝、土红等色，从而冒充宣德炉；用普通黄铜铸成香炉，煮成各种颜色冒充金点炉；将旧炉磨光放在电炉上烧烤，以形成五颜六色的光彩；用旧炉镀金充当鎏金炉等……可谓“各家有各家的高招”。由于伪作宣德炉品质恶劣，造成极坏影响，令收藏者望而却步。

那么，究竟应该如何认识和评价存世的宣德炉呢？

有人认为目前所能见到的宣德炉，不论品质优劣，几乎全是伪制品。有人却认为在大批伪品中，肯定还有真品存在。为去伪存真，有人总结了鉴别真宣德炉的要点：其一，看铜色，真宣德炉是由风磨铜掺加珍贵矿物质经数次冶炼铸就的，铜质之佳可想而知。通过观察炉底足铜质好坏，可以认定其优劣。其二，看颜色，真宣德炉色蕴而斑斓，伪品则外光夺目，内质槁然。其三，看款识，真宣德炉的款识书法完美，与炉色一致，伪造者则字迹粗生晦涩，随意加、减字。然而，这看似明白的鉴定要点要真操作

● 伪宣德炉

起来又觉难以定夺，毕竟没有真品可资比较，又如何敢轻易判定孰真孰伪？

不过，若说现存的宣德炉几乎都是伪品，可能也有失偏颇。试想，若果真如此，那五千件真宣德炉哪里去了呢？就是被毁、被抢、被转卖，总该有文字记载吧？

若说现存宣德炉中有珍品，又是参照什么界定的？君不见，数百年来有多少伪造品被当成“真宣”么？而所谓“真品”，又指的是哪一种定义条件下的真品呢？

如此可见，宣德炉的真伪，还真是很难断定的。

《金山胜迹图》真迹何在

1941年1月11日下午3时许，位于南京市西流湾8号的一所高级别墅突然浓烟滚滚，火光冲天，燃起一场大火。不到半小时，这座花园洋房就被烧个精光。待寓所主人——汪伪政府的三号人物周佛海回来时，只有被烧得焦黑的残墙断壁在冷风中伫立着。怀着一线希望，周佛海跳过一堆堆灰烬跑向后楼。然而，那里的地下室已经坍塌，成了一堆还在冒着青烟的瓦砾。

闻此消息，汪精卫夫人陈璧君立即赶到周家。听说壁垒森严的地下室未幸免于难，陈氏捶胸顿足，失声痛哭，因为她历经千难万险带回南京的明代名画《金山胜迹图》就这样化为乌有了。

《金山胜迹图》是明代中期著名画家、吴门四家（沈周、吴镇、文徵明和唐寅）之一唐寅的作品。唐寅（1470—1523），字子畏、伯虎，号六如居士，吴县（今江苏苏州）人。他少负才名，年二十九岁中应天府（治今江苏南京）解元，会试时，因涉及考场舞弊案被革黜，后游历名山大川，以诗文书画终其一生。唐寅传世作品并不少，但件件为人珍视。这件《金山胜迹图》笔法工整细腻，着色淡雅清秀，生动地再现了镇江金山的秀美景色和风光，是他山水中的精品。乾隆二十二年（1757），乾隆皇帝二下江南时，在苏州得此画。据传，要不是看在皇

● 镇江金山寺

帝的分上，此画之价为黄金万两，足以铸一口金山寺的“金钟”！乾隆皇帝回北京后，将画挂在御书房内，揣摩品味，十分珍惜。

慈禧太后“垂帘听政”时，取出早已封存的《金山胜迹图》，时时观赏。后来隆裕太后也很喜欢此画，悬于寝宫朝夕相伴。由于图已经下落不明，今人无法推测为什么此图会受到清皇室的如此珍爱。

“武昌起义”爆发后，袁世凯东山再起。隆裕太后出于与袁世凯抗衡的目的，决定拉拢革命党人。在肃亲王安排下，隆裕太后曾会见革命党人汪精卫，赠汪氏《金山胜迹图》。此后，在清宫中藏了数百年的《金山胜迹图》落入汪精卫手中。

汪精卫婚后，《金山胜迹图》由其妻陈璧君保管。精明的陈氏深知“天下没有不透风的墙”，为了安全，她将画转移到天津郊区独乐寺，交愚山和尚代管。陈璧君自以为此事做得神鬼不晓，殊不知已为日本人探到。

原来，日本自昭和元年（1926）成立“东方史馆”后，开始攫取中国、朝鲜、菲律宾及东南亚一带的珍贵图书资料。他们把想要得到的文物排出序号，派人四处搜寻。唐寅《金山胜迹图》被列为“真迹008”，成为亟须猎取的对象。此事由日本情报部二处的山本四太郎负责。

山本四太郎化名姜尚礼，伪装成考古专家，潜入北京、天津、南京、上海等地多方打探，终于获悉《金山胜迹图》在汪精卫夫妇手里。

1940 年 1 月，陈璧君乔装打扮，到天津独乐寺进香，想暗中取走《金山胜迹图》。此时，她的一举一动已在日本特务监视中。不仅如此，山本还准确判断她从愚山和尚房中抬出的经卷箱中藏着“真迹 008”；又进而掌握了她于 1 月 26 日搭乘“海鸥号”游艇出津的动向。

1 月 26 日黎明时分，“海鸥号”一如既往行驶在渤海中。突然，两只小艇飞速赶上。“海鸥号”被迫停下后，几十个身穿杂色服装的日本海盗冲上游艇，把船上所有人，包括五名中国雇员和十九名商客从睡铺上抓起，投入海中。当海盗们打开船上陈璧君的经卷箱时，却发现里面只有《金刚经原文释本》等经卷，把经卷箱敲个粉碎，也没有他们要找的“真迹 008”！

原来，陈璧君拿到“海鸥号”船票时，发现票中夹着一张纸条，称“海鸥号已为英国特务盯梢，准备炸船灭迹”。这样，陈璧君及时将图抽出，夹在随身携带的皮箱里，改乘“富士号”从塘沽回到南京。日本特务的第一次阴谋没能得逞。

陈璧君事先得到的消息，据说来自于日本女间谍川岛芳子。1932 年“一·二八”事变时，川岛芳子被逮捕，以叛国罪将被判处死刑。时为国民党行政院院长的汪精卫由于曾经得到川岛芳子的生父、肃亲王善耆搭救的缘故，就通过各种关系将她释放了。为了报答汪精卫救命之恩，川岛芳子把日本特务劫图灭迹的计划通报陈璧君，使她逃过一劫。

经此惊吓，陈璧君重新考虑古画的存放地点，她想到了周佛海家

● 金山寺内景　摄影　江小铎

钢骨水门汀结构的地下室。周佛海家的花园洋房建筑时，正值“一·二八”淞沪抗战，为安全起见，周佛海特意在花坛下建造了这座地下室。据说好几个著名人物曾在这座地下室中避过难。此地下室防潮防火，十分安全，的确是收藏宝物的理想场所。

这一过程，同样没有逃过日本特务的监视。接到报告后，山本马上判断出“真迹008”已经转移到周佛海家的地下室。他从天津召来十余名特工人员，趁汪精卫、周佛海等人离家接待日本文部省、大藏省官员时，对周佛海私寓进行了突然袭击：他们潜入周的地下室，用特制的切割器割开保险柜铁门，盗出“真迹008”，然后烧毁这座建筑以掩盖真相。

一个星期后，标为“真迹008”的《金山胜迹图》就被混装在一包装箱内运往日本。

日本“东方史馆”的成员们得知《金山胜迹图》到手，接二连三地到史馆“密展室”，欣赏这幅中国明代佳作。但很快，史馆长加藤佐木就发现画的墨色和纸质有问题，提出鉴别真伪。经御前鉴古专家会鉴，果然发现这是一幅由高手伪托的赝品。结论一出，整个“东方史馆”为之震惊。山本被指责为“日本鉴古史上最愚蠢的盲动者”，职务也被撤销。恼羞成怒的山本一气之下，砸碎了平生搜罗、盗窃、抢夺来的亚洲各国古玩金石后，到东京湾沙麑角蹈海自杀，结束了罪恶的一生。

那么，《金山胜迹图》真迹究竟哪里去了呢？

据称，抗战胜利后，隐居无锡郊区的一位顾姓裱画匠向外界透漏了真迹的下落。据他说，陈璧君从天津回南京后，担心画在外存放了十余年恐有变故，请周佛海找人帮助鉴定一下。周佛海将画带给他的老师、原湖南长沙“宝斋堂”的鉴赏家俞姓老先生。三天后，俞老先生将画送回，在鉴定书上写下“此画确系真迹”等语。但实际上，俞老先生在三天里已临摹一幅，请顾氏装裱，然后做旧，把临摹品充作真迹还给周佛海，周宅失火后，他带着真迹到镇江去了。由于没有人知道俞老先生的下落，只是顾氏曾听人说他后来饿死在一个寺庙中，可能就是金山寺。所以《金山胜迹图》真迹的下落成了一桩悬案。顾姓工匠所云是否属实无以查对，如果他所说的是真，真迹被俞老先生放到哪里去了呢？

其实，俞老先生以假充真一事只是一种可能，也许图在天津存放时就有了变故；也许聪明过人的陈璧君早就考虑到潜在危险而自己找人临摹一幅，而将真迹藏起，以假画掩人耳目；也许隆裕太后赐汪精卫的《金山胜迹图》压根就不是真迹……总之，在真迹没有面世之前，种种猜测都有其存在的可能。

于真假是非间——弘仁山水画的疑谜

倘若出自名画家之手的某一著名作品被发现有同名形者，除去草稿与正本的区分，百分之百可以肯定有真假之别，这是人所共识的。然而要是某一作品被发现有同形而不同名者，题跋亦不是同一年代，赠送的对象也不同（或作画目的不同），又当如何看待呢？这不是假设的情形，三卷弘仁山水画就碰上了如此怪事。

弘仁（1610—1663或1664），本姓江，名韬，字六奇，号渐江，人称梅花古衲，歙县（今属安徽）人。明诸生。明亡，曾参加抗清复明斗争。顺治四年（1647），从建阳古航禅师为僧，云游武夷等地。后回歙县，潜心习画。尝往来于黄山、雁荡山之间，以所感、所悟融于笔墨间，从而形成了寓伟峻深厚于清简淡远的艺术风格。文献记载他曾学画于萧云从，并受倪瓒绘画风格影响；他人品高尚，有清代倪瓒之称。与汪之瑞、孙逸、查士标并称“新安派四大家”，即海阳四家。

这里所说的三卷弘仁山水画分别是安徽博物院收藏的《晓江风便图》、上海博物馆收藏的《送别图》和美国纽约大都会博物馆收藏的《寺桥山色图》。

《晓江风便图》纸本，墨笔。清顺治十八年，弘仁为送别朋友吴羲而作。画面近处山峦连绵不断，巨石险峻，林木凋零，寒亭孤立；远方烟嶂耸立，云雾缭绕，宽阔的江面若隐若现，几只小舟荡漾水面。意境幽僻淡逸，具有空旷悠远之美。弘仁自跋书于画的尾端，全文为："辛丑十一月，伯炎居士将俶广陵之装，学人写《晓江风便图》以送。揆有数月之间，蹊桃初绽，瞻望旋旌。弘仁。"跋后有"弘仁"朱文圆印一、"渐江"白文方印一。这幅图曾影印于《支那南画大成》第十六卷，被认为"构图严谨，笔法清秀圆润，以倪云林笔法为基，参用黄公望和米友仁等法，是弘仁不可多得的一幅精心之作"。

《送别图》，纸本，墨笔。构图、内容与"晓图"同，作者自跋题在画卷末尾，跋文云："己丑三月，尔世居士将之武陵，学人写此送别，时蹊桃初绽，小鸟亲人，弘仁。"跋后押"弘仁"朱文圆印，"渐江"白文方印。跋文中所提到的"尔世"名吴延之（1623—1668），歙县西溪南人。

《寺桥山色图》除跋文外，与前两幅完全一样。其跋识在画卷的开篇，内容为："辛丑度腊，仁义禅院，落落寡营，颇自闲适，日曳杖桥头，看对岸山色，意有所会，归院研冰始融，率尔涂此。弘仁。"在自跋下，押"弘仁"朱文圆印一，卷末左下角又有"弘仁"朱文方印和"渐江僧"白文方印各一。此卷曾为美国收藏家顾洛阜（John M. Crawford，Jr）收藏，翁万戈《顾洛阜收藏绘画和书法》予以著录。

最早发现这三件弘仁山水画卷除了题识外，章法、布局全然相同的是北京故宫博物院的书画鉴定专家杨新。

1978年举办"全国流散文物展览"时，《晓江风便图》曾送故宫展出过。时隔不久，杨先生到上海博物馆参观，看到了正在展览的

《送别图》。1984年杨先生又于美国看到了《寺桥山色图》。

显然，三幅弘仁山水画都是被当作真迹收藏的。三者之间究竟是什么关系？是画稿与正本，或三种不同的变体画，还是有真有假？

经认真研究，杨先生认为，三幅中，《晓江风便图》是弘仁的真迹：

从题跋看，三图分别作于1649年（己丑三月）、1661年（辛丑十一月和辛丑度腊）。也就是说，《送别图》与后两件作品的创作时间相差十二年。且不论有感而作的《寺桥山色图》，既然《送别图》和《晓江风便图》都是弘仁为送别友人远行而作的，就其品行、才华而言，将十几年前的题材，也许是存留的旧画稿拿来复制，把题识稍加修改就送人的可能性非常小。何况二吴（吴延之、吴羲）都是歙县西溪南人，同姓同乡又同与弘仁交好，显见他们可能相识，或许还是本家。如果这样的话，弘仁怎么会把画相同、跋相近的作品分送二人？既然不能，这两幅画必然一真一伪。联系与画相关的材料，按题识所记，《送别图》应是弘仁四十岁时作的。据考证，弘仁出家时间在清顺治四年丁亥，时年三十八岁。可是在四十二岁前，弘仁作画极少，从现在能见到的或文献记载的几幅看，几乎都是伪作。以此推测，《送别图》自然也值得商榷。最大的可能是，《送别图》是依照《晓江风便图》摹制的。"送图"为假，"晓图"就必然是真的。说"晓图"是真迹，还有图后数人的题跋为佐证。《晓江风便图》后，计有受画者吴羲、程守（1619—1689，字非二，吴羲、弘仁的同乡好友）、许楚（1605—1676，歙县潭渡后许人，著有《黄山渐江师外传》）及清代画家石涛四人题跋。从题跋内容看，所叙创作缘起、经过确凿翔实，与画中弘仁的自识互为印证；从题跋的书法上看，四人字体各一，书写自然，是一般作伪者无能力效仿的，说明其为真迹无疑。这些都从侧面反映了“晓图”的真实性。但有一点疑问，即：若《送别图》是赝品的话，作伪者为什么把作伪纪年放在弘仁四十岁，也就是公认的弘仁伪作、疑作较多的时间段内？

再回过头来说《寺桥山色图》。从其题识看，此幅绘作时间仅比《晓江风便图》晚一个月，但是其笔法松散，缺乏灵秀气，特别是所画的芦苇、树木刻板呆滞，毫无生机、变化可言，与“晓图”无法比拟。最重要的是，此图的笔墨技法较多地吸收了吴镇的特点，而不是弘仁一向师从的倪瓒。再以画上题款与台湾华叔和“后真赏斋”收藏的弘仁《丰溪山水图》自识“辛丑十一月度腊，丰溪之仁义禅院，落落寡营，颇自闲适，日曳杖桥头，看对岸山色，意有所会，归院研冰始融，率尔涂此，殊觉潦草。渐江弘仁”相对照，不难发现，“寺图”的题识是从这里删掉了十二个字后搬过来的。凡此种种，明白无误地说明，这是一幅伪作。

杨先生的分析合情合理，但依然值得思考。

综观弘仁一生及其作品，弘仁四十岁前，确曾作过山水画，如上海博物馆收藏的山水小幅，是他早期作品，作于三十岁时。既然三十岁时能作山水小品，十年后，怎么不可能绘《送别图》呢？画史说弘仁受倪瓒影响甚深，应是指他的绘画风格定型后，而不包括早期初涉山水时期。很多画家初学画时，并不局限于固定的师从，弘仁似也不例外，如早期笔墨技法显得凌乱，甚至有其他画家的痕迹。从技巧上看，一个画家的成就是在不断努力中取得的，弘仁五十二岁时的《晓江风便图》比四十岁时的《送别图》老到、娴熟是正常的。从人的记忆而言，前述“弘仁不可能将十二年前的稿本拿出来复制一幅画送给不同的友人”的看法是正确的，但换个角度看，怎能排除他信笔挥毫时，忘记了先前的画作内容，而沉浸于全新创作的可能呢？关于人的记忆发生偏差的记载也是很多的。

此外，杨先生承认《送别图》和《寺桥山色图》的纸墨气色很旧，是与弘仁生活时代相去不远的产物，且《送别图》中“尔世”一人确为弘仁好友而不是凭空捏造的。这也有可质疑之处：如果“送图”、“寺图”是抄袭了弘仁送给吴羲的《晓江风便图》，则抄袭者必是不但熟悉“晓图”，且熟悉弘仁交友的人，特别是他早期的朋友。弘仁死于康熙二年（1663）或三年，而到康熙三十五年《晓江风便图》为程浚收藏时，尚未离开歙人之手。可见作伪者同时要具备“与弘仁同时代，熟悉他，见过并熟悉《晓江风便图》，画风近吴镇”这些条件。可如果是同时具备这些条件的人作伪的话，必然知道弘仁画法受倪瓒影响甚深，作伪时，也不会流露出吴镇的笔墨技法；还有，作伪时只要原封不动地照搬“晓图”即可，没有必要在题识上作出小别，让明白人一眼就能看穿。

总之，肯定《送别图》《寺桥山色图》为弘仁手迹的观点，自有其值得质疑处，而完全否认其为弘仁作品，就现在的论据看并不很充分。三卷弘仁山水画的是非真伪问题要真正解决，还有待深入的探讨。

大妃阿巴亥为何死殉

纳喇氏，名阿巴亥，乌拉部贝勒满泰的女儿，生于明万历十八年（1590），万历二十九年归努尔哈赤为妻，年方十二。两年后被立为“大妃”，大妃相当于皇后。大妃纳喇氏聪颖美貌，在诸妃中最得努尔哈赤宠幸，努尔哈赤的十二子阿济格、十四子多尔衮和十五子多铎皆为她所生，因而更为努尔哈赤宠爱。后金天命十一年（1626）八月，努尔哈赤因患毒疽而死，大妃纳喇氏被迫殉葬。

有的说，大妃殉葬是出于努尔哈赤遗诏，因为此前大妃纳喇氏的一些作为，引起努尔哈赤强烈反感，使努尔哈赤对大妃纳喇氏的感情由宠爱变为痛恨。据《满文老档·太祖》卷十四载，天命五年，努尔哈赤庶妃代因扎揭发说：“大福晋（大妃纳喇氏）两次备饭送给大贝勒（代善），大贝勒接受吃了……另外，大福晋一天就有二三次派人去大贝勒家，……大福晋本人有二三次黑夜出院去……”诸贝勒和众大臣也揭发，每当“在汗家集筵时，或是相聚议事时，大福晋总是金饰、东珠盛装打扮，作出动作眼望大贝勒”。大妃纳喇氏与代善的暧昧关系，就这样被揭穿了。努尔哈赤对大妃纳喇氏的痛恨不言而喻，但若就此追究，则家丑外扬，有损其声威，故隐忍未发。后大妃纳喇氏又被告发私匿财物，努尔哈赤派人搜查，结果查出其隐藏的绸缎、银

● 清太祖努尔哈赤

子等财物，努尔哈赤便怒责大妃纳喇氏："此福晋存心奸诈、险恶，是个心狠虚伪的贼徒，凡是人们所有之凶恶心肠，她全部具备。……你不爱为汗的丈夫，背着我的眼睛，将我放置于一旁，越过我而去看视别人，如此罪行不杀怎么可以呢？"可见努尔哈赤杀大妃纳喇氏之决心，由此下定了。由于当时大妃纳喇氏的几个孩子尚年少，努尔哈赤不忍心让他们过早经受丧母的痛苦，才免其一死。他说："怎能忍心使我心肝一样的三个男孩子、一个女孩子哭泣呢？"于是令其看护孩子，并规定任何人不准接受她的东西、听她的话，违者处死，还将她废黜，与之分居。又据日本传抄的《三朝实录》记载，努尔哈赤到临终前，仍未忘置大妃纳喇氏于死地，于是"预以书遗诸贝勒曰：我身后必令之殉"。努尔哈赤死后，皇太极与诸贝勒以太祖有令大妃殉葬的遗诏为由，逼令大妃立即死殉。大妃纳喇氏向诸王苦求免死，诸王不允，她迫于无奈，挂弓悬弦上吊身死，与努尔哈赤同殓。

有人认为，不存在令大妃纳喇氏死殉的遗诏。大妃被废后不久，终因没什么大错，又复位了。努尔哈赤并不想置大妃于死地，所以这个遗诏是皇太极与诸大臣捏造的，用以逼死大妃。这是皇太极为扫除夺取汗位道路上的障碍而采取的行动，因为大妃纳喇氏三个儿子虽然年幼，却都各领一旗，极易形成受大妃支配的雄厚势力，令皇太极生畏。逼死大妃还可削弱争夺汗位的有力对手代善的势力。有学者还指出，努尔哈赤临终令大妃纳喇氏之子多尔衮继位，皇太极为从其幼弟手中夺取汗位，逼死大妃就在情理之中了。

努尔哈赤为何杀长子

广略贝勒褚英是清太祖努尔哈赤长子，生于明万历八年（1580），十九岁起就驰骋疆场。他勇武善战，功绩赫赫，为努尔哈赤完成女真诸部统一大业作出了重要贡献，可称得上是建立后金汗国的卓越功臣，因而努尔哈赤对他屡有封赐。正值褚英头角崭露、顾盼自雄之时，努尔哈赤却将其幽禁于高墙之内，并于两年后即万历四十三年置之于死地，终年三十六岁。关于褚英的死因，官书史籍大多避而不谈，其他史料记载不一，令后人颇费揣度。

据明人记载，褚英曾谏努尔哈赤"毋背明""勿负中国"，与明朝"罢兵"。在对待明朝的政策问题上，父子之间出现严重分歧，褚英因此触怒努尔哈赤而遭难。

《满文老档》第三卷癸丑年（1613）六月述及太祖杀褚英的原委。据说，努尔哈赤认为褚英心胸狭隘，不能执掌大政，但由于嫡长继承成例，仍命长子褚英执政，希望他执掌大政后，改掉心胸狭隘的毛病。然事与愿违，他执政后褊狭如故，且心术不正，强迫四个弟弟（代善、阿敏、莽古尔泰、皇太极）向自己立誓："不得违抗兄长的话，更不许将兄长所说的各种话告诉父汗。"还声称："凡与我不友善的弟弟们，以及对我不好的大臣们，待我坐上汗位以后，均将之处死。"众人不服，向努尔哈赤告发，引起努尔哈赤强烈不满，斥责道：你竟对“四个弟弟，以及父亲任用的五大臣，如此不睦，并使之困苦，怎么能让你执政呢”？即使日后“父我不能打仗，不能断理国事，年纪老了，也不把国家大政移交给你”。同时采取措施，削弱褚英势力。褚英受此打击，对努尔哈赤及诸大臣更加怀恨在心，于是结交党羽，进行报复活动。当努尔哈赤与诸弟出征时，褚英主谋，写诅咒出征的父汗、弟弟们和大臣们的咒语，对天地焚烧，还扬言：希望出征之师被击败，“若被击败，我将不使被击败的父亲及弟弟们入城”。后来一个参与此事的僚友因恐惧而留遗书自缢，其他几个参与者见势不妙，便一起向努尔哈赤坦白。努尔哈赤震怒了，监禁褚英于牢中，并最终将他处死。从上述记载看，褚英被杀的根本原因是他威胁了努尔哈赤的权力和地位，故而引来杀身之祸。

至于褚英怎么死的，又有异说。有的认为，他在事泄后自知必死，于是先自缢身亡；有的说，是努尔哈赤赐死，褚英自缢伏诛。

皇太极是否合法继位

后金天命十一年（1626）八月二十一日，努尔哈赤毒疽发作而死，皇太极继承汗位。关于皇太极是如何继位的问题，有不同的说法。

据朝鲜史籍《鲁庵文集》记载："老汗（努尔哈赤）临死曰：洪佗始（皇太极）能成吾志。终无所命而死。"因而皇太极得汗位，是符合努尔哈赤临终之命的。

长期以来，一些明清史专家认为，皇太极汗位是从其幼弟多尔衮手中篡夺来的。清人蒋良骐的《东华录》顺治八年（1651）二月己亥诏内载，多尔衮声称"太宗文皇帝（皇太极）之位原系夺立"，暗示皇太极篡夺汗位。据说，努尔哈赤生前已立多尔衮为嗣子，而皇太极用计从其幼弟手中夺取了汗位，为去除篡位障碍，还逼迫多尔衮生母大妃纳喇氏死殉。此说受到一些人怀疑，因为努尔哈赤痛恨多尔衮生母不忠，去世前特命她死殉。当时多尔衮才十五岁，既无功业，亦无威望，故不可能立多尔衮为嗣。皇太极即位后，对多尔衮"特加爱重"，大力培

清太宗皇太极

养提拔，多尔衮对皇太极的恩育万分感念，尽心尽力辅佐皇太极，勋劳卓著，成为皇太极最得力的助手。总之，皇太极与多尔衮兄弟感情较好，无法想象皇太极对多尔衮干下篡位、杀母的勾当。

有的则认为，皇太极的汗位是通过激烈争斗，力克竞争对手而得到的。努尔哈赤死后，皇太极与诸贝勒争夺汗位的斗争白热化，最后皇太极击败对手自立为汗。其间，皇太极与代善的争斗尤为激烈。代善有勋绩，有声望，也有势力，长期以来一直是汗位的有力竞争者，皇太极抓住一切机会打击代善，如利用代善与大妃纳喇氏的暧昧关系，推波助澜，借助舆论，促使努尔哈赤罢黜大妃，代善威望遭受损害。努尔哈赤死后，又逼大妃死殉，削弱代善的势力，最后压服代善，夺取汗位。

还有学者认为，皇太极汗位并非夺立，而是由诸贝勒推举产生。太祖努尔哈赤生前未立嗣子，而是确立了八和硕贝勒共治国政的制度，为汗者须诸贝勒推举产生。当时诸贝勒中，数皇太极实力最强，努尔哈赤死去当天，代善长子劝代善说："四贝勒（皇太极）才德冠世，深契先帝圣心，众皆悦服，当速继大位。"代善表示同意。次日，在诸贝勒大臣聚于朝时，代善提议举皇太极为汗，诸贝勒"皆喜曰善。议遂定，乃合词请上即位"。《鲁庵文集》所记更富戏剧性：代善表示，按努尔哈赤遗愿，当立皇太极为汗。皇太极推辞，主张代善当立，并"相让走避"。国不可一日无君，大臣们一会儿去请代善，一会儿去拉皇太极，"号呼奔走于两者间再三；凡三日"，最后还是代善使人"群拥"皇太极即位。这里不见刀光剑影、不择手段的权力争斗，代之以和平友好的互相谦让。这与贯穿清朝特别是其前期血腥的最高权力之争，形成强烈反差，令人难以置信。但是，此说虽有言过其实之处，但按当时情况，民主推举皇太极为汗，还是有可能的。因为，当时人们相当崇尚武功，而皇太极的武功远远超过才十几岁的多尔衮，与代善比也不相上下。此外，在政治识见、军事才能和个人威望上，皇太极都高出诸贝勒一筹。由于君主专制制度尚未发展完善，遇大事须协商办理，因而推举才能卓著的皇太极即位，是不足为怪的。

孝庄皇太后可曾下嫁

自清顺治初年以后三百年间，孝庄皇太后下嫁多尔衮，即太后下嫁之传说，于民间广为流传。

孝庄皇太后是蒙古科尔沁部贝勒之女，博尔济吉特氏，名布木布泰，生于明万历四十一年（1613），十三岁嫁与皇太极，明崇祯九年（清崇德元年，1636）被封为永福宫庄妃，两年后生福临。皇太极死后，她曾扶立二代幼主（子清世祖福临、孙清圣祖玄烨），影响清朝政局几十年。崇德八年皇太极猝死之时，由于皇太极生前未指定皇储，造成多股势力角逐皇位的局面，布木布泰纵横捭阖，联络各方力量，把她的六岁儿子福临推上皇位，年号顺治，其叔父多尔衮为摄政之一，布木布泰被尊为皇太后。多尔衮摄政后，独揽朝政，功业显赫，大有以朝廷自居之势，已构成对幼帝的威胁。传说，在当时局势下，孝庄皇太后为保全幼子皇位，遂与多尔衮发生暧昧关系，甚至传说她“纡尊降贵”，下嫁多尔衮。

由于正史中找不到任何太后下嫁的记载，故而有人认为此事的真实性值得怀疑。20世纪30年代，孟森撰《太后下嫁考实》一文，指出并无太后下嫁之事，并从《朝鲜实录》有关资料推断出，“既未下嫁，即亦并无暧昧”的结论。

不少人认为，太后下嫁是可能的。按当时满族婚姻习俗，弟娶兄嫂、妻姑侄媳是可行的。故皇太极去世后，其后妃转嫁皇太极之弟多尔衮，乃无可非议之举。但后来受汉族婚姻风俗影响，认为太后下嫁有碍体面，于是毁书灭迹，致使后人无法从正史上获知太后下嫁真相。而且有一些旁证材料显示，太后下嫁确有其事。蒋良骐的《东华录》中有多尔衮“自称皇父摄政王，又亲到皇宫内院”等语，显现出太后下嫁的蛛丝马迹。清初与多尔衮同时代人张煌言，作有暗射太后下嫁的诗句，如：“上寿觞为合卺尊，慈宁宫里烂盈门。春官昨进新仪注，大礼躬逢太后婚。”又：“掖庭又说册阏氏，妙选孀闺足母仪。椒寝梦回云雨散，错将虾子作龙儿。”《清史稿》载：“叔父摄政王治安天下，有大勋劳，宜加殊礼，以崇功德，尊为皇父摄政王。”多尔衮死后，被破例追封为成宗义皇帝，可见多尔衮已经取得顺治帝父亲、皇太后丈夫的地位。《清史稿》还载，顺治五年（1648），多尔衮逼死皇太极长子肃亲王豪格后，纳其福晋为妻。多尔衮可纳侄媳为妻，娶兄嫂就更不足为怪了。另外，康熙二十六年

多尔衮

（1687）十二月，孝庄太皇太后病重，她对康熙帝说："太宗奉安久，不可为我轻动。况我心恋汝父子，当于孝陵近地安厝，我心始无憾。"她不愿死后与皇太极同穴合葬，其原因就在于既下嫁多尔衮，再与皇太极合葬，恐为后人耻笑。鉴于上述种种情形，再根据当时宫廷斗争的形势和孝庄皇太后善于应变、精于手段的特点，太后下嫁当是顺理成章的。

董鄂妃与董小宛

清顺治帝后妃中，有三位董鄂氏。这里所讲的董鄂妃，是指去世后被追封为孝献皇后的董鄂妃。围绕她，有一些传说故事和鲜为人知的历史真相。

关于董鄂妃的来历及去世，野史记载和民间传闻颇多。有的说，董鄂妃就是明末秦淮名妓董小宛。董小宛为江南名士冒辟疆之妾，清兵入关南下，清豫亲王多铎攻下南京，掠得董小宛，将她送往北京，献给顺治帝。董小宛入宫后，被赐姓董鄂氏，备受顺治帝宠爱，不久被立为皇贵妃。顺治十七年（1660）八月十九日病故。

民国后，我国不少剧种上演《董小宛与冒辟疆》戏剧，该戏说名士冒辟疆纳董小宛为妾，清兵攻破南京后，董、冒失散，董小宛被降清名将洪承畴掠去。洪承畴假称董小宛是皇室董鄂王之女，改名董鄂氏，将其送入清宫。顺治帝非常宠爱董鄂氏，封之为皇贵妃。冒辟疆得知此事后，疏通太监，混入宫中，与董小宛相见，两人悲伤万分。突然，皇太后和皇后闯入，太后见此情景，勃然大怒，将董小宛白绫赐死。

史家证实上述传说并非事实。顺治帝所宠爱的董鄂妃，与秦淮名妓董小宛不是同一人，两者毫无关系。董小宛根本未曾入清宫，更没见过顺治帝。董小宛生于明天启四年（1624），1638年顺治帝降生时，董小宛是芳龄十五的秦淮名妓。豫亲王多铎攻占南京时，董小宛已二十二岁，而顺治帝才八岁。显然，八岁的顺治帝不可能去宠幸二十二岁的董小宛。

那么，董鄂妃究竟从何而来？其实，她是满洲正白旗人，内大臣鄂硕之女。顺治帝在其挽词中说到她入宫情况："年十八，以德选入掖庭。"（《清稗类钞》第一册《世祖自撰董妃行状》）有研究者指出，董鄂妃入宫情形并非如顺治帝所述，因为清代应选之女的年龄一般在十三至十六岁间，董鄂氏若真是在十八岁时应选，那么被选中入宫当役女的可能都很渺茫，哪里谈得上"以德选入掖庭"。真实经过是：董鄂氏在十五岁左右，即顺治十年前后应选秀女。由于她聪颖俏丽，知书识礼，很快被选为顺治帝之弟襄亲王的福晋，她以亲王命妇入侍后妃，屡入宫禁，有机会与顺治帝接触，二人彼此萌情。顺治帝凭借皇权在握，逼死胞弟襄亲王，占夺弟媳，并将其接入宫内，合卺成婚。孝庄皇太后在选择皇后一事上，早与顺治帝有矛盾，对顺治帝与董鄂氏

● 董小宛（《董小宛艳史》）

之婚事曾多方阻挠。董鄂氏入宫后仅四月即被封为皇贵妃，而蒙古后妃皆受冷遇，引起孝庄皇太后为首的蒙古姻党的敌意。顺治十四年十月七日，董鄂妃生皇四子，次日顺治帝宣称此乃“朕第一子”，显示要以董鄂妃所生皇四子为皇储之意。董鄂妃将成为未来的皇太后，这对满蒙贵族间联姻固宠的政治格局构成严重威胁。孝庄皇太后感到于公于私皆无法容忍，终于施计构害董鄂妃。顺治十四年冬，当董鄂妃产后需要休息调养之际，孝庄皇太后忽称“圣体违和”，去南苑养病，谕旨后妃并百官视疾问安。谕令传至董鄂妃所在的承乾宫，初产妇董鄂妃不得不遵旨于寒冬腊月从京城赶到京郊南苑，向太后问安，并“朝夕奉侍废寝食”。经此折难，董鄂妃身心受摧残，已是“形销骨立”，更严重的是其子生甫四月即夭亡，这是一致命打击。此后，董鄂妃在忧伤愁闷中苦度三载，便离开了人世。董鄂妃进宫后四年中经历的内宫风云，似比民间传说中董小宛的故事更加惊心动魄。

顺治帝有无夺弟媳

清世祖（顺治帝）的后妃中，有三位董鄂氏，其中最著名的是被追封为孝献皇后的董鄂妃。据说，这位董鄂妃原是顺治帝之弟襄亲王博穆博果尔的福晋，也就是顺治帝的弟媳。她以亲王命妇的身份入侍后妃，屡入宫禁，与顺治帝彼此萌情。顺治帝不惜逼死胞弟，迎董鄂氏入宫。多年以来，这种说法绵延不绝，许多史实的巧合也增加了此说的可信度。然而，董鄂妃究竟是不是顺治帝的弟媳呢？学者杨珍对此作了进一步的剖析。

由于官修史书对董鄂妃的来历避而不谈，魏特《汤若望传》的记载可视为重要线索："顺治皇帝对一位满籍军人之夫人，起了一种火热爱恋，当这一位军人因此申斥他的夫人时，他竟被对于他这申斥有所闻知的天子，亲手打了一个极怪异的耳掴。这位军人于是乃因怨愤致死，或许竟是自杀而死。皇帝遂即将这位军人底未亡人收入宫中，封为贵妃。"《汤若望传》并没有将董鄂妃与襄亲王联系在一起，然而《清世祖实录》却记载了以下史实：顺治十三年（1656）七月初三，年仅十六的襄亲王薨。八月二十五，拟立内大臣鄂硕之女董鄂氏为贤妃。九月二十九，拟立董鄂氏为皇贵妃。十二月初六，册内大臣鄂硕女为皇贵妃，颁诏天下。《实录》还记载，在拟立董鄂氏的当天和拟立董鄂妃为皇贵妃的前四天，清廷都曾遣官致祭襄亲王博穆博果尔。这似乎反映出在册立董鄂妃和致祭襄亲王两事之间，有着某种神秘联系。人们在缺少第一手资料的情况下，自然而然地认为，董鄂妃原本是襄亲王之妻，也就是《汤若望传》中所说的“满籍军人的夫人”。

但事实上，上述推论是站不住脚的。据《爱新觉罗宗谱》记载，襄亲王的嫡福晋是孝庄皇太后的亲侄女博尔济吉特氏，同时，襄亲王也没有侧福晋。其次，襄亲王死时虚年十六岁，实际年龄仅十四岁又七个月。清代史料中，均无他曾率军出征的记载。而清廷也无须让一位年幼的皇子去冒生死之险。因此，他不可能是一位“满籍军人”，频繁出入于清廷的汤若望，也不可能将这位地位显赫的皇子的身份弄错，含糊地称为“满籍军人”。

《清史稿·后妃传》载：“国初故事，后妃、王、贝勒福晋、贝子、公夫人，皆令命妇更番入侍，至太后（孝庄）始命罢之。”此事发生在董鄂氏入宫前一年多，因此，人们认为董鄂妃是通过命妇入侍后妃的机会得以与顺治接触，并双双坠入爱河，孝庄皇太后突然废止命妇入侍的定制，就是要割断顺治帝和董鄂妃的恋情。上述看法是有道理的，但是，上引史料却说明，王、贝勒、贝子、公的福晋或夫人并不是命妇，她们不但不必入侍后妃，本人也享有“命妇更番入侍”的特权。在清朝，福晋、夫人与命妇属于不同的等级，如在宫廷筵宴时，福晋、夫人等得以紧随于妃嫔之后，列席于帝后宝座之左右，而一、二品大臣命妇只能在殿外丹陛左右。在服饰上，亲王福晋朝冠上能饰东珠十，侧福晋可饰东珠九，而一品命妇仅可饰东珠一，二品以下就与之无缘了。可见，命妇与福晋、夫人身份迥异，地位悬殊。如果董鄂妃是襄亲王福晋，她就不可能作为命妇入侍。而她既然凭借命妇入侍的定制才能出入宫禁，那就只能是一个一品或一品以下的官员（即“一位满籍军人”）的妻子。

人们还从襄亲王死后享有特殊祭典来推论他的死与董鄂妃入宫有神秘联系，但其实襄亲王所处的政治地位确实不同寻常。他的生母懿靖大贵妃原是蒙古察哈尔部（插汉部）林丹汗之妻，“插汉部者，元之嫡裔大宗也”。在蒙古草原地位极高，皇太极统一漠南蒙古后，为团结蒙古各部，尤其是为了怀柔有一定政治影响的察哈尔部，特娶林丹汗的两位遗孀为妻。在五宫后妃中，分居第三、四位，在孝庄皇太后之上。襄亲王十五岁便得封亲王，又娶孝庄皇太后的亲侄女为嫡福晋，这是清朝巩固满蒙联盟重要国策的具体体现，也是安抚察哈尔部贵族的重要措施。在这种情况下，襄亲王死后享有特殊祭典，应是顺理成章、不足为怪的。

顺治十五年正月，董鄂妃的儿子，被顺治称为“朕第一子”的荣亲王死去，顺治曾对诸内大臣说：“兹者皇子薨逝，尔等将无谓朕因此感伤。……向襄亲王薨时，尚反复忖度，恐皇太后悼伤，勉

清世祖福临

强抑忍。且生死从来定数，焉能有违。朕念切国家，仰副我皇太后之心，安敢过为伤念。”顺治帝谈到襄亲王之死时，态度坦然，没有任何内疚和不安，如果襄亲王果真由于董鄂妃而死，年轻的天子自然会极力避免谈及，岂能自戳伤疤，毫无顾忌？这只能说明襄亲王之死，确与顺治帝无关。

但是，襄亲王如此早逝，难免令人生疑，只是，不能因此就定顺治帝的罪。据统计，顺治三年到十八年的十六年中，清朝的亲王和郡王，有二十位先后去世，其中不满三十岁的达九人之多，最小的刚刚满十岁。众多皇族子弟过早殇逝的异常现象，与当时痘疹流行密切相关，就连顺治本人，虽然常去南苑避痘，也未能幸免，不满二十三岁就死于此疹。襄亲王的早逝，极有可能也与此有关，而并非出于手足相残的意外事件。

董鄂妃缘何华年早逝

顺治帝的爱妃董鄂氏聪颖俏丽，知书识礼，深得顺治的宠爱，入宫仅四个月，就由贤妃晋升为贵妃，地位仅次于皇后。顺治十四年（1657）十月七日，董鄂妃生皇四子，第二天，顺治帝就宣布此乃“朕第一子”，明显表露出要以此子为皇储的意思。顺治十五年初，皇四子夭亡。顺治十七年八月，董鄂妃就因病去世，年仅二十余岁。

以往，人们多认为董鄂妃的受宠引起了以孝庄皇太后为首的姻党的敌意，尤其是她将成为未来的皇太后，对满蒙贵族联姻固宠的政治格局构成严重的威胁。于是，孝庄皇太后无法容忍，乘董鄂妃产后需要调养之际，假称“圣体违和”，使董鄂妃不得不在寒冬腊月从京城赶到京郊南苑，“朝夕奉侍废寝食”，身心受到极大摧残，才在花样的年华早早告别了人世。

董鄂妃之死，真是由于孝庄皇太后的蓄意构害吗？学者们细加考证，认为上述结论值得商榷。

董鄂妃生子的同一年冬天，孝庄皇太后确实曾经得一场大病。《清世祖实录》记载：十月初七，董鄂妃生皇四子。十月十二日至十九日，顺治帝在南苑较射、阅武、狩猎。十月二十四日至二十六日，举行颁布皇第一子诞生诏书的隆重庆典。十一月初四，顺治再赴南苑。十二月二十六日，宣布“皇太后圣体违和”。十五年正月初五，已在南苑停留两个月的顺治，返回京城。上述情况表明孝庄皇太后得病是在十一月初四或稍后几天，即董鄂妃生子即将满月，或已经满月之后。此后直到第二年正月，不仅顺治本人亲自在南苑护理，嫔妃们朝夕奉侍，不少亲信重臣如鳌拜等也纷纷赶到南苑，“近侍卫护，昼夜勤劳，食息不暇”。十二月底，顺治奖赏侍奉皇太后有功的侍卫、祝师、医官、司膳、司茶等八十二人。十五年正月初三日，顺治以皇太后圣体康豫，颁诏大赦天下。可见，这一期间孝庄皇太后确实曾患重病，致使皇帝、嫔妃以及大臣们无不紧张异常。这场病几乎牵动了整个朝廷，完全出于伪装似乎是不可能的。

从孝庄皇太后的为人考察，这位深谋远虑的女政治家精明、果断，无病装病或小病大养以至于惊扰朝廷的拙劣手法不符合她的一贯作风。且装病之举劳神费力，很难做到不露破绽、掩人耳目，以孝庄皇太后的身份地位，应该不屑于这么做。

孝庄皇太后患病期间，董鄂妃确实“朝夕奉侍废寝食”，她这样做，是因为皇太后的旨意被迫而为的吗？恐怕也不是。

顺治帝在十七年八月所撰《董后行状》中指出：“后性孝敬知大体，其于上下，能谦抑惠爱，不以贵自矜。事皇太后奉养甚至，伺颜色如子女，左右趋走，无异女侍”，“其侍朕如父，事今后（孝惠后）亦如母，晨夕候兴居，视饮食，服御曲体罔不悉”，“不惟能敬承皇太后，即至朕保姆往来，晋接以礼，亦无敢慢。其御诸嫔嫱，宽仁下逮，曾乏纤芥忌嫉意”，“宫闱眷属，大小无异视，长者媪呼之，少者妹视之，不以非礼加人，亦不少有谇诟”。顺治帝上述的回忆表明，董鄂妃尽管地位尊贵，却活得很累。她察觉到自己的宠冠后宫不仅招致各方嫉恨，还使顺治与皇太后产生严重分歧。因此，她采取小心谨慎的处事态度，恭顺温婉，不论皇太后、皇后、妃子患病，都不惜以牺牲自己的健康为代价全力侍奉，以期换取别人的理解，减少对自己的敌意。因此，孝庄皇太后病倒南苑，董鄂妃前往侍疾，是她一贯作风使然。顺治帝显然也不会反对她的做法，因为对他们两人来说，取悦皇太后，争取皇太后的承认和庇护是至关重要的事。

还有一旁证可以说明孝庄皇太后未曾有过让后妃前来侍疾问安的旨意。孝庄皇太后的亲侄女孝惠皇后当时并没有前去侍疾，顺治帝曾在《董后行状》中指出：“皇太后圣体违和……，今后曾无一语奉询，亦未曾遣使问候。”在太后病愈颁诏大赦天下的同一天，还降谕礼部，斥责皇后的这一表现。在此之前，顺治帝曾两次欲废后，以董鄂妃取而代之，如果孝庄皇太后曾有后妃探视之旨，那么孝惠皇后对皇太后不闻不问的做法，就是公然抗上，性质严重，顺治不会不抓住这一有力把柄对她进行责罚。但是，顺治帝没有能够这样做，不正说明他没有孝惠皇后抗旨的证据吗？也就是说，孝庄皇太后未曾有过让后妃侍疾问安的旨意。

上述分析表明，董鄂妃之死与其产后侍疾并无直接联系，她的产后侍疾虽然出于无奈，但也不是孝庄皇太后逼迫的。董鄂妃早夭的原因是综合性的，根据《董后行状》可知，她在皇四子出生前就已有疾病在身，生孩子进一步伤了元气，侍疾南苑当然影响了身体的恢复，皇太后病愈不久，爱子又突然夭折，遭此沉重打击，使她的健康每况愈下。再加上她入宫数载承受着极大的精神压力，事必躬亲，无所不周，可谓身心两疲，这无疑加速了她的死亡。董鄂妃的华年早逝与宫闱之争自然有着密切联系，但这与孝庄皇太后蓄意谋害毕竟不是一回事。

顺治帝“出家”了吗

清世祖爱新觉罗·福临生于清崇德三年（明崇祯十一年，1638），六岁即位，即顺治帝，其叔父多尔衮和济尔哈朗辅政。多尔衮死后，顺治帝亲政。他是清入关后的第一位皇帝，在位期间，清朝扩大和巩固了在全国的统治，这与少年英武的顺治帝有一定关系。顺治帝有一宠妃董鄂氏，天生丽质，知书识礼，生皇四子。出于对董鄂氏的偏爱，顺治帝打算把皇位传给董鄂氏之子，不幸此儿出生数月即夭折。董鄂氏受到打击，同时她又受到皇太后的折磨，雪上加霜，于顺治十七年（1660）八月十九日抑郁而死。顺治帝悲痛不已，辍朝五日，大办丧事，追封董鄂氏为孝献皇后。半年后，顺治帝也从清宫中消失了，他到哪里去了呢？

据民间传说，董鄂妃死后，顺治帝精神受极大刺激，看破红尘，于顺治十八年正月抛弃帝位，遁入山西五台山，削发为僧。《清朝野史大观》、蔡东藩《清史演义》等都有这样的描写，清诗人吴梅村有暗射顺治帝出家的诗句。还传说，康熙帝曾四次去五台山，前三次是为探视父亲，每次上山必屏侍人，独造高峰叩谒；第四次前去时，顺治帝已故去，康熙帝吟诗哀悼，其诗深情悲恸。又有传说，康熙年间两宫西狩，途经晋北，地方上无从准备供御器具，后竟在五台山上找到内廷器物，这更成了顺治出家的一个有力证据。顺治帝一向好佛，宫中有木陈忞、玉林琇两位禅师，他曾对木陈忞说："愿老和尚勿以天子视朕，当如门弟子旅庵相待。"还表示："财宝、妻孥，人生最贪恋摆拨不下底。朕于财宝固然不在意中，即妻孥觉亦风云聚散，没甚关系。若非皇太后一人挂念，便可随老和尚出家去。"可见，顺治帝早有较强烈的出家意念。顺治帝从宫中消失的前几日，还叫最宠信的内监吴良辅，到悯忠寺削发做了和尚。所以，虔诚信佛的顺治帝，在爱子、宠妃先后去世，又与皇后不合的情况下，万念俱灰，皈依空门，是有可能的。

较多的研究者认为，顺治帝并未出家，而是病死宫中。清史专家孟森发表《世祖出家事考实》一文，指出顺治帝死于天花。顺治十八年正月初四，朝廷曾正式向文武大臣宣布皇帝患了天花病。当时人王熙的《王文靖集·自撰年谱》记，奉诏入养心殿，谕："朕患痘，势将不起。"命王熙赶写遗诏。天花是当时的不治之症，顺治帝已预感到天花将夺去他的生命。张宸《青琱集》载，朝廷"传谕民间毋炒豆，毋燃灯，毋泼水，始知上疾为出痘"。为祈求皇帝康复，朝廷还下令释放除十恶死罪外的所有在押囚犯。

此外，2004年有媒体报道厦门发现了郑成功家传手抄本《延平王起义实录》，其中记载说顺治帝是亲征厦门时遭郑成功炮击毙命的。只是这一说法目前尚无其他证据支持。

顺治帝究竟是病死、战死，还是当了和尚呢？仍是无法定案的历史之谜。

“《明史》案”冤魂知多少

清顺治年间，浙江湖州府南浔镇居住着明代大学士朱国祯后人，朱国祯曾写《明史》刊行于世，但《明史》后一部分诸臣列传未及刊刻发行。朱家隔壁，是富有的庄家，父庄允城，子庄廷鑨、庄廷钺等。庄廷鑨为荣耀门庭，出资购得朱氏遗稿，请匠人刻版。刻至一半，庄廷鑨双目失明，急发疯癫，不久即死去。其弟庄廷钺在书贩怂恿下，邀集十几位江南名流续书、补传。这十几位文人正好乘此机会大发反满情绪，他们“奋笔直书”“肆其狂言”“罔知所忌”，庄廷钺原是游手好闲之徒，对此一无所知。顺治十七年（1660）冬，此书发售。当时有革职知县吴之荣，贪极生恶，以庄氏父子出《明史》有“造写逆书，诋毁大清”之罪为由，向庄家要挟勒索，遭拒绝后，即去杭州将军处检举。庄家赶紧重金疏通，结果当局仅令对《明史》文字稍加删削，仍可刊印。吴之荣不死心，携未删削过的初刻本《明史》进京击登闻鼓，向清廷告发。清廷闻有此书，即派员赴杭州严办，搜捕与《明史》有关人员及其家小，共捕去二千多人。康熙二年（1663）五月二十六日，朝廷下旨，以谋反大逆罪判决。于是，清朝当局大开杀戒，戮庄廷鑨尸，杀庄廷钺。编著者、作序者、校订者、参阅者以及于书中列名的人士皆凌迟，其家人亦无一幸免。还有记载说，看书、买书、藏书、订书、刻书和送板者，均处斩，一时杭州腥风血雨。

此案中究竟枉杀了多少人命呢？清朝正史一般忌言文字狱残杀无辜之事，故而没有具体记载，而野史笔记的记载，往往来自各自见闻，对如此大狱始末很难完全掌握，叙述各异。故而因《明史》案被杀的人数有多少，至今尚无定论。

清初著名人物顾炎武，有好友死于此案。他作文遥祭，文中说因此案死难的有“七十余人”，以后不少史书沿用此说。

近人陈登原《古今典籍聚散考》，记述庄氏明史案，说死者“达二百二十一人之多”。

列名《明史》校阅的陆圻，有外孙撰文追述《明史》案，曰“所诛不下千人”。

看来，庄氏《明史》案中罹难者的精确数字，是难以统计了。

“历狱”主角杨光先的死因

杨光先，安徽歙县人。明朝时任新安卫官生，以参劾大学士温体仁、给事中陈启新而出名。明末清初，天主教在华传布发展时，杨光先极力反对天主教，先后著《辟邪论》《距西集》和《不得已》予以抨击，称其“悖理叛道，割裂坟典之文而支离之”。并将其比作猩猩鹦鹉，即使能模仿人说话，本质上仍为禽兽，言辞十分激烈。

顺治初年，耶稣会传教士汤若望（Joann Adam Schall von Bell）因献《时宪历》被任命为钦天监监正。顺治帝亲政后，对汤若望尊宠有加，赐号“通玄教师”，并一再加官晋爵，汤若望由此成为在华天主教传教士的护法人。天主教在华发展迅速，教徒从明崇祯九年（1636）的三万八千二百人发展到清康熙三年（1664）的二十四万八千一百人，汤若望因此成为杨光先攻击的首要目标。顺治十七年（1660），杨光先上书指责汤若望所造《时宪历》中有“依西洋新法”五字，有以中朝奉西洋正朔之嫌，未果。康熙二年，天主教徒钦天监夏官正李祖白著《天学传概》，书中讲到天主造原祖男女各一，认为伏羲氏只是中国的始祖，亦是亚当的子孙，导致杨光先等反教人士的激烈反对。康熙三年杨光先具《请诛邪教状》于礼部，列举汤若望等传教士的三大罪状：一是潜谋造反；二是邪说惑众；三是历法荒谬。杨光先还指责汤若望在为顺治帝幼子荣亲王选择葬期时，故意使用明朝历书，居心叵测，导致两位后妃、一位皇子和顺治相继死亡。在鳌拜的主持下，杨光先的上疏得到了审议，朝廷因于次年逮捕汤若望等，并判处汤若望、李祖白等凌迟处死。恰逢北京发生地震，同时刮起暴风，灰尘满天，北京成为黑暗世界，加以汤若望年已衰老，且效力前帝，得蒙太皇太后降懿旨赦免，旋即病亡，但李祖白等信教钦天监官员则仍被处死。汤若望去职以后，杨光先继任为钦天监监正，改用旧历。此次案件因为与新旧历法之争有关，故被称为“历狱”。

康熙帝亲政后，亲查“历狱”，命杨光先与传教士南怀仁（Ferdinand Verbiest）对星象和气象进行推测，并预推正午日影所止之处，结果杨光先错误累累。康熙八年，康熙帝下令平反“历狱”，杨光先等言旧法者，均以诬妄罪先后革职。南怀仁等乘势上书陈冤，称杨光先为鳌拜党羽，经清廷大臣会议，决定处杨光先死刑，后杨光先亦以年老得免死，于革职回籍途中，行船至山东德州时身死。

由于杨光先的激烈反教行为，使清人对杨光先死因产生不同的看法。一种意见认为，杨光先是死于疾病，背上突发一恶疽而死，属自然死亡，当时在华传教士都支持这一观点。另一种意见则认为，杨光先是死于西洋传教士的毒手，是因反教激烈而被西洋人毒死。其根据是，传教士对杨光先其人其书都恨之入骨，钱大昕称：戴东原尝言，欧罗巴人欲以高价收买《不得已》而焚之。孙星衍撰《杨光先传》亦云：“传闻西洋人以重价购毁之云。”然而毒死之事，终无实据。

六世达赖喇嘛的归宿

六世达赖喇嘛，法名仓央嘉措，生于清康熙二十二年（1683），后被选定为五世达赖的转世灵童，康熙三十六年被迎至布达拉宫举行坐床典礼，执掌西藏宗教、政治的最高权力。

六世达赖风流倜傥，轻视戒规，还写过许多情诗，被翻译成多种文字传世。康熙四十四年，藏王第巴・桑结嘉措发兵与蒙古和硕特部拉藏汗交战，兵败身亡，因六世达赖为桑结嘉措所立，拉藏汗竭力排斥六世达赖。他以行为不轨、耽于酒色等罪名，奏请清廷废黜六世达赖，清廷下诏令六世达赖入京师，于是他踏上赴京旅程。此后之行踪及归宿，说法不一。

有的说，六世达赖喇嘛于途中圆寂。《清史稿》载："行至青海，道死，依其俗，行事悖乱者抛弃尸骸。卒，年二十五。"释妙丹法师著《蒙藏佛教史》中说："年至二十有五，敕入觐。于康熙四十六年行至青海工噶洛地方圆寂。"至于其圆寂原因，有两种说法：一为病卒途中，在纳革刍喀与青海之间，他患上水肿病，不治身亡。又说是被凶杀，拉藏汗派蒙古卫兵及一心腹大臣伴六世达赖喇嘛赴京，行至哲蚌寺，寺中喇嘛乘卫兵疏忽，将他劫去，经战斗，卫兵又将其夺回，后于纳革刍喀被杀。国外学者 H・霍夫曼也说，六世达赖很可能是"凶死”于青海湖附近。

有的说，六世达赖喇嘛从西藏安抵内地，后被清帝软禁于山西五台山，直至圆寂。其根据是：藏文十三世达赖传中载，他到五台山朝佛，曾亲去参谒六世达赖居住过的寺庙。

还有记载说，六世达赖喇嘛于赴京途中遁去，云游各方。法尊法师著《西藏民族政教史》中说：“拉藏汗复以种种杂言谤毁，钦使无可如何，乃迎大师进京请旨。行至青海地界时，皇上降旨责钦使办理不善。钦使进退维艰，大师乃舍弃名位，决然遁去，周游印度、尼泊尔和康、藏、甘、青、蒙古等处，宏法利生，事业无边。尔时钦差只好呈报圆寂，一场公案，乃告结束。”阿旺多尔济在《仓央嘉措秘传》中，有更生动的叙述。据说，六世达赖喇嘛走到冬给错纳湖畔时，皇帝降谕旨责办事大臣处理不善：“尔等将此教主大驾迎来，将于何处驻锡？又如何供养？实乃无用之辈。”办事大臣惶恐万状，不知所措，乃恳求六世达赖曰：“为今之计，唯望足下示状仙逝，或者伪做出奔，不见踪迹。若非如此，我等性命休矣！”六世达赖遂独身出走，从此他以戒律精严的苦行僧形象出现，行迹遍历甘、青、藏、川、尼泊尔、印度等地，最后于内蒙古阿拉善旗驻锡，直至圆寂。

1957 年全国人大民族委员会提供的《内蒙古自治区巴彦淖尔盟阿拉善旗情况》报告中说：在阿拉善旗流传着有关六世达赖的事迹，说他在赴京途中遁去后，先到青海，继返西藏，康熙五十五年来到阿拉善旗，后收阿旺多尔济为徒，乾隆十一年（1746）圆寂。其徒阿旺多尔济建广宗寺，将六世达赖遗体供奉于庙中七宝装成的塔式金龛内，直到20世纪60年代前期，广宗寺内仍保存着六世达赖的肉身塔。

上述种种说法，孰是孰非，仍待进一步研究才能有结论。

莫衷一是的罗汉钱

我国古钱币中有所谓“罗汉钱”，在民间流传甚广。至于何种钱是“罗汉钱”？其名又因何而来？钱币界说法颇多。可谓众说纷纭，莫衷一是。

有的认为，我国古代，佛教有“三武”之祸，除北魏太武帝毁佛有所不同外，唐武宗、北周武帝毁佛像都与“钱荒”有关，他们把毁佛像所得到的铜，大量地用来铸钱，这就是所谓“罗汉钱”的来历。也就是说，所谓“罗汉钱”，是泛指古代熔化佛像铸造而成的货币，并由此得名。不过记载当时历史的各类史籍，并没有称这类钱为“罗汉钱”，甚至连“罗汉钱”一名也没有出现过。因此，当今钱币界多不采此说。

有的认为，清代道光年间，杭州净寺罗汉堂内有五百尊泥塑罗汉像，每逢斋期，一些善男信女将香金投入罗汉身背后的方孔内。有一天，一个虔诚的信徒想在罗汉身上取些信物带回去压邪保安，结果在罗汉身后的孔内摸到一些“康熙通宝”小铜钱，以为神赐，视为珍宝。消息传出后，引起不少信徒涌向罗汉堂，顶礼膜拜，祈求菩萨保佑，试图在罗汉背后的孔内再摸取些宝钱。于是民间对从罗汉身上摸到的小钱，皆称为“罗汉钱”。按此说，“罗汉钱”似乎并非专指一种，而凡是从罗汉身背的孔内所摸出的钱，均可称为“罗汉钱”。

目前钱币史论者极大多数认为，“罗汉钱”是专指清代康熙年间，由宝泉局铸造的一种“康熙通宝”钱。该钱大小与普通的康熙小平钱相似，所不同的是钱文笔划，即“康熙”的“熙”字左边少一竖，作“熙”而不作当时通行的“熙”；“通宝”的“通”字，其走字旁为一点，作“通”，而不作“通”。不少货币史论著，也径称该钱为“罗汉钱”。为此，该钱颇受钱币收藏者青睐，在钱币市场上也身价倍增。至于该钱缘何称作“罗汉钱”，史籍中无明确记载，说法不一。

第一种认为，该钱铸于康熙五十二年（1713），那年是康熙帝六十寿辰，北京户部宝泉局精工专铸此钱表示祝贺。该钱最初叫“万寿钱”（或称“祝寿钱”），后民间传说是熔化了庙宇中的金罗汉来铸造的，故名“罗汉钱”。

第二种认为，康熙皇帝六十寿辰时，为赏赐宫内有功之臣，特铸了一炉小铜钱，并在熔炉内扔进一尊金罗汉。为了表示区别，这一炉钱的钱文与一般康熙小平钱略有不同，因钱文笔划和成色特殊，故称为“罗汉钱”。

第三种认为，18世纪初，居住于伊犁河流域的准噶尔部族，在其首领的控制下，发动叛乱，并攻入西藏大肆骚扰。康熙帝为了统一大计，派兵进藏平叛。当进入西藏腹地后，军饷发生困难，遂向当地寺庙中的喇嘛商量借铜铸钱。喇嘛们深明大义，主动献出铜佛像和十八尊金罗汉熔化铸钱。由于清代钱币是以铜铸的方孔圆钱，而现时所铸的钱中含金，其本身价值已超过了面值，金又需要归还。于是在钱币正面做了一个记号，把“康熙通宝”的“熙”字少了一竖，以便今后识别回收。谁知钱币发行后流传民间，因钱币含金，金光灿灿，人们珍藏传之后代。此钱以金罗汉所铸，故民间称之为“罗汉钱”。

第四种认为，年羹尧在康熙末年任四川总督时，在一次战役中为了筹办军饷，把庙宇里的鎏金铜罗汉熔化改铸钱币，因此所铸铜钱色泽金黄，质地精良，民间称之为“罗汉钱”。

长期以来，罗汉钱一直为人们所喜爱，即便是新一代年轻人，也往往把罗汉钱送给恋人，以表示心心相印，永结良缘。也有人把罗汉钱当做寿礼送给过寿的友人，寓意与皇帝齐寿。还有人在建新居时，把罗汉钱埋入土中或挂在房中以求世代平安、幸福，意为用十八个罗汉守家兴业等等。罗汉钱来历的莫衷一是，让其在民间的文化寓意也产生了差别。

“庐山罗汉”今何在

庐山博物馆中，藏有百余幅“庐山罗汉图”。

康熙时，奉天铁岭（今辽宁铁岭市）人金世扬官江苏布政使，以早年在庐山许愿为名，重金聘请浙江画家许从龙绘制《五百罗汉图》。据说，许从龙创作《五百罗汉图》历时近七年，每次动笔前，他都畅饮一番，然后漫步山间小路，捕捉画意，一旦进入创作佳境，则整日于画案前挥毫泼墨，一气完成一个情景。他从不在完成的画上再加改动，以免“损其灵气”。康熙五十一年（1712），《罗汉图》绘就。计二百幅，每幅长八尺，宽四尺，大罗汉三尺，小罗汉近一尺。图中，在不同场景的五百罗汉各具特色，栩栩如生，尤其罗汉的表情、姿态、服饰无一雷同，体现了画家的高超技艺。

金世扬将《罗汉图》装裱成轴，赶在浴佛节（农历四月初八）前，亲自送往江西。四月初七，金氏一行到达南昌，借宿佑清寺，翌日与寺僧一起进行“浴佛”活动。九日，金世扬改变奔赴庐山的计划，取出《罗汉图》在寺内展览，远近数十万人前往观看。第二天一早，金氏一行赶往庐山，将《罗汉图》献于庐山栖贤寺。栖贤寺寺僧特建罗汉堂以供奉《罗汉图》。

遗憾的是，自清末起，《罗汉图》几经磨难。1850年，有七十幅《罗汉图》被盗，从此，《罗汉图》厄运连连。1911 年，某军阀游览庐山时，声称家中缺少佛祖神相，索要五幅《罗汉图》，被寺僧婉拒，不久他派人持枪到栖贤寺，强行“买”走一幅。1935 年，一洋人在栖贤寺见到《罗汉图》，连声称赞，提出要买走一幅作纪念，被拒后离去，不多时，忽有一游览的洋人与一香客发生争执，吵闹不止，围观者颇众，寺院主持前去调解，平息两人争吵后，却发现少了一幅《罗汉图》。后有人说，曾在观音桥附近草坪看到几个外国人围看一幅大画。争吵事件与洋人索要《罗汉图》有否联系，已成了一个谜。1938 年，庐山一带被日寇侵占，星子县的伪县长为讨好日本人，于 1940 年到栖贤寺，用枪逼迫寺僧取三幅《罗汉图》送日本人，不料事隔月余，日本军佐又索要《罗汉图》，伪县长只好再次到栖贤寺，但这一次，受寺僧强硬抵制，枪杀了两名寺僧，才夺走四幅图。伪县长本以为这一次可以将日本人打发了，没想到日寇仍不罢休，频频要图，他不敢再去，就怂恿日本人亲自去。1943 年重阳节前，由伪县长作向导，百余日寇扑向栖贤寺。庐山抗日游击队得到消息，在阮家牌伏击日军，强盗们被打得措手不及，狼狈逃回星子县。伪县长被日军疑为“私通八路”而枪毙，落得可耻下场。为防止日军报复，游击队将《罗汉图》装箱藏大雄宝殿佛祖金身下的暗室。此后不久，日军果然调集人马扑向阮家牌，将栖贤寺掠夺一空后，放火焚烧。附近广福庵寺僧见此情景，迅速赶来解救，将装有《罗汉图》的箱子抢救出来。1944 年 2 月，在游击队的帮助下，宝图被分批护送到都昌县。新中国成立后，图仅剩下一百一十幅。现一百一十幅《罗汉图》与后来从民间收回的两幅被列为国家一级文物，藏于庐山博物馆。

没有人知道佚失的近九十幅《罗汉图》的下落，但人们盼望有一天它们会重新出现，为世人解开这一文物之谜。

雍正帝是否矫诏夺位

康熙帝晚年，诸皇子之间嗣子之争异常激烈，清康熙六十一年（1722）十一月十三日晚，康熙帝死于北京西郊畅春园，皇四子胤禛于二十日登基即位，此即世宗（雍正皇帝）。雍正帝是如何得帝位的，成为清史上一大公案。

不少人认为，雍正帝是矫诏夺皇十四子允禵之位。在具体如何矫诏上，又有四种说法。一是改“十”为“于”说。胤禛在位时就有人说：“圣祖皇帝原传十四阿哥允禵天下，皇上将十字改为于字。”（《大义觉迷录》）雍正帝由此登上龙座。二是改“祯”为“禛”说。皇十四子允禵在康熙时叫胤祯，康熙帝遗诏传位给胤祯，胤禛改“祯”为“禛”，从而得天下。有学者认为，以上两说难以成立，因为康熙帝遗诏应是用满文书写，用满语宣读，不可能被篡改。此外，按

● 清圣祖玄烨

当时行文制度，在皇子称呼前一定有“皇”字，故在提到允禵时，应是“皇十四子……”改“十”为“于”则成“皇于四子……”，显然弄巧成拙。且传位给谁，应用“於”字，“于”字在清代并不通用，在关系重大的遗诏中更不会用。还有，“祯”与“禛”虽字形相近，但改祯为禛，要不露痕迹恐亦非易事，雍正帝不会用这种诏书去骗人。第三种矫诏说法，是流传民间的去“十”字说，康熙帝临终前，想传位给十四子允禵，但因说话时舌头蹇涩，当说到“十”字时，停顿一会儿，方才说出“四子”两字。这样，负责传旨的隆科多（时任理藩院尚书，领步军统领事，为胤禛心腹）就有机可乘，故意大声说道：“皇上有旨，诸皇子到园，不必进内，单召四皇子见驾。”隆科多有意漏说“十”字，胤禛轻易继承了帝位。与此相似另有一说：康熙帝病笃时，胤禛与诸皇子在宫门外问安，隆科多独受顾命于御榻前，康熙帝书“十四皇子”于掌心，俄而崩，隆科多抹去掌上“十”字，只留“四皇子”三字，胤禛得立。第四种矫诏说法是这样的：康熙帝病中降旨召允禵来京，谕旨为隆科多截隐，允禵不到，隆科多假造圣旨，立胤禛。第三、四种说法都与隆科多有关，有学者认为，隆科多既非内阁大学士，又非兵部主管，由他一手遮天干成矫诏立胤禛这一重大事件，是难以想象的。

除上述雍正帝矫诏夺位说外，还有雍正帝杀父得位的传闻，这于胤禛在位时已流传民间。《清朝野史大观》记载：康熙帝垂危之际，只胤禛一人随侍在侧，康熙帝欲召见朝廷重臣入宫托付后事，但无一人近前，心知有变，气急败坏，取下手腕上一串玉念珠掷向胤禛，不久传出“龙驭上宾”的消息。照此记载看，康熙帝弥留之际，与胤禛的关系已同水火，且令人自然联想到胤禛害父夺位一节。雍正朝文献《大义觉迷录》中记：圣祖皇帝（康熙帝）在畅春园病重，皇上（雍正帝）就进一碗参汤，不知如何，圣祖就崩了驾，皇上就登了位。有史家指出，当时皇十四子允禵将凯旋回朝，允禵即位几成定局，这就促使胤禛加紧夺位活动。康熙六十一年十一月初七日，康熙帝患轻感冒，于畅春园息养，服药数日后，已基本痊愈。这时，胤禛进掺毒参汤，也有说隆科多在御用食品中下毒药，康熙帝服食后，中毒不省人事。接着，隆科多一面以军队控制局面，一面传假遗诏，宣布康熙帝传位给胤禛，局势遂不可逆转，胤禛取得了皇位。有学者认为，康熙帝被毒死一说是经不起推敲的。康熙帝一向怕被人暗算，戒备极严，且他对服人参本不感兴趣，他说：南人最好服药、服参，北人于参不合。朕从前不轻用药，恐与病不投，无益有损（《康熙起居注》）。因而在参汤中下毒害他实是难事。康熙帝死因更可能是年老体弱，患感冒后引起其他疾病并发，不治而死，故仍属寿终正寝。

清世宗胤禛

另有许多学者认为，雍正

帝是合法继承帝位的。胤禛自被封为亲王后，地位逐渐提高，康熙帝曾多次令他代办祭祀等重大活动，让他参与政务，还赐给圆明园和狮子园，并常去他花园内游玩。康熙帝特别喜欢胤禛之子弘历，说弘历之母是“有福之人”，暗示帝位将由胤禛传至弘历。康熙帝晚年决意以胤禛为皇太子，并为保证胤禛安全即位，采取了一系列措施。这些措施包括：在向朝臣公开保证选定可靠之人继位的同时，对皇太子为谁秘而不宣，防止胤禛成为倾陷对象；派允禵西征，明为重用，实则放逐，避免允禵夺嗣捣乱；留隆科多于身边朝夕共处，隆科多手握禁军，可为继承之人保驾。《清圣祖实录》记载：康熙帝临终，将几位皇子和重臣召至御榻前说：“雍亲王皇四子胤禛，人品贵重，深肖朕躬，必能克承大统，着继朕登基，即皇帝位。”萧奭《永宪录》记，康熙帝“以所带念珠授雍亲王”，以示胤禛继位的合法性。因而说雍正帝夺允禵位是不成立的，若康熙帝真想将皇位传给允禵，那么他把允禵长期滞留西北之举，就令人费解了。

看来，在发现更确切真实的史料之前，人们还是难以得知雍正帝嗣位内幕的。

雍正帝有无杀弟

康熙帝晚年，诸皇子争夺皇位的斗争异常激烈。他们之间的争斗，在雍正帝即位后仍未平息。雍正帝的对手还在进行反对他的活动，他别无选择，断然采取严厉措施，清除异己势力。雍正帝兄弟中，被圈禁的有七人（其中两人是康熙时圈禁的）。当时对雍正帝威胁最大的是皇八子允禩势力，雍正帝遂下诏禁锢允禩，革除王爵，削宗籍，更其名为阿其那（满语，义为“狗”）。还诏令皇九子允禟，从西宁（今属青海）回京治罪，削宗籍，改其名为塞思黑（满语，义为“猪”）。雍正四年（1726）八月二十七日，身体健壮，一路谈笑如常的允禟，突然在保定拘处“泄泻”而死。十天后，即九月初八日，本来好端端的允禩，在北京监所突发“呕症”而亡。两人死于旬日之间，令人感到蹊跷，雍正帝也说：“实奇事也！”（《大义觉迷录》）关于允禩、允禟究竟怎么死的，迄无定论。

《清史稿·允禩允禟传》说允禩、允禟系被幽禁而死。雍正帝说：“二人之死实系冥诛，……朕尚未加以诛戮也。”今人有持此说者。

有的认为，允禩、允禟是被雍正帝指使人害死的。有较多的旁证材料可以说明这一点。雍正帝继位后，面对异己势力的挑衅，就以开杀戒相威胁，曾说：“朕之弟兄及诸大臣一切过犯，无不施恩宽宥，岂意众人并不知感。百日之内，淆乱朕心者百端。伊等其谓朕宽仁，不嗜杀人，故任意侮慢乎？此启朕杀人之端也。夫启朕杀人之端者，其人族灭犹不足以蔽其辜矣！”（《上谕内阁》雍正元年二月初十日）他在允禩、允禟死后又表示：“朕只论阿其那、塞思黑有必可诛之罪，有必当诛之理，而断不避诛阿其那、塞思黑之名也。诸臣试思：此二人者，宽以容之，不可；严以待之，不可；放纵之，不可；禁锢之，亦不可。”（《上谕内阁》雍正五年四月十八日）可见杀弟以固皇位，乃不得不为也。后雍正帝对杀弟一事，自称“不辞亦不受”。爱新觉罗·溥杰曾提供线索，即证雍正帝杀弟确系事实。溥杰少时，曾在故宫养心殿东厢房佛龛里看见过一个小方形黄纸包，其中密包的是雍正杀弟密诏。这是乾隆帝供奉于此的，此举大概是出于为父赎罪和忏悔之意。此外《清史稿·允禩传》所载乾隆四十三年（1778）正月一份上谕曰：“圣祖第八子允禩、第九子允禟结党妄行，罪皆自取。皇考仅令削籍更名，以示愧辱。就两人心术而论，觊觎窥窃，诚所不免，乃皇考绍登大宝，怨尤诽谤，亦情事所有，特未有显然悖逆之迹。皇考晚年屡向朕谕及，愀然不乐，意颇悔之，若将有待。朕今临御四十三年矣，此事重大，朕若不言，后世子孙无敢言者。允禩、允禟仍复原名，收入玉牒，子孙一并叙入。此实仰体皇考仁心，申未竟之绪，想在天之灵亦当愉慰也。”可见，雍正帝晚年一再向儿子弘历言及允禩、允禟一案，并为此忧郁、有悔意，希望做些善后补偿，以减轻耿耿于怀近十年的心病。能令他如此于心不安的，想来只能是一个原因，即是他害死了允禩、允禟，但他不愿亲自为两位弟弟平反昭雪，而让自己的继承人代申其“未竟之绪”。这真切地反映了雍正帝晚年对其杀弟一节反思后充满矛盾的心态。

三阿哥弘时之死

弘时原是雍正帝第四子，他的三位兄长弘晖、弘昐和弘昀，分别在八岁、三岁和十一岁时早夭，其中弘昐因幼殇未被序齿，所以弘时排行第三，被称为三阿哥。由于哥哥都已不在人世，他实际上成了雍正帝的长子。史籍上对弘时的记载很少，《清世宗实录》载，雍正十三年（1735）十月，刚刚继位的乾隆帝下谕旨说：从前三阿哥少年无知，性情放纵，行事不谨，皇考特加严惩，以教导朕兄弟等，使知儆戒。今三阿哥已故多年，朕念兄弟之谊，似应仍收入谱牒之内。著总理事务王大臣酌议具奏。《清史稿》论述简略些，本传载云："弘时，雍正五年以放纵不谨，削宗籍，无封。"《皇子世表》记："弘时，世宗第三子，早死，无嗣。"从这些片言只语中可以了解到：弘时生前曾因某种过错而被雍正帝惩处，乾隆帝继位时，弘时已故去多年。弘时究竟如何得罪雍正帝？弘时之死与雍正帝有关吗？

曾任清史馆协修的唐邦治，首先提出雍正帝杀子之说。他在《清皇室四谱》一书中，记曰："皇三子弘时，……康熙四十三年甲申二月十三日子时生，雍正五年丁未八月初六日申刻，以年少放纵，行事不谨，削宗籍死，年二十四。十三年八月，高宗即位，追复宗籍。"有史家更直截地指出：弘时之死，"不是被诛戮，就是被世宗赐令自尽了"。

因为，在弘时死后一月，雍正帝于某奏折上批语曰：“朕尚有阿其那、塞思黑等叛贼之弟，……不但兄弟，便亲子亦难知其心术行事也。”雍正帝把自己的亲生儿子与两位势不两立的政敌兄弟相提并论，表明雍正帝杀弘时，是完全有理由的。孟森也说：“夫‘年少放纵，行事不谨’，语颇浑沦，何至处死，并削宗籍？……世遂颇疑中有他故。”孟森推测弘时之死与“世宗大戮其弟”有关。他说：“世宗处兄弟之酷，诸子皆不谓然。弘时不谨而有所流露，高宗谨而待时始发也。”总之，是雍正帝杀了其三子弘时，原因可能是弘时同情或支持雍正帝的政敌，为雍正帝所不容。

有学者对弘时与雍正帝的矛盾关系，作了更详尽的叙述，指出雍正帝并未杀子。弘时生于康熙四十三年（1704），卒于雍正五年，这一时期正值康熙帝建储、皇子纷争，雍正帝继位后，又大肆清除政敌，清朝政坛波澜起伏，宫中骨肉相残。日益成熟的弘时耳闻目睹这一切，自有其自己的看法，而且他一向不得雍正帝宠信，继位无望，造成与父亲雍正帝之间的矛盾不断深化，并和雍正帝政敌发生某种勾联。二十岁左右的弘时，年轻气盛，城府尚浅，对父皇的不满时有表露，终于受到雍正帝的惩戒。雍正帝先是勒令弘时为允禩之子，断绝与弘时的父子关系，雍正四年二月十八日削其宗籍，交由允祹“约束养赡”(《宫中档雍正朝奏折》第廿六辑)。到雍正五年八月初六日，弘时终因长期郁闷不乐而死。说弘时被削除宗籍与死去发生于同时，即所谓“削宗籍死”，可能是对史料作出错误判断而形成。据当时情况看，弘时被削宗籍的主要原因，是受允禩的“株连”，允禩所受的惩处是圈禁高墙之内，并未被马上处死，而受其株连的弘时却被即时处死，这是说不通的。雍正七年颁布的《大义觉迷录》一书中，曾静指责雍正帝谋父、逼母、弑兄、屠弟。若雍正帝杀了弘时，曾静定当抓住不放，再加上一条“诛子”。从这一角度看，雍正帝似并未杀子。

神秘的雍正帝暴卒

雍正十三年（1735）八月二十三日凌晨，雍正帝猝死于京郊离宫圆明园内。关于他的死因，始终笼罩着一层神秘的纱幔，刚驾崩时，京师便谣言叠起，猜测纷纷，后世论者对其死因说法各异，终成一大奇案。

总的看来，对雍正帝之死有三种解释。

一是正常死亡。清官方史籍，如《起居手册》，雍正、乾隆两朝《实录》以及《清史稿》等，都有大致相同的记载。雍正帝从“不豫”到“龙驭上宾”，首尾只短短三天，八月二十日白天还处理政务，当晚病情发作，至二十三日子时死去。其病当是一种急症，有人进一步推测雍正帝是中风而亡。

二是被刺丧命。由于清政府采取民族高压政策，反清活动持续不断，加以雍正帝生前为人阴鸷，民间有他谋父、逼母、弑兄、屠弟的传说，一些人力谋报复，相传吕四娘就是其中一位，就是她杀了雍正帝。关于吕四娘的出身，有两种传闻，一说她是吕留良的孙女，雍正六年，湖南人曾静遣其徒张熙投书川陕总督岳钟琪，劝其反清，结果策反不成反被擒拿。曾静供称是受清初吕留良著作和思想的影响而萌反清之志，雍正帝即下令掘吕留良及其长子吕葆中之墓，戮尸示众，吕留良子吕毅中被斩首，吕氏亲眷族人悉被发配边陲。吕案发生时，吕留良孙女吕四娘恰奉母在外，幸免于难。吕留良后人秘密反清的风声，于雍正帝在世时确有流传。雍正帝对此非常重视，曾谕令有关官员："外边传有吕氏孤儿之说，当密加访察根究，倘或吕留良子孙有隐匿致漏网者，在卿干系匪轻。"(《朱批谕旨》）另有说吕四娘并非吕留良孙女，其生父与登基前的雍正帝是结拜兄弟，雍正帝即位后，被害，吕四娘幸得出险。总之，吕四娘亲人为雍正帝所害，她与雍正帝结下不共戴天之仇，于是她隐身名山仙刹，拜师学艺，练成绝技，又闯荡江湖，广结天下豪杰，伺机复仇。雍正十三年秋某日，吕四娘潜入深宫，刺杀雍正帝，提其首级而去，报了国仇家恨。因吕四娘的故事来自民间和野史记载，如《满清外史》《清宫遗闻》等，在正史中不见吕四娘名字，更无其事迹，故而关于吕四娘之事，令人未敢全信。有的学者干脆断言不存在吕四娘其人，吕留良一家被斩尽杀绝，其孙女绝无漏网可能，何况雍正帝临终所住的圆明园戒备森严，一个女子是很难成功地入内行刺的。故而雍正帝被刺身亡，不能成立。

雍正帝死因的第三种解释，是服丹药中毒而亡。雍正帝生前崇佛信道，迷信鬼神，"所交多剑客力士"，甚至与他们结为兄弟。其《御制文集》中，还写有不少崇颂神仙、丹药的诗句。道人娄近垣因擅炼丹药被召入宫中，后得雍正帝所赐巨额赏金，回江西龙虎山扩建道院。另有道士张太虚、王定乾，也于宫中大献方术，直至雍正帝死后，才回本籍。从雍正四年起，雍正帝开始服用道士炼制的既济丹，雍正八年得大病后，又命道士为他炼制丹药疗疾，及至雍正十三年八月，他传旨在圆明园内用牛舌头黑铅二百斤炼煮。照这些情况来看，很可能由于丹药中有毒成分在体内长期积聚，或是那二百斤牛舌头黑铅，终于使雍正帝中毒死去。此说的不少资料来自宫中档案，该较为可信。

年羹尧的死因

年羹尧（1679—1726）是清代康熙、雍正年间人，进士出身，官至四川总督、川陕总督、抚远大将军，还被加封太保、一等公，高官显爵集于一身。他运筹帷幄，驰骋疆场，曾配合各军平定西藏乱事，率清军平息青海罗卜藏丹津，立下赫赫战功。雍正二年（1724）入京时，得到雍正帝特殊宠遇，真可谓位极人臣。但翌年十二月，风云骤变，他被雍正帝削官夺爵，列大罪九十二条，赐自尽。年羹尧之死异乎寻常，他为何被杀，至今众说纷纭。

有人认为，年羹尧参与了雍正帝夺位的活动，雍正帝即位后反遭猜忌以至于被杀。据说康熙帝原已指定皇十四子允禵继位，雍正帝矫诏夺位，川督年羹尧参与其间。他受雍正帝指使，拥兵威慑在四川的皇十四子允禵，使其无法兴兵争位。雍正帝甫登帝位，对年羹尧大加恩赏，实乃欲擒故纵，待时机成熟，即网织罪名，卸磨杀驴，处死年羹尧这个知篡位实情之人。有人不同意此说，主要理由是雍正帝继位时，年羹尧远在西北，并未参与矫诏夺位，亦未必知晓其中内情。

有的研究者认为，年羹尧被杀是由于他恃功骄傲、专权跋扈、乱劾贤吏和苛待部下，引起朝野上下公愤。更严重的是，他任人唯亲，在军中及川陕用人自专，称为“年选”，形成庞大的年羹尧集团。而且，他在皇帝面前“无人臣礼”，藐视并进而威胁皇权，甚至有自立为帝之心。年羹尧在西安总督府时，令文武官员逢五、逢十在辕门做班，辕门、鼓厅画上四爪龙，吹鼓手着蟒袍，与宫廷相似。他还令雍正帝派来的侍卫前引后随，牵马坠镫。按清代制度，凡上谕到达地方，地方大员须迎诏，行三跪九叩全礼，跪请圣安，但雍正帝恩诏两次到西宁，年羹尧竟“不行宣读晓谕”。他在与督抚、将军往来的咨文中，擅用令谕，语气模仿皇帝。更有甚者，他曾向雍正帝进呈其出资刻印的《陆宣公奏议》，雍正帝欲为此亲撰序言，但年羹尧以不敢“上烦圣心”为借口，代雍正帝拟就序言，要雍正帝颁布天下，如此僭越无度，雍正帝能不寒心！《清代轶闻》说年羹尧被削兵权后，“当时其幕客有劝其叛者，年默然久之，夜观天象，浩然长叹曰：‘不谐矣。’始改就臣节”。可见他还曾有过叛清自立之心，只因天象不谐才作罢。乾隆时人萧奭在《永宪录》中提及，年羹尧与静一道人、占象人邹鲁密议称帝之事，一旦为雍正帝察觉，其被杀就不足为怪了。

那么雍正帝是以什么为契机置年羹尧于死地的呢？有人说是“虎入年家”一事。雍正三年十二月初，有一野虎入京城至年羹尧宅，官兵赶来将虎杀死，相传年羹尧出生时有白虎之兆，故他是白虎托生，现虎死年家，显然是天令年死，雍正帝便下了处死年羹尧的谕旨。另有人认为，年羹尧一案起于文字之祸。雍正三年二月，日月合璧，五星连珠，年羹尧表贺，本想用“朝乾夕惕”一词赞美雍正帝勤于政务，但竟将此语误写，终成雍正帝加罪年羹尧的借口之一。至于究竟如何误写，又有二说，其一是将“朝乾夕惕”写成“夕惕朝乾”，若真是这样误写，语义与本来无异，文法亦无差错；其二是写成“夕阳朝乾”，这就说不通了。雍正帝借此大加发挥：年羹尧非粗心者，将朝乾夕惕写作夕阳朝乾，是“直不欲以‘朝乾夕惕’四字归之于朕耳……谬误之处，断非无心”(《清世宗实录》卷三十)。于是待时机一到，即下手除掉年羹尧，他令朝廷及地方官员检举其罪状，最后刑部等衙门定他有九十二条大罪，应凌迟处死，雍正帝故作仁慈，宽令其自裁。

乾隆帝的生母究竟是谁

据清官书载，乾隆帝生母为钮祜禄氏，出生地是北京雍和宫。《清高宗实录》开首云："高宗……纯皇帝，讳弘历，世宗……宪皇帝第四子也，母孝圣……宪皇后钮祜禄氏，……以康熙五十年（1711）辛卯八月十三日子时诞上于雍和宫邸。"乾隆帝本人曾多次提到自己出生于雍和宫，他于乾隆四十七年（1782）和五十四年两次往雍和宫礼佛赋诗，诗下小注云："余实康熙辛卯生于是宫也。"又云："以康熙辛卯生于是宫，至十二岁始蒙皇祖养育宫中。"

清人撰《清秘史》中说，乾隆帝是浙江海宁陈氏之子。"陈氏自明季衣冠雀起，渐闻于时。至之遴始以降清，位至极品。厥后，陈诜、陈世倌、陈元龙等父子叔侄，并位极人臣，遭际最隆。康熙间，雍正与陈氏尤相善，会两家各生子，其岁月日时皆同。雍正闻乃大喜，命抱以来，久之始送归，则竟非己子，且易男为女矣。……未几雍正嗣位，即特擢陈氏数人至显位。迨乾隆时，其优礼于陈氏者尤厚。尝南巡至海宁，即日幸陈氏家，升堂垂问家世。将出至中门，即命封之，谓陈氏曰：'厥后非天子临幸，此门勿相开也。'由是陈氏遂永键此门。或曰乾隆实自疑，将欲亲加访问耳。"《清史略要》亦有类似记载。此说于民间流传甚广，后经金庸《书剑恩仇录》演绎，更是家喻户晓了。

清高宗弘历

但有史家经考证，否定了乾隆帝是浙江海宁陈氏之子的说法，其主要依据是一部族谱，即《海宁渤海陈氏宗谱第五修》。从族谱中可见，陈元龙有一子二女，其子于乾隆帝出生十七年前去世，二女也早乾隆帝二十多年出生，且康熙五十年八月乾隆帝出生时，陈元龙两位侧室早已作古，原配宋氏已是五十开外老媪，于当年九月病殁，当年生子似不可能。八月初五日，陈元龙还被康熙帝斥责“行事不端”，放外任广西巡抚。依上述情形推断，雍正帝与陈家同时生子并男女互换的传说，是不真实的。

另有古老传闻，说乾隆帝生母是热河行宫中的李姓宫女，诞生地点为行宫狮子园一草舍。1944 年 5 月 1 日出版的《古今文史》半月刊中有《清乾隆帝的出生》一文，引一曾在热河都统署中任幕宾者的陈述：胤禛曾在热河避暑山庄狮子园狩猎，秋狩日子不携妃从，适行宫有汉宫女李氏，遂召而幸之。次日，胤禛返京，几乎忘了此事，当时是冬初。翌年秋中，胤禛又至狮子园，李氏已近临产。康熙帝偶见李氏，龙颜大怒，“盖以行宫森严，比制大内，种玉何人，必得严究。诘问之下，则四阿哥也”。而此时李氏已届坐褥，为使不污亵宫殿，乃令其进一马厩生产，乾隆帝就在倾斜欲倒的草舍中降生。“临御中国六十年，为上皇者又四年之十全功德大皇帝，竟诞生于此焉。”另外，曾入值军机处，于官场结交甚众的管世铭，多次随扈乾隆帝巡幸塞外，驻跸山庄，其《扈跸秋狝纪事诗》三十四首之四曰：“庆善祥开华渚虹，降生犹忆旧时宫。年年讳日行香去，狮子园边感圣衷。”诗后作者自注：“狮子园为皇上降生之地，常于宪宙忌辰临驻。”此说似有一定可信度。但有人指出，其中亦有经不住推敲之处，如传闻说胤禛狮子园狩猎时为冬初，这与《清圣祖实录》所载不合，《清圣祖实录》载：康熙四十九年五月初一日，帝从京师起銮往塞外避暑，胤禛随驾前往，当年九月初三回銮，可见胤禛在冬日到来之前就离开热河行宫，“冬初”幸李氏宫女就无从谈起。另外，即便李氏宫女是九月初受孕，而清宫档案记载乾隆帝生于康熙五十年八月十三日，孕期竟达十一月之久，似亦难以置信。

还有一说，出自胡适先生的日记。

胡适的朋友、民国年间做过国务总理的熊希龄，在清朝末年是热河都统。因职务之便，有机会出入热河行宫——避暑山庄。那里的老宫女告诉他一个秘密：

乾隆帝的生母是南方人，诨名傻大姐，又叫丑大姐，康熙末年到蓟州（今天津蓟县）地方谋生。当时的蓟州是华北地区政治、经济、文化的中心，居民的总体素质较高，因此朝廷选秀女，常常青睐于此地。这一年，正逢选秀女，不知怎么，临时却缺了一名，情急之中，就把这个傻大姐列入充数。傻大姐混混沌沌，进入内宫，被分配在雍亲王身边做宫女。傻大姐虽然没有天姿国色，也不乖巧伶俐，但她纯朴憨厚，又吃得起苦，在宫内倒也相安无事。

有一次，雍亲王得了重病，傻大姐端汤侍药，极其尽心，四十余日衣不解带，使雍亲王也深受感动。病愈之后，雍亲王为了报答她，就施以“雨露之恩”。谁知一下子就怀了“龙胎”，又在茅棚中生下了“龙子”，这就是以后的乾隆皇帝。

熊希龄做热河都统时，在热河行宫的东宫，看见一间低矮的茅屋，夹杂在其他巍峨的建筑中，显得不伦不类，很不相称。这东宫正是雍正帝做亲王时居住的地方，那这间茅屋又是怎么回事呢？熊希龄问了好多人，都不得要领。后来问到一个八十多岁的老宫女，才知道，这是乾隆帝为了纪念他的生母，特意在自己的出生地盖起了这座茅屋。

那宫女虽然已经八十多岁，但这故事绝不可能是亲眼所见。所以，就像胡适先生在听了熊希龄的转述后所说的：“此事无从考证了。”只是在乾隆帝真正的生母中，又多了一个备选者。

可以深思的是，胡适先生曾经评价说：“乾隆帝实在像一个傻大姐的儿子。”这是从乾隆帝的相貌而言呢？还是从他的所作所为而言？还是胡适先生比较相信“乾隆是傻大姐之子”这一说？

乾隆帝有无公主嫁孔府

在山东曲阜一带，流传着清代乾隆帝的公主下嫁孔府七十二代衍圣公孔宪培的说法，孔子后裔孔德懋著《孔府内宅轶事》记述：乾隆帝有一女儿，是孝圣贤皇后所生，乾隆帝对她十分钟爱。这位公主脸上有块黑痣，据相术说，破灾的唯一办法是将公主嫁给比王公大臣更显贵的人家，这就只有远嫁孔府了。因为只有衍圣公可以在皇宫御道上和皇帝并行，皇帝到曲阜后，也要向衍圣公的祖先——孔子行三跪九叩大礼，这就显示孔府比任何王公贵族都崇高。因而，乾隆帝第一次去孔府，就决定将其女儿下嫁孔府。但当时满、汉不得通婚，为了避免这个规定，乾隆帝就将女儿寄养在中堂大人于敏中家里。乾隆三十七年（1772）她以于家闺秀的名义，嫁给七十二代衍圣公孔宪培，孔府的后人称她为于夫人。孔宪培原名宪允，乾隆三十六年乾隆帝赐名宪培。婚后逢公主生日，乾隆帝还派官员来贺寿、赏赐，孝圣贤皇后升遐，孔宪培及公主等入都送梓宫。

另有传说，下嫁孔府的公主是孝贤纯皇后所生，乾隆帝对这个公主特别怜爱，所以在公主下嫁后，他又八进孔府，原因之一就是探望爱女。皇太后、皇后也都为探视公主而到过孔府。

由于满、汉不能通婚的成规，清代的孔氏家谱、官书中都不可能记载乾隆帝公主嫁孔府之事，但仍有不少迹象证明此事的可靠性。山东李太黑（舆德）在1913年修成的《孔子世系》一书中记有：“七十二世孔宪培，字养元，高宗以其子妻之。”此处“子”即指公主。值得注意的是，孔府对于氏特加尊崇，于夫人死后不久，孔府就设置慕恩堂祭祀之，孔府中其他一些有名的衍圣公夫人，均未设专祠。于氏与孔宪培墓前的石仪也超过所有衍圣公，如此种种，都显示于氏的特殊身份。由此可见，说乾隆帝公主嫁孔府，似是有一定道理的。即便于氏不是乾隆帝的亲生女儿，亦当为其义女。

有学者否定乾隆帝公主嫁孔府，因为此事于正史中不见记载，乾隆帝一生的三位皇后是孝贤纯皇后、纳喇氏皇后和孝仪纯皇后，没有孝圣贤皇后。根据《孔府内宅轶事》所述，公主与孔宪培成婚是乾隆三十七年十二月，婚后孝圣贤皇后去世。而孝贤纯皇后、纳喇氏皇后分别于公主婚前二十四年和六年故去，公主婚后在世的皇后唯孝仪纯皇后一人。她有二女，但史载皆下嫁蒙族贵族，未入孔府。孔府档案内存有一份孔府给乾隆帝的奏折，此中明白指出于夫人是于敏中的亲生女儿，不是养女或义女，且当时孔府与乾隆帝关系不洽，当不可能有乾隆帝公主嫁孔府之事。

乾隆帝为何“六下江南”

乾隆帝在位六十年，曾六次南下巡视。他在《御制南巡记》中说：“予临御五十年，凡举二大事，一曰西师，二曰南巡。”乾隆帝把南巡作为他生平最重要事功之一。他六下江南，开支浩繁，成为乾隆中叶国势渐衰的原因之一。他如此兴师动众南往北返，其目的为何？

有论者以为，乾隆帝“艳羡江南，乘兴南游”，故游玩享乐是其主要动机。乾隆帝乃太平之君，骄奢靡费，习以为常。当时江宁（今江苏南京）、扬州、苏州、杭州等城市，人口稠密，物产丰盈，经济繁华，且名胜颇多，景色迷人，他为“眺览山川之佳秀，民物之丰美”而六下江南。

另有传说，雍正帝胤禛曾以女儿与海宁陈氏儿子相换，此男儿即后来之乾隆帝，故乾隆帝实为海宁陈氏之子。他即位后对自己的身世发生怀疑，所以南巡的重要目的之一，是去浙江海宁陈家访察，搞清自己出身真相。他六下江南，四次亲临陈家，升堂详问家世，临走时还令把中门封闭，并说：以后不是皇帝临幸，此门不得开启，从此这门一直关闭着。不过，此说可信度较低。

还有学者认为，乾隆帝南巡目的决不会如此简单。他六下江南的活动，除游名胜、寻享乐外，还着眼于社会政治、经济之大端。东南地区号称财赋甲于天下，是清政府财政命脉所系，维持这一地区的安定很重要。但明末清初，江浙一带反清斗争相当激烈，以后还发生不少文字狱，而且黄淮水患频仍，浙江海塘告警，南方潜伏着严重的社会危机。面对这样的局面，乾隆帝相信自己的“天亶圣明”“乾纲独断”，希望通过南巡解决上述社会问题。乾隆曾说：“南巡之事，莫大于河工。”于是，他五次阅视黄淮治理工程，四次亲勘浙江海塘，指示清理杭州西湖，对水患的治理起到了非常有效的作用。乾隆南巡的另一重要目的是笼络人心。他多次到曲阜祭孔，到文庙行礼，到书院临视，奖励文学，优礼高年，眷顾旧属，慰赐各级官员，致祭历代先贤勋臣忠烈祠墓，奖饰豪富商人，颁布体恤民情的法令，所到之处，都不同程度地减免了赋税。阅兵也是乾隆南巡的重要活动之一，满族历来重骑射，尚勇武，乾隆在杭州、南京等地举行盛大的阅兵式，目的就是训练士兵，扭转颓败风气，并向江南人民显示大清皇朝的力量。总之，乾隆帝热衷于南巡，耗费巨大，造成国库枯竭，这是实情；但南巡在客观上也达到了督促水利，笼络各级官员，维系民心，整饬武备的目的，从而稳固了清朝的统治地位。

乾隆帝下江南规模大，次数多，其目的可能不会是单一的，或许前次与后次的目的就有不同的侧重，这有待于今后进一步深入考证。

无法定论的乾隆帝“伪皇孙”

乾隆皇帝共有十七个儿子，其中第四个儿子永珹于乾隆二十八年（1763）时过继给皇叔履懿亲王允祹，承袭郡王爵位。但是，乾隆帝和永珹父子间关系仍较密切。乾隆帝出游，永珹也曾随驾巡行。永珹病故时，乾隆帝还着实痛悼了一番。

乾隆四十二年，乾隆帝到南方视察，车驾返回途中在涿州逗留。这时，有位僧人带着一个少年前来恭迎圣驾，并告诉御前内监，这少年是皇上的亲孙儿！内监大吃一惊，细加盘问，获知此少年是已经去世了的永珹的次子。数年前，这僧人由京师返涿州的途中，在京郊捡到了这个被抛弃的孩子。出于恻隐之心，僧人收养了这个孩子，并打听到了他的身世。现在，是认祖归宗来了。

内监不敢耽搁，急向乾隆帝报告。乾隆帝自然颇感意外，他记得永珹生下次子时，曾亲自入宫报喜，并请祖父赐名。但隔了不多久，永珹在随驾巡幸泺阳时，又禀奏说次子因患痘症，不幸夭折。本来，乾隆皇帝儿孙满堂，孙辈的事不甚在意，但永珹刚死，他的次子却死而复生，这离奇的情况引起了乾隆帝的注意，于是，就召见了僧人和那少年。

少年长相端庄，老成持重，乾隆帝虽不能即时肯定，但也无法断然否定。就让僧人和少年暂住涿州。自己回宫向永城嫡福晋伊尔根觉罗氏查问实情。伊尔根觉罗氏回奏说，王次子确实患痘症不治身亡，她亲自去查看过，还曾抚尸痛哭。伊尔根觉罗氏言之凿凿，不由乾隆帝不相信。于是，他马上传旨，把僧人和少年带到京城，交由军机大臣们共同审讯。

军机大臣阿桂、福隆安、和珅等感到左右为难，如果把假皇孙判成真的，那就是欺君之罪，将招致灭门之灾；而若把真皇孙断成假的，则是残害了龙子龙孙，罪莫大焉。于是，他们采取慎重的态度，不敢将那少年当伪皇孙对待，而让他坐在军机处的长榻上问话。谁知，大臣们还没有开口，那少年已经“端坐名诸大臣”，他直呼和珅的名字，说：“皇祖近臣，不可使天家骨肉湮没！”这下，军机大臣们更吃不准了，他们面面相觑，谁也不敢轻易表态。

这时，军机章京保成不耐烦了，他不顾一切，径直走上前，狠狠地打了少年一个耳光，并大声叱之，追问他受何人指示，来冒充皇孙？少年被打，露出畏惧的神色。众大臣见情况有异，不再迟疑，厉加盘诘。反复讯问后，少年才承认，乃刘家子，“僧教为妄语”。真相大白，军机大臣们赶快向皇帝汇报。乾隆帝下令将僧人斩首，那少年怜其年轻，又是受人教唆，免死发往伊犁充军。

奇怪的是，那少年在伊犁仍然自称是当今皇帝的孙儿，并无所顾忌，做些违反法令的事。地方官员禀报实情，乾隆帝命令改配戍守黑龙江。押送黑龙江途中经过库仑，这少年大大咧咧，照样以“天家骨肉”自居，库仑办事大臣松筠实在看不过去，就斥责他犯法，下令捆绑起来，押出去绞死。乾隆帝得知后，还特意嘉奖松筠办事明察决断。

这就是《清史稿·诸王列传》中记载的乾隆帝“伪皇孙案”，至此，似乎已经可以结案。但是，历史却不让这一风波轻易地平息，这突兀的“伪皇孙”案在当时和事后都曾引起种种猜测。永城府中妃子们一向彼此不和，闹得不可开交，这情况宫内宫外都略有所闻。王次子是永珹小妾所生的儿子，襁褓中健康活泼，根本没生什么痘症，据说，永珹次妃王氏因妒生恨，使用了掉包计，将孩子送出宫外，使之不知所终。这一情况，可能连作为父亲的永珹也不会了解。因此，“伪皇孙案”发生后，宗室昭梿穷追不休，向王府的太监杨某打听。据说，王次子确实是患了痘症，但是并没有死。侧福晋王氏设法用死婴换走了病孩，命亲信萨凌阿夹带出王府，弃之荒郊，后不知所之。上述两种说法，都为“伪皇孙”可能是“真皇孙”作了铺垫，为僧人有可能在京郊捡到小孩作了注脚。除此之外，那少年被揭穿真面目后仍然一再以皇孙自居的情况也让人生疑：如此不知死活，是否另有隐情？

真相究竟如何？我们是相信正史中唯一的记载呢？还是再作研究？

香妃之谜

相传，乾隆中叶，清军入回疆，定边将军兆惠俘获一回部王妃，此女子天生丽质，更奇的是她身体会散发异香，人称香妃。乾隆帝对她大为倾心，执意纳之为妃，为讨其欢心，特在西苑造一座宝月楼，供香妃居住，并常亲临探视，希其顺从。然而香妃性格刚烈，誓死不从，并身藏利刃，表示不屈决心，还时常因思念家乡凄然泪下。皇太后得知此事，召见香妃，问她："你不肯屈志，究竟作何打算？"香妃以"唯死而已"相答，太后说："那么今日就赐你一死。"香妃顿首拜谢，于是太后趁乾隆帝单独宿斋宫之际，命人将香妃缢死。太后处死香妃的原因，除了上述为成全其名节外，另有说是太后担心儿子乾隆帝为香妃所害，还有说由于香妃受乾隆帝宠爱，诸妃妒忌，向太后进谗言，太后听信谗言而加害香妃。香妃死后，乾隆帝悲伤不已，最后以妃礼将其棺椁送往故乡安葬。此说在清末民初流传颇广，出现不少叙述香妃故事的戏曲说唱、小说诗歌，皆绘声绘色，凄婉动人，使不少人对香妃传闻信以为实。1914 年故宫浴德堂展出一幅以《香妃戎装像》为题的清代女子戎装油画像，于是传说更甚。

学者们指出，有关香妃事迹仅为传说而已，历史上根本不存在香妃其人。乾隆帝先后有嫔妃四十多人，只有容妃和卓氏来自叶尔羌

（今新疆莎车）回部，一般认为她就是传说中附会的香妃，但实际上容妃并不是被掠进宫的。和卓氏是秉持回教始祖派噶木巴尔的后裔，生于雍正十二年（1734）九月十五日，属和卓旗。乾隆二十五年（1760）二月，定边将军兆惠平定回部，和卓氏亲属因配合清军作战有功而受封，并到京师定居，和卓氏也随同到京师。后来，和卓氏被选入宫，乾隆二十七年五月被封为容嫔，乾隆三十三年六月，晋升为容妃，时年三十五岁。容妃深得乾隆帝宠爱，曾随乾隆帝东巡、南巡，被特允于宫中着本族服装，专配回回厨师。自乾隆五十年起，容妃因病很少于宫中露面，乾隆五十三年四月病故，年五十五岁。史籍与档案中，从未见容妃有体散异香的记载，更无被皇太后赐死的结局。可见，容妃并无传说中香妃的曲折经历，她不是香妃。另外，有史料证明，乾隆帝下令在西苑建宝月楼的目的不是为容妃（或称香妃），从时间来看，宝月楼建在容妃进京之前，当时乾隆帝怎么知道和卓氏进京并能为己所爱？那幅清代女子戎装像的命名，也是极不可靠的。所以香妃事迹纯属子虚。

此外，关于容妃墓的地点，一为喀什噶尔（今新疆喀什），一为河北遵化东陵。容妃一人怎葬两地？传说当年容妃去世后，其遗体用灵轿运送到喀什噶尔东北郊的伊斯兰墓群下葬，一架"驮轿"还停放墓侧。河北遵化马兰峪清东陵裕妃园寝中，亦有一座容妃墓，1979 年 10 月被发掘，地宫由两个券堂组成，均为拱券石结构。在金券的宝床上，停放一红漆棺木，棺帮被盗墓人砍开一大洞，棺中已空，棺头正中有数行回文文字，意为"以真主名义……"棺木西侧有一头骨，西北角又有一根85厘米长的花白发辫及青缎衬帽、包头青纱等，还有一些龙袍残片和几件织物，织物上织有“江南织造臣成善”“苏州织造臣四德”等字样，墓中还存有如意、荷包、珍珠、宝石、猫眼石、钻石等。棺头文字表明墓主为伊斯兰教信徒，龙袍和猫眼石等证明其身份为妃子，由花白发辫推断死者为五十五岁左右，织物上“四德”“成善”皆为乾隆五十三年的织造官。可见，这才是真正的容妃墓。

与香妃墓一样令人迷惑的，还有香妃像。在香妃死后三年，乾隆帝吟咏宝月楼时，曾有“卅载画图朝夕似”之句，可见香妃确曾有过一幅画像，且被乾隆帝挂起经常观看的。而后世被称为香妃画像的有身穿红色旗装的“旗装像”；身穿欧式盔甲、手握战刀的“戎装像”；身穿西式长裙、头戴凉帽的“洋装像”和“吉服像”等几种。其中“旗装像”是流传最广的画像，许多文章、书籍、画报用的都是这幅像。“戎装像”即曾于1914年被陈列展出的，有人说是郎世宁的作品，但是无证可查，曾在古物陈列所工作过的原故宫博物院副院长单士元当时是根据民国政府内务部一位官员说的“这大概就是香妃”，并考虑到当时社会经济效益而商定的，并没有查史料，所以是不可靠的。“吉服像”较少见到，据说是江苏太仓陆夫人于民国二三年间至东陵瞻仰陵寝，得知陵寝享殿皆有遗像，一大一小。陆夫人于是就征得守墓者同意，拍下了容妃小像。相比之下，“旗装像”中人物眼窝微陷、鼻梁隆起、圆脸庞、颧骨稍高，与近代有关部门根据容妃的头骨复原的肖像颇为吻合。

香妃，不仅留下了动人的传说，也留下了不少历史之谜，好在随着历史研究的深入，一些问题已逐步接近事实的真相了。

乾隆“二十五宝”之寓意

清朝初年，皇帝用以发布诏书、敕谕时钤用的印玺多达三十九方，高宗（乾隆皇帝）时，经精心挑选，钦定其中二十五方为御用之玺，存放交泰殿，由内监管理，余下那些，送盛京（今辽宁沈阳）故宫，斋藏凤凰楼上。

玺印作为身份、等级的象征以及行使权利的凭证，由来已久。最初，玺、印之称并没有高低贵贱之分，随便什么人的印章，都可以叫作玺。秦始皇统一六国后，在制定各项规章制度时，规定只有皇帝、皇后的印才能称玺，其余一律叫印。与此同时，他诏令篆刻“皇帝之玺”“皇帝信玺”“皇帝行玺”“天子之玺”“天子信玺”“天子行玺”六印，即后世所说的“乘舆六玺”，作为皇帝处理日常政务时使用的印章。这种规制和称谓一直延续到唐武则天掌权时才有所变化，皇帝御用之玺改称“御用之宝”，掌管御玺的“符玺郎”更名为“符宝郎”。据说武则天认为“玺”与“死”音近，就下令改“玺”为“宝”。此后，

● “大清受命之宝”玉玺

● “皇帝奉天之宝”玉玺

● “天子行宝”玉玺

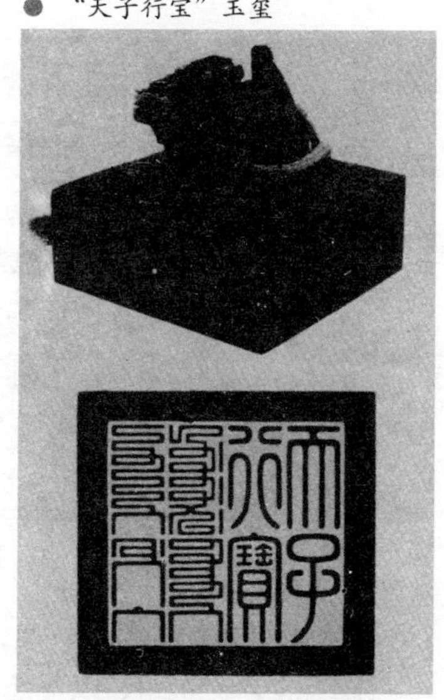

大多数朝代都以“宝”为御玺之称，清朝皇帝御用的二十五方玺印也就被称为“二十五宝”了。

清朝二十五玺的大小、形制、质地、用途各异，根据《清史稿·舆服志》的记载，经乾隆皇帝钦定的二十五宝分别是：

白玉质，盘龙纽，以章皇序的“大清受命之宝”；

碧玉质，盘龙纽，以章奉若的“皇帝奉天之宝”；

金质，交龙纽，以章继绳的“大清嗣天子宝”；

青玉质，交龙纽，以布诏赦的“皇帝之宝”；

檀香木质，盘龙纽，以肃法驾的“皇帝之宝”；

白玉质，交龙纽，以祀百神的“天子之宝”；

白玉质，盘龙纽，以荐徽号的“皇帝尊亲之宝”；

白玉质，交龙纽，以展宗盟的“皇帝亲亲之宝”；

碧玉质，蹲龙纽，以颁赐赉的“皇帝行宝”；

白玉质，交龙纽，以征戎伍的“皇帝信宝”；

碧玉质，蹲龙纽，以册“外蛮”的“天子行宝”；

青玉质，交龙纽，以命殊方的“天子信宝”；

白玉质，交龙纽，以饬觐吏的“敬天勤民之宝”；

青玉质，交龙纽，以谕臣僚的“制诰之宝”；

碧玉质，交龙纽，以钤诰敕的“敕命之宝”；

碧玉质，交龙纽，以扬国宪的“垂训之宝”；

青玉质，交龙纽，以奖忠良的“命德之宝”；

墨玉质，交龙纽，以重文教的“钦文之玺”；

碧玉质，交龙纽，以崇古训的“表章经史之宝”；

青玉质，交龙纽，以从省方的“巡狩天下之宝”；

青玉质，交龙纽，以张征伐的“讨罪安民之宝”；

墨玉质，交龙纽，以整戎行的“制驭六师之宝”；

青玉质，盘龙纽，以诰国外的“敕正万邦之宝”；

青玉质，交龙纽，以诰四方的“敕正万民之宝”；

墨玉质，交龙纽，以谨封识的“广运之宝”。

其中使用最多的是檀香木的“皇帝之宝”和玉质的“敕命之宝”。

二十五宝是乾隆皇帝于乾隆十一年（1746）选定的。自秦始皇制定“乘舆六玺”，各朝基本沿袭其规制。南宋时，御玺数量开始明显

● “皇帝之宝”玉玺

增多。但在御玺最多的明代，也只有二十四方。中国古代是很讲究好事成双的，为什么乾隆皇帝选定的御用之宝却是二十五方呢？

有人认为，选用“二十五”这个数，可能是据《周易》典故。《周易·大衍》有“天数二十有五”之说，“二十五”是个吉祥数，选二十五方国玺，是预示清王朝能传至二十五世。

也有人认为，乾隆皇帝选定御玺之数，是“密用姬周故事”。所谓“姬周故事”，指的是周平王东迁，开东周二十五代王业的一段历史。东周是中国历史上经历时间最长、世代最多的王朝。谙熟历史的乾隆皇帝知道“自古以来，未有一家恒享昊命而不变者”的道理，明白总有一天，大清帝国也会和以往的朝代一样走向没落，直至灭亡。他当然希望这一天来得越晚越好。“二十五宝”的选定，就是这种思想的体现。他鉴于历史上最长久的东周也不过二十五代，东周在迁都一事上又与清朝略有相近，就以东周世袭代数选“二十五”为国宝定数，寓意并企冀清王朝也能像东周那样延续到二十五代。可惜他的希望还是过高了，从顺治帝定都北京到溥仪退位，清朝总共不过十代。

还有一个有趣的问题，二十五宝中，使用率最高的是檀香木“皇帝之宝”，此印方形，盘龙纽，边长15.2厘米，通高15.6厘米。满、汉文均篆书，是皇帝签发诏书的专用御玺，皇帝即位、大婚、册封皇后、发布进士金榜时所钤均为此玺。

用檀香木作御宝材质，为历代独有。乾隆皇帝为什么一改秦以降用上好玉材为国玺原料的惯例，用木料刻制御用玺呢？他在御制《国朝传宝记》中，说出了这么做的理由：“君人者在德不在宝。宝虽重，一器耳。明等威、徵信守，与车旗章服何异？德之不足，则山河之险，土宇之富，拱手而授之他人，未有徒恃此区区尺璧，足以自固者。……故宝器非宝，宝于有德。”

尽管乾隆皇帝煞费苦心选定“二十五宝”，并用木材刻制最常用的御宝，以告诫后世重德不重宝，但他的愿望还是没能实现。君人者在德不在宝，诚然。

● 檀香木“皇帝之宝”

历经磨难的黄金编钟

在北京故宫博物院的珍宝馆内，陈列着一套纯金铸成的金编钟，这套编钟共十六枚，是清高宗乾隆五十五年（1790）时为庆贺皇帝八十大寿，向各省集敛黄金，由宫廷匠人精心设计铸造的。虽然此套金编钟距今已有二百多年的历史，仍然音质优美，金光灿灿，完好如初。不知道其经历的人，根本不会想到它曾经历过的磨难。

编钟是我国最古老的乐器种类之一，由于时代不同，编钟的大小、形制、枚数各异。秦汉以后，一套编钟十六枚的定制延续下来，直到清代。

金编钟是清代宫廷举行各种大典时演奏中和韶乐（属于古代雅乐，即在庙堂、殿陛上使用的正规音乐）的主要乐器，与石、竹、丝、匏、土、革、木等材料制成的乐器共同合成“八音”。每逢皇帝举行大典礼——元旦、冬至、皇帝生日、登基、大婚及节日宴会时，在太和殿前廊下都会设中和韶乐。此外，皇帝祭天、祈雨、祈祷丰年时也都要演奏中和韶乐，金编钟的重要性不言自明。

清代宫廷用黄金铸造的编钟共有两套，一套铸造于康熙五十五年（1716）；另一套即本文述及的铸造于乾隆五十五年的黄金编钟。乾隆所铸的这套金编钟，共用了一万一千四百三十九两黄金，给人最直观的印象是华丽、奢侈，表面装饰繁缛。蛟龙纽、龙戏珠、祥云纹、缠枝纹等交相辉映，气派非凡。金编钟铸就后一直存放在宫中，直到动乱不定的民国初年。

辛亥革命推翻清朝统治后，民国政府未立即将清末代皇帝溥仪驱逐出宫，允许他与家族居住在紫禁城的后半部，且由民国政府每年拨四百万两经费作为生活费。但是皇室成员过惯了铺张的生活，挥霍成性，民国政府提供的银两不够花费，为维持奢侈生活，溥仪命人偷运宫中珍宝给银行作抵押，以此换钱。金编钟就是在 1924 年，由溥仪岳父荣源出面，作价四十万银圆，押给北京盐业银行作抵押借款。清宫内务府还与北京盐业银行签订了关于金宝、金册、金编钟等押款的合同。是年 11 月，溥仪被逐出宫，无暇顾及他事，未按时赎回的金编钟遂成为北京盐业银行的财产。时隔不久，金编钟流出宫的事情被民国政府和外界察觉，出于各自目的，他们开始追寻金编钟的下落。盐业银行负责人一面矢口否认抵押金编钟一事，一面将秘密藏在东交民巷外库的金编钟运到天津盐业银行，藏于天津法租界中街盐业银行库房的夹屋里，由天津盐业银行经理兼天津银行会会长陈亦侯负责保管。1937 年“七七事变”后，日本侵略军占领了华北，打探到金编钟的下落，日本特务很快盯上了陈亦侯，并派驻天津副领事前去找他，要他交出金编钟。陈亦侯有强烈的爱国心，又知道金编钟的历史价值，在猝不及防的情况下，只好推说不知此事，极力搪塞。后来副领事步步

● 乾隆黄金编钟

黄金编钟之黄钟

紧逼，甚至以死威胁。陈亦侯知道已无力保护金编钟，派人到香港请示总经理吴鼎昌如何处理，意外的是所得指示只有两个字“毁掉”。这就是说要把金编钟回炉熔化！

陈亦侯深知国宝的意义与价值，考虑再三，还是没有贸然从命。但接下来怎么办呢？别无选择，他找到挚友胡仲文，希望能帮助保藏金编钟。胡仲文是位民族资本家，与陈亦侯一样，非常爱国。国难当头，理所当然把国家利益放在首位。陈、胡即刻请两位可靠的工友协助，于 1940 年 4 月的一天深夜，用车将钟转移到胡仲文所在四行储蓄会大楼地下室一个小仓库中。第二天，胡先生派人买了几吨煤，堆放在小仓库的入口处，以掩人耳目。

陈亦侯的心虽然踏实了，可日子并不好过。日本特务多次威逼他限期交出金编钟。后来，日本特务失去了耐心，派大批军警到盐业银行搜查。所幸陈、胡早动手了几天，国宝得以安然保全。

此后，陈亦侯、胡仲文与两位工友守口如瓶，不为任何威逼利诱所动，严守藏钟秘密。而当时的人们大都相信金编钟已化为金条，稀世至宝永远消失了。

1949 年天津解放后，胡仲文向人民政府讲述了金编钟的故事，并代表盐业银行将金编钟完好无损地交还给国家。1953 年，金编钟被送回故宫，终于又和世人见面。

20 世纪 80 年代，峨眉电影制片厂拍摄电影《瑰宝》，描写金编钟失而复得的故事。但很多人可能不知道，《瑰宝》中说的金编钟就是现在故宫博物院珍宝馆中展览的这一套。

源于中岳庙的玉如意

在祖国宝岛台湾省台北“国立”历史博物馆不定期展览中，喜爱珍宝的朋友们可能多次见过一组华美的如意。这组如意共九只五色，由一柄水晶、两柄云碧、两柄白玉、一柄翡翠、一柄黄玛瑙以及两柄红白玛瑙组成，如意数量与颜色的搭配寓意九五之数，象征吉祥、长久、幸福。

在陈列的最初阶段，并未标注这组如意的来源，很长一段时间后，当它们再次出现在展柜中时，人们才发现这组如意的下面多了一行文字说明，标注它们原为河南登封中岳庙收藏。这组如意已经展出多次了，为何后来才标出其来源呢？

九柄如意落户中岳庙实属偶然。

中岳庙位于古城河南登封太室山南麓，是两千多年前秦朝人为祭祀中岳神而建造的。从那时起，祭祀中岳神的风俗沿袭了下来，嵩山，也成为历代皇帝巡游的一个目的地。乾隆皇帝自然不会错过。

乾隆十五年（1750）九月，乾隆皇帝与皇太后、皇后，率文武官员等百余人前往中原，登临登封嵩山中岳庙。乾隆皇帝离京数日，越南使者携礼物抵达了京城。得知乾隆皇帝前往登封祭祀中岳后，使者决定前往中岳，将礼物面交中国皇帝。礼物即九只玉如意，乾隆皇帝高兴地收下。祭典完毕，乾隆皇帝将九只玉如意赐中岳庙收藏，以供每年祭祀时用。《河南新志》卷十一："据何日章云：'余阅登封县卷宗，内有乾隆年间高宗皇帝幸中岳时，越南国九柄如意亦到登封，高宗念中岳钟毓之灵，因将如意留于登封，以备祀岳陈设之用。'"这段记载，基本说清了玉如意的来源。

中岳庙恐稀世之宝招惹是非，藏于庙中会有不测，就将如意转交登封县署保存。对于皇帝的御赐之物，地方官员不敢掉以轻心，为妥善保管好如意，县府专门在县署衙役二进堂院左侧修建一座"如意玉库"封存国宝，并指派专人日夜看管。除御祭中岳外，不能随便拆封，还形成了新旧县长更替时先拜如意后交接县印的不成文规定，可见当时对玉如意的重视程度。虽然如此，玉如意也未得安宁，1912 年县衙遭遇火险，百余间房屋被焚，大量东西被毁，幸而在大火蔓延到如意宝库附近时被及时扑灭，玉如意才得以幸免于难。1918 年，河南省长赵倜为安全起见，派人到登封县府，将玉如意携回省府保管。赵倜的本意是想给宝物一个安全的保证，不料自此，玉如意被东挪西置，先是 1923 年后玉如意被交给实业厅厅长吴肃收藏保管。到 1926 年，又被移交给河南省图书馆，与新郑发掘的古器物共同保管。1928 年组建了河南省博物馆，玉如意移交该馆收藏，定期向公众展览。后玉如意又移河南省教育厅保管。七七事变后，国民党河南省政府恐国宝落入日寇手中，将其运到重庆，抗战胜利后，又从重庆运回河南，交省博物馆保管。1948 年玉如意被携往台湾省，先封存于台北"国立"历史博物馆，后来开始不定期向公众展览。正是在展览中，玉如意被生长在登封嵩山脚下的杨祥麟发现。在杨先生的积极努力下，展出的玉如意被标注了来历。

和珅跌倒，能让嘉庆吃饱吗

和珅是清代乾隆朝得宠的权臣，是一个执掌朝政达二十多年的大贪官，乾隆帝死后不久，嘉庆帝于嘉庆四年（1799）正月宣布和珅有二十条大罪，将其逮捕入狱，并令其自尽。有大量清人笔记和野史对此加以记述，并对被查抄出的和珅家财数额之巨，大加渲染。清人徐珂《清稗类钞》记载："籍没家产，所得凡值八百兆有奇，悉以输入内府。时人为之语曰：'和珅跌倒，嘉庆吃饱。'"按古代"百万为兆"说法计算，八百兆就是八亿，即和珅家产达八亿两银之巨。有学者因此而感慨："和珅一人的财产就相当于朝廷二十年的总收入，……超过了乾隆年间所耗军费的八倍！"乾隆中叶，国势尚称鼎盛，其部库存银数为七千八百万两，仍不足和珅家财的十分之一，和珅真是"富可敌国"了。长期以来，人们对"和珅跌倒，嘉庆吃饱"一说深信不疑，而且一般都认为嘉庆帝诛和珅，是出于对和珅财产的垂涎，目的是夺其所有以充实私囊和国库。

有人研究此事后，认为"和珅跌倒，嘉庆吃饱"一说不足为信。现在能看到的各类传抄的有关和珅家产"清单"都不可靠，较可靠的资料当在官方档案记载中。《清仁宗实录》里有查抄和珅家产的上谕，如嘉庆四年正月十一日上谕称："昨将和珅家产查抄……所藏珠宝内，珍珠手串二百余串，较之大内多至数倍，并有大珠，较御用冠顶尤大。……伊所藏真宝石顶数十余个，而整块大宝石不计其数，且有内府所无者。至金银数目尚未抄毕，已有数百余万之多，似此贪黩营私，实从来罕见罕闻。”正月十五日公布和珅二十条大罪的上谕中，第十三条至第十九条都涉及查抄家产情况，内称“家内银两及衣服等件数逾千万”；又称“且有夹墙藏金二万六千余两，私库藏金六千余两，地窖内并有埋藏银两百余万”；又称“附近通州、蓟州地方均有当铺钱店，查计资本又不下十余万”。还有办事大员所上奏折：“臣等奉旨查抄和珅及伊家人刘全等家产，所有查出和珅家二两平金三万三千五百五十一两，银三百一万四千九十五两三钱三分，俱已交广储司收讫，业经奏闻在案。续查出和氏借出本银钱所开当铺十二座，及家人刘全、刘印、刘陔、胡六自开、伙开当铺共八座，亦经奏闻在案。臣等自正月初八日起，迄今查得和氏契置取租房计一千零一间半；取租地计一千二百六十六顷零。通计价银二十万三千三百两零；价钱六千一百吊零。此外查出和氏借出应追本利银二万六千三百十五两，并自拴大车八十辆，每辆银一百二十两，共发出车价银九千六百两，分给各户领办，今已在各户名下追出二两平银三千九百六十两……其未经呈交之车价造具清册，移咨内务府就近着追。”（故宫博物院《史料旬刊》第七期）由此可见，和氏被抄家产总值，除窃之大内还之大内的宝石、珠玉之类不计价外，现金约有三万三千多两，现银约有三百多万两，房屋、土地、当铺、银号、车辆等本利及折价银约数十万两。就这个数目而言，和珅确实是罕见的大贪官，但其家产总值离八亿两仍相差甚远。此外，嘉庆帝剪除和珅，主要是出于政治上的考虑，而非经济目的。和珅长期胡作非为，是乾隆帝后期朝政颓败、贪赃枉法成风的典型，嘉庆帝为整饬内政、消弭社会危机，必须从惩处和珅入手。在这种指导思想制约下，惩办和珅的着眼点不在钱财，在查抄其家产过程中并不斤斤计较，嘉庆帝还及时制止追查“隐产”、株连无辜之风。所以，嘉庆帝除掉和珅后，并未吃得如人们想象的那样“饱”。

对和珅家财数目的过高估计，最初是出自当时私人笔记和野史，由于著者无法得到第一手真实材料，于是就录下一些小钞传闻，本来无非是出于猎奇之心或“闻而录之”“录以备考”，作者自己亦未必当真。但后人未加细考，据为信史，一再引用，现在该恢复其真面目了。

林则徐猝死之因

林则徐是清末著名的政治家、伟大的爱国者，他领导禁烟运动，抵抗外国侵略，并主张学习外国先进技术，是放眼看世界的第一人。清道光三十年（1850），他受命为钦差大臣，驰赴广西督理军务，镇压洪秀全拜上帝会，十月十九日（11月22日）于广东普宁县（今普宁市北）洪阳镇猝然去世，终年六十六岁。关于其死因，说法各异，疑云重重。

多年来，不少人认为，林则徐是被洋商暗害而亡。张幼珊《果庵随笔》中记曰："禁烟事起，广州十三行食夷利者，恨林公则徐刺骨，……后公再起督师粤西，彼辈惧其重来，将大不利，则又预以重金贿其厨人某，谋施毒。公次潮阳（按：应为普宁），厨人进糜，而又以巴豆汤投之，巴豆能泄泻，因病泄不已，委顿而卒。"此说流传颇广。林则徐弥留之际，大呼"星斗南"，有人考证说林则徐为福建人，福建话"星斗南"发音与"新豆栏"相同。"新豆栏"

林则徐

林则徐及其次女

是广州十三行附近一街名，当地聚居洋商，故林则徐呼“新豆栏”，说明他临终时已意识到是十三行洋商谋害自己，提醒人们记住洋人及汉奸的罪行。后有学者指出，厨子投毒之事纯属子虚，因为林则徐乃钦差大臣，随从众多，其次子亦在身边，戒备森严。由一个来路不明的厨子下毒害死林则徐，谈何容易！此外，从当时的交通条件看，十三行洋商得悉林则徐赴广西镇压拜上帝会的消息后，当不可能赶在林则徐之前停留普宁，并物色贿买厨子。况且，按清朝成规，像林则徐这样奉旨赴任官员的食宿，应由州县当局或驿站供应，不必自带厨子。再说，林则徐此次赴广西，与广东十三行并无直接利害冲突，十三行洋商似无须冒极大风险加害林则徐。还有，巴豆也不是可以立即致人死命的毒药。

有些学者提出，林则徐是积劳成疾，到普宁时病情恶化而去世。林则徐为官近四十年，足迹遍及全国各地，曾自刻闲章曰“身行万里半天下”，长期走南闯北的动荡生活，对其健康造成损害。禁烟运动中，他为国操劳有功，却反而遭贬斥，被发往伊犁。国家的危亡，个人的挫折，使他长期心情抑郁，不利身心。在伊犁戍边期间，患了鼻衄、脾泄、疝气等症，后虽在福州故里疗养，但并未痊愈。道光三十年，清廷因广西拜上帝教起义，“迭次宣召”林则徐回京，林则徐因病未能奉召，后清廷命其为钦差大臣，林则徐抱病登程，驰赴广西督理军务。他躺在轿子里日夜兼程，到达洪阳镇时，病情恶化，遂于当地“黄都书院”治疗。有研究者到洪阳镇实地调查后，对治疗过程加以详述：黄介生医生介绍当年曾祖医治林则徐病的经过时说：“林则徐十六日到揭阳后，县令怕承担责任，借口揭邑名医黄华珍已往普邑执业，请大人速往就诊。”当到达普宁洪阳时，林则徐又吐又泻，经黄医生切脉后断定由于长期患病，身体虚弱，加上旅途奔波，外感风寒，以致又吐又泻，病已危笃，仅能设法急救。当即立下脉论、症论和方论及附上药物。因为侍从医官系北方人，认为用药剂量太轻，没有给服。越日黄医生复诊，断言“昨天未服所付药物，现已病入膏肓，无救活。虽再服药，惜已失去治疗时机”。林则徐病逝后，黄华珍医生将诊病资料上报朝廷审核，御医确认用药正确，还钦赐“杏林春满”匾给黄医生。至于林则徐临终大呼“星斗南”，是因为他此次赴广西途经广东，知十三行势力依然如故，感到洋人洋商终将是中国的祸患，故临终用最后的力气大呼“星斗南”，表达他对国家前途的忧虑，提醒世人外国侵略者是中国的大敌。

林则徐的死因是百余年之疑案，还有待进一步查证。

龚自珍的丁香花疑案

龚自珍是清嘉庆、道光年间今文经学派的重要人物。他主张通经致用，反对脱离实际的烦琐考据和空谈心性的宋明理学，尖锐揭露清廷腐朽黑暗，要求"更法""改图"，开晚清知识界"慷慨论天下事"之风气。他的文章奥博纵横，诗词瑰丽奇肆，他的名句"我劝天公重抖擞，不拘一格降人才"，更是两个世纪以来深入人心的呐喊。但是，这位抱着澄清天宇之志的思想家，又留下了不少艳情诗，使人们对他的感情生活有了众多的猜测。

龚自珍曾一连写下三百一十五首七言绝句，即有名的《己亥杂诗》。其中一首曰："空山徙倚倦游身，梦见城西阆苑春。一骑传笺朱邸晚，临风递与缟衣人。（忆宣武门内太平湖之丁香花一首）"本来，封建时代的情诗往往隐晦难明，但龚自珍在自注中点明梦中所见是京师宣武门内太平湖的丁香花，于是人们就认为，太平湖的"朱邸"是乾隆皇帝曾孙多罗贝勒奕绘的府第，诗中的传笺人就是奕绘的侧室顾太清。

顾太清原名春，貌美有诗才，作为其堂姑妙华夫人的陪媵，随嫁给奕绘，妙华夫人死后，她"九年占尽专房宠"，夫妻感情甚笃。当时，龚自珍为了宗人府的事务，常常去奕绘府第，结识了顾太清。顾太清曾以府中奇葩丁香花相赠，于是就有了龚自珍日后的忆念。

1909 年，学人冒广生校刻《顾太清诗集》，写有六首《记太清遗事》，其末首云：“太平湖畔太平街，南谷春深葬夜来。人是倾城姓倾国，丁香花发一低徊。”末二句既点明太清姓氏，又与龚自珍“忆太平湖丁香花”一诗相合，以此渲染龚、顾轶事。小说家曾朴在写《孽海花》时，又将此轶事作为一段插曲，描写得缠绵顽艳，使小说平添了不少感染力，也使龚、顾艳情迅速在读者中传开。从此，龚自珍和顾太清究竟有无恋情，就成为一段疑案，成为文人们津津乐道的佳话。

不少人认为龚、顾二人的关系是清白的。1944 年冒广生看了《孽海花》后，就在《古今》杂志上发表文章，指出曾朴写这个故事，全由他当年一首《记太清遗事》诗而起，“唐突至此，我当堕拔舌地狱矣”。

近代著名清史学家孟森认为这个故事太荒唐，而“京师士大夫多争言其确者”，于是也动笔写文章为二人辩诬。他认为，龚自珍诗中的“缟衣人”是贫家之妇，与朱邸的美姬相对而言，她就是龚自珍的夫人。当时顾太清喜欢与朝士眷属来往，尤其是杭州人。龚自珍赋诗咏丁香花，只是由于顾太清曾折此花赠与其夫人，没什么深层含义。孟森推定己亥年龚自珍作诗时已四十八岁，顾太清也有四十岁，都已不是情狂荡检之时，又何况顾太清与奕绘的感情一直很好，不会红杏出墙。这篇名叫《丁香花》的文章收入了孟森的史学名著《心史丛刊》，其社会影响力自然远不如曾朴的小说《孽海花》。

还有人认为，龚自珍在任宗人府主事时确实与顾太清有过来往，但顾太清晚年有个闺中密友钱塘人沈善宝，通过沈的介绍，她还同龚自珍的妹妹龚自璋交往，再结交龚自珍的其他眷属也未可知。因此，“缟衣人”实是龚自珍的续弦何吉云。

当然，仍有许多人相信龚、顾是一对有情人。理由是：其一，二人的诗词中留下了太多的蛛丝马迹。如龚自珍的诗句“新诗急记销魂事，分与胭脂一掬汤”“难忘细雨红泥寺，湿透春裘倚此花”等。尤其是那首《桂殿秋》中有“流过红墙不见人”“知隔朱扃几万重”之句，还要自注“六月九日，夜梦至一区。云廊木秀，水殿荷香，风烟郁深，金碧嵯丽”。民国初年，奕绘府第规模犹存，人们断定，此景就是王府内的景致。而顾太清的深情缱绻之作也不少，如“细草秾花各断肠，美人去后有余香。巫峰挟雨原非梦，洛浦临波太近狂”就是其中的典型之作。

其二，道光十八年（1838）奕绘死后，尸骨未寒，顾太清即奉婆婆之命移居邸外。当时她卖掉金凤钗，才买下一处住宅安顿下来。奕绘共有子女九人，其中七人是顾太清所生。这样的身份，丈夫一死就被赶出门外，难免使人想到些“不

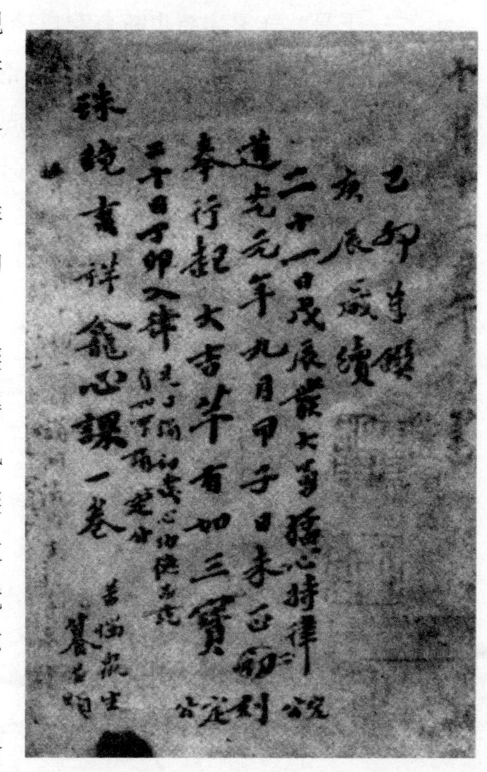

● 龚自珍手迹

足为外人道”的隐情。

其三，龚自珍道光十九年（1839）突然辞官南归，很可能是因这段恋情为贝勒府所不容的缘故。这年冬天，龚自珍北上迎眷属南归，奇怪的是，他只派一个仆人进京去接，自己却在任丘（今属河北）等着。他儿子来信要求近些，他就移到雄县。儿子再催，他又前进到固安县。接眷属，不亲身前往，又一步挪一步地不肯进京，这实在太不可思议了。唯一的可能就是，由于他和顾太清的私情，贝勒府仍然不肯放过他。

于是，连梁启超也断言龚自珍“性跌宕，不检细行，颇似法之卢梭”。任访秋《中国近代文学作家论》还说：“他不仅狎妓，并且搞一些暗昧的恋爱关系。他与顾太清的故事似乎并非诬陷。”

看来，龚自珍的丁香花疑案还不能盖棺定论呢。

龚橙是否是火烧圆明园的罪人

圆明园是清朝皇帝的一座别宫，自康熙朝开始动工，经雍正、乾隆、嘉庆、道光四朝的扩建，近一个半世纪的精心营造，使这里成为规模宏伟、景色秀丽的宫殿和园林。它汇集了江南的名园胜景，又创造性地移植了西式园林建筑，集东西方园林之大成，难怪人们把它称作“万园之园”，将它与法国凡尔赛宫并称呢！但是在今天，这一世界园林史上的奇迹却只剩下令人触目惊心的断壁残垣。这是一百五十多年前的第二次鸦片战争中英法联军侵华的罪证，也是近代中国落后挨打的耻辱的象征。

咸丰十年（1860），英法联军兵临北京城郊，九月，咸丰帝仓皇逃奔热河，留下恭亲王向侵略者求和。侵略者们早就对圆明园中所藏的无价珍宝和典籍、文物垂涎三尺，一面用武力胁迫中国政府签订不平等条约，一面策划如何掠夺文物珍宝。十月六日晚，法军率先闯入圆明园，第二天，英军也跟着而来。两国官兵不等统帅商定分赃事宜，迫不及待地动手抢劫，圆明园的厄运开始了……

据说，英法联军进入圆明园，并不是偶然的，而是有一个汉奸为其出谋划策并且为他们带路。这一说法，在清末民初以来特别流行，影片《火烧圆明园》也采用了这一说，甚至还有人断言，这个中国人的名字叫龚橙。

龚橙是晚清著名思想家龚自珍的长子，字孝拱。他识满文、蒙文，又略懂几种外国语，还能诗善文，颇有学问，因而会成为英国公使威妥玛所设“招贤馆”的秘书。但此人生活极不检点，吃喝玩乐，寻花问柳，无所不精，时人说他不知“五伦”，因为他君臣、父子、夫妇、兄弟、朋友诸伦俱丧，但尚宠一妾，因而至多能算个“半伦”，他居然就以“半伦”为号，招摇过市，令人齿冷。

说龚橙是火烧圆明园的罪人并非空穴来风。最初，王闿运在笔记中记曰：“夷人入京至宫闱……贵族穷者，偶率奸民，假夷之名，率先纵火。”这里只是说火烧圆明园与一个“贵族穷者”有关，以后，刘成禺在《世载堂杂忆》中说：“龚孝拱，字橙，仁和龚自珍子，英人攻天

● 圆明园遗迹　摄影　江小铎

津、广州，威妥玛尊为谋主，多用其策。”据此记载，龚橙为侵略者出谋划策，也算得上是“汉奸”，只是还没说到与火烧圆明园有什么关系。《同治重修圆明园史料》中刘叔问的跋文却明确说：“初有奸人龚孝拱者……至庚申京师之变，乃乘夷乱，导之入园，纵火肆掠。”这样，龚橙就成为引英军入圆明园的元凶了。

但是，仍有学者不同意此说，理由是，较可信的原始记录中都没有这种记载。如：英军书记官斯文侯记叙说：“当夕阳西下时，有联军想进园，被门监多人所阻，乃格斗，杀门监，一哄而进。”同时，清廷方面也没有如此记录，如留守京城的恭亲王、僧格林沁、瑞常等在事件发生后给咸丰帝的奏章中都没有提到龚橙引洋兵入园的事。留京人士的著作中如李慈铭《越缦堂日记》、翁同龢《翁文恭公日记》都没有有关龚橙的记载。于是，从20世纪三四十年代开始，就不断有人为龚橙雪冤。有人说，侵略者早有地图，根本没有奸人引导；有人说，奸人是有的，但是个无名小卒，与龚橙无关；有人说，圆明园的建筑之华丽、珍宝之丰富几乎是举世皆知的事情，何须龚橙去唆使？还有人指出，龚橙是英国公使的谋士，要引路也首先为英军效劳，为什么英军入园后却迷了路，而让法军首先进入宫库？甚至有人说，即便是龚橙建议焚烧圆明园，他的目的也在于化解洋人怒气，保全全城生灵。总之，人们认为龚橙尽管不检细行，劣迹昭著，又为英国人效力，但这与直接带领侵略者进入圆明园，致使“万园之园”成为废墟瓦砾，毕竟还不是一回事。

时至21世纪初，旧话重提。有人引《清朝野史大观》中如下记载证明龚橙有罪："半伦少好学，天资绝人，顾性冷僻而寡言语，好为狭邪游。中年益寥落，至以卖书为活。英人威妥玛方立招贤馆于上海，与之语，大悦之，旅沪西人均呼为龚先生而不名，月致百金以为修脯。庚申之役，英以师船入京，焚圆明园，半伦实与同往。橙单骑先入，取金玉重器而归。"有人引民初傅增湘《藏园群书题记》的文字证明龚橙是"非常之才"而背负了"举世之谤"，其文曰："世传其晚号半伦，及导引英军焚圆明园事，皆非其实……咸丰十年，英吉利入京师，或曰挟龚先生为导，君方以言詟酋长，换约而退，而人间遂相訾謷。以是而言，君以习绝国方言，通知外情，为英使威妥玛治文书，正藉英人之力以纾祸变，宁有快心事仇，如张元、施宜生所为耶！……呜呼！自古有非常之才者，恒负举世之谤，岂不重可哀哉……"

言之有据又截然相反的两种观点又一次引起世人的关注，在种种议论中，朱维铮的观点尤其值得重视。他指出：章太炎在《訄书》中曾提及龚橙的事，他不否认龚橙与英军烧圆明园有牵连，但其牵连只是发生在事件的结尾，是在圆明园大火燃起后，"橙单骑先士卒，入取玉石重器以出"。从而含蓄地否认了龚橙乃献策并引导英军纵火的传闻。朱先生认为，英军焚烧圆明园不仅为了掩饰劫掠清皇室别苑的行径，更由于英国专使额尔金的别有隐衷，因为他要报复咸丰皇帝制造的绑架虐杀英法人质事件。

咸丰十年七月，英法联军屡败清军，兵临通州（今北京市通州区）。咸丰帝同意英使入京换约，但又提出使臣须行跪拜礼。八月初四，不愿向清帝匍匐称臣的英使愤然而去，咸丰帝即下诏书指责"逆夷反复"，并命僧格林沁派兵截拿英使巴夏礼等。清军用偷袭的手段，绑架了外交使节和新闻记者三十九人，其中英国人二十六人，法国人十人，均被送往京师刑部，关进天牢。三天后，联军得知已有三名人质被杀，立即进攻北京。咸丰皇帝留下僧格林沁竖白旗要求停战，自己北逃承德。在法军和英军相继劫掠了圆明园后，八月二十四日，人质终于获得自由，但却只有十九人生还，其余十七人都因受不了大牢的折磨而丧生。额尔金得知人质死去大半，其中还有著名的记者，觉得无法向女王和公众舆论交代，为了向英国议会和媒体表明他已对清朝皇帝实施报复，他拒不接受法国公使的建议，即拆毁部分宫殿而保存具有欧洲建筑风格的圆明园，仅因为咸丰皇帝绑架人质的命令是从圆明园发出的，且圆明园又举世闻名，就坚持向英军下令——焚毁圆明园。

作为使馆参赞威妥玛的私人书记，龚橙不可能参与英法联军在击溃京郊清军当天就开始的劫掠圆明园行动，却有可能从威妥玛口中得知英军焚园的计划，于是立即骑马疾驰入园捞取残存的玉石重器，这是较符合逻辑的推断，也比较符合历史真相。

朱维铮认为，侵略者焚毁了圆明园，堪称文明恶棍，这是不言而喻的。但是一手制造人质事件从而给纵火者提供口实的咸丰皇帝又该当何罪？他刚愎自用，心愚计蠢，拿都城居民的身家性命作赌注，最终招致了恶果。然而，一些史家对这一历史事实三缄其口，而把注意力集中在一个曾寄食于英人幕中的失意文人身上，或大加鞭挞，或竭力“辩诬”，其根据却多是野史、笔记，这不是文化研究应有的方法。

龚橙是火烧圆明园的罪魁祸首？还是不辞恶名、建议焚园泄愤以拯救一城数十万生灵免遭涂炭的奇人？抑或什么也不是，只是一个曾在焚园之前捞取过一些玉石重器的文人？这关系到史料真伪，也关系到史学研究的方法和态度，当年章太炎在此问题上也叙之甚慎。或许，还真的很难断言。

● 圆明园遗迹　摄影　江小铎

慈禧是否汉家女

慈禧，满族，叶赫那拉氏，清朝咸丰皇帝的妃子。同治帝即位，被尊为皇太后，也称“西太后”“那拉太后”。她是同治、光绪两朝实际的统治者，掌握朝政达四十八年之久。清朝因是满族入主中原，对皇室血统一向非常重视，立后选妃，总以满蒙贵族为主。殊不知这不可一世、将两代帝王玩弄在股掌之中的西太后，却很有可能是个假冒的满人。

● 慈禧太后（［美］卡尔女士《慈禧写照记》）

介绍慈禧一生作为的文字可谓连篇累牍，但其中谈及她的出生地和童年经历的却极为罕见，系统地介绍她从出生到入宫这段经历的更是几乎没有，即使偶有所见，也是“假语村言”者居多。因此，学者们不得不承认：对于慈禧家世的研究，始终是一个较为薄弱的环节。这不但表现在所记史实过于简单，留有许多空白，而且众说纷纭；慈禧出生地究竟在哪里，似乎至今仍未有明确的答案。

1989 年 6 月，山西长治市郊区（原属长治县）下秦村和上秦村的赵发旺等五个村民，联名给长治地方志办公室写信，说慈禧本是上秦村人，他们中的赵发旺是慈禧的第五辈外甥，宋双花、宋六则、宋德文、宋德武等人则是慈禧的第五辈侄孙。他们要求政府组织力量，将这段历史澄清。于是，地方志办公室副主任刘奇就踏上了漫漫的研究之路。

十年过去了，刘奇收集了民间口传史料、历史实物、典籍文献三大类共三十八条证据，证明慈禧乃是汉人，生于山西省长治县西坡村的一个穷苦农民家庭，在长治度过了她的童年。1997 年 4 月，在文化部中国艺术研究院主持召开的“共和国社会主义文学艺术五十年研讨会”上，刘奇宣读了他的论文《解开慈禧童年之谜》，他的主要论据是：

● 慈禧太后之画作（［美］卡尔女士《慈禧写照记》）

首先，百余年来，长治县西坡、上秦两村及周围村庄的老人，都说慈禧是本地人，写成书面材料肯定这一意思的就达一百五十余人。长治县西坡村外羊头山西麓荒滩岸边有着慈禧生母的坟墓。西坡村刑部角田花则老人旧宅的西面，还有慈禧出生地遗址。上秦村关帝庙后有保存完好的“娘娘院”，当年慈禧进宫当上“朝廷娘娘”后，村民们就把她童年住过的宅院称为“娘娘院”，并一直流传到今天。长治市城区原潞安府，是慈禧养父惠征做官时的衙门，其后院还保存着“慈禧太后书房院”的遗址。

其次，从实物来看，慈禧后裔保存的几件文物都很能说明问题：西坡村王英培家的家谱，其中记有慈禧的原名王小慊，并有“王小慊后来成为慈禧太后”等文字；上秦村宋六则、宋德文家有祖传的光绪、宣统年间清廷制作的皮夹式清代帝后宗祀谱，这宫廷之物来到宋家应该不是毫无理由的。还有，宋六则家中还保存着慈禧送给她堂兄宋禧馀的信件残片和慈禧本人的单身照片。

再次，从慈禧的生活习惯可以看出她与山西有着千丝万缕的联系：慈禧喜食长治人常吃爱吃的萝卜、团子、壶关醋、襄垣黑酱等；她爱吸长治人惯吸的水烟，而不爱吸关东的旱烟；她爱看上党梆子，《壶关文史资料》记载，壶关上党梆子戏“十万班”在光绪二十一年（1895）进京为慈禧太后祝寿演出，轰动一时，慈禧看了特别高兴，亲笔题名“乐意班”，并钦旨不支官，不纳税。慈禧善唱小曲，特别爱唱山西民歌，咸丰皇帝曾问她为什么山西等地的民歌能唱而满歌却唱不了，她回答说幼年随父在潞安府长大，对那里的民歌熟悉。

此外，慈禧还喜欢用山西人，对他们特别关照。她用的奶妈是长治七里坡村韩印则的二老奶奶；她的御厨是长治小常村的陈四孩；她安排长治史家庄村原殿鳌担任御前侍卫，后原殿鳌触犯刑律，本当处斩，但太后念他是同乡，不仅赦免了他，还让他到江西做官。对长治地方官和山西商人，慈禧也特别关照，光绪二十六年八国联军打进北

● 清德宗（光绪帝）和慈禧太后听政图
（［美］卡尔女士《慈禧写照记》）

京，慈禧和光绪帝逃至大同，留住三天，兵荒马乱中，慈禧仍不忘“召见潞安知府许涵度”，并“擢冀宁道”。

慈禧的御前女官德龄在《清宫二年记》中还记载：太后说：“我喜欢乡村生活，我觉得那比起宫里的生活来自然得多了。”事实上，西太后还有自己的田庄，每隔四五天，就要到田里去看一次。

台湾作家高阳甚至说：“慈禧只认识汉字，不认识满文。”

经过长期和大量的考证，刘奇总结了慈禧的大致生平：清道光十五年（1835）出生于山西长治县西坡村的一个汉族穷苦农民家庭，取名叫王小慊。四岁上被卖给本县上秦村宋四元为女，改名为宋龄娥。十一二岁时又被卖给潞安府知府惠征为婢，改名玉兰（兰儿），并在衙西花园专设书房中获得精心培养。咸丰二年（1852），以叶赫那拉惠征之女的身份应选入宫，从此平步青云，直至皇太后。

刘奇的研究结论，引起了史学界的高度重视，也得到一部分史学家的支持。他们认为，刘奇的研究，“初步解决了慈禧童年这段历史空白问题”，刘奇的文章“言之有据，并非凭空臆断”。还有些学者认为，刘奇论述当中的个别论据和枝节问题或许可以否定，但是，要全盘否定他的结论，没有充分的根据，似乎是很难的。

如果慈禧真是山西汉家女，那么对她的研究必定会增加不少新的色彩。尤其是对她的心态的分析，应该会有许多新的突破。

慈禧可曾挪用海军军费

清光绪二十年至二十一年（1894—1895）中日甲午战争中，中日两国海军多次交锋，结果中国北洋舰队全军覆没，甲午战争以中国战败告终，中国民族危机空前严重。北洋舰队覆灭最根本的原因，是清政府腐败无能，在这方面较典型的表现，就是掌握国家最高权力的慈禧太后，挪用海军军费营造颐和园。早在同治十三年（1874），总理海军大臣奕譞就倡议“重修圆明园”，以表“皇上孝养皇太后纯笃之意”。等他的儿子光绪登基，他就更加逢迎慈禧，公然挪用海军军费造颐和园。慈禧及其帮凶挪用海军军费手法颇多，有明抢，有暗偷，有公开提用，有托名暂借，锱铢必争，无孔不入！光绪十七年，当户部因库款支绌奏准南北洋停购外洋枪炮、船只两年之日，正是颐和园工程大肆挪用海军军费之时。与此同时，日本举国上下扩军备战，为加强海军，天皇从皇室费用中出资支持海军建设，以示倡导。

慈禧太后

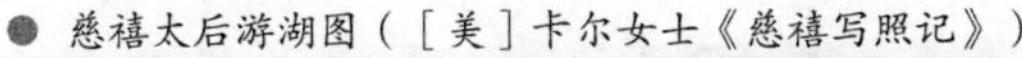
● 慈禧太后游湖图（［美］卡尔女士《慈禧写照记》）

由此观之，日后中日两国海军交锋谁胜谁负，这时即已见分晓了！那么，慈禧太后究竟挪用了多少海军军费呢？

康有为、梁启超称清廷办海军，共“筹款三千万”，但在“仅购数艘”舰只之后，“西后即命提全款”（见《康有为自编年谱》光绪十四年条和梁启超《戊戌政变记》卷四）。

民国初年编《海军大事记》中谓：“海军款两千余万，尽输入颐和园之用矣。”

民国初年还有一些记载说，慈禧移用海军军费三百万两。

20 世纪 50 年代狄源沧编著的《颐和园》一书中说，慈禧盗用海军经费八千多万两。

又有学者撰文考证指出，甲午战前慈禧移用的海军军费总数约为

● 颐和园　摄影　江小铎

一千二百多万两至一千四百万两间。

不过，有学者指出，所谓慈禧太后挪用海军军费是一种误解。

清政府开始创议北洋海军时，所定的经费为每年 200 万两银。由于种种原因，实际上能够到账的经费每年只有 100 万两上下，勉强能支付北洋海军的部分人员薪饷、舰船、基地维护等费用，和小型船只或火器的配备，根本不可能购买价值上百万两的主力舰船。北洋海军购买主力舰船所需的经费，都是专门上奏单独申请的，甚至连主力舰的人员薪饷也都是海军衙门额外拨款支付的。甲午战争爆发前，北洋海军的军费只能勉强维持舰队日常活动，根本没有任何节余可供挪用。

那么，颐和园工程挪用的是什么经费呢？那是海军衙门经费，与北洋海军没有任何关系。海军衙门是清末一个十分特别的中央级洋务机构，最初设立的目的就是分解总理衙门的权力，故权限极广，不仅仅管理海军建设，矿务、铁路、电报这些业务，也都属于海军衙门的

● 颐和园　摄影　江小铎

管辖范围。当时，光绪皇帝的生父、海军衙门大臣醇亲王奕譞被任命主持颐和园的新修，他希望早早修好颐和园能让慈禧离开紫禁城，他的儿子光绪就可以真正亲政，所以不仅全力倡议修园之举，还陆续从海军衙门掌管的经费里向颐和园工程挪款，不过并没有侵占同一时期北洋海军的军费。

慈禧修造颐和园有一笔经费似与海军有关，即在清代档案中被称为“海军巨款”的一笔特殊款项。光绪十四年秋，醇亲王通过李鸿章，要求地方上筹资报效颐和园工程。但为颐和园而筹资的理由无法摆上台面，于是便搬出了海军的名义。各省督抚对此认捐踊跃，共集得260万两之巨，即“海军巨款”。这笔“海军巨款”不属于海军衙门经费，也不属于北洋海军军费，是额外筹集的一笔金钱，因此即使用于颐和园修造，也不能算作挪用海军经费。甲午战争爆发后，慈禧颁懿旨，命令将“海军巨款”本金如数提出，用以购买军火。但因为存期未满等原因，当时只提出一百五十八万余两，余下的一百余万两仍在账上。因此，根本不存在慈禧挪用海军巨款的事情。

慈禧太后究竟挪用了多少海军军费？抑或根本就没有挪用？除了掌握的史料有差异，学者们对“海军军费”范围的限定也并不趋同，所以，这个问题，还可以继续探索下去。

李莲英之死疑谜多

李莲英，绰号“皮硝李”，因为善梳新髻，一跃而成为慈禧太后最宠信的太监，同治、光绪二朝的太监大总管。后世的影视戏剧中，只要有慈禧出现，就会有李莲英谄媚、狡诈、作威作福的形象。在李莲英得势的时期，不知有多少弱者在他的翻云覆雨掌中成为冤魂，包括可怜的光绪帝和珍妃。而他自己呢？他的下场如何？是寿终正寝，还是死于非命？

据《清稗类钞·阉寺类》记载：李莲英在慈禧太后殂后，又为隆裕后所庇，“及死，特赏银二千两”。可见，李莲英并没有死于非命。李莲英的后裔也一再宣称：“我祖父是善终，享年六十四岁”，“我祖父因得急性痢疾，医治无效而病故。由得病到病终仅仅四天时间”。《李莲英墓葬碑文》也云，李莲英“退居之时，年已衰老，公殒于宣统三年（1911）二月初四日”。所以，一般出版物都认为，李莲英是宣统三年病死的。

但是，也有人认为李莲英是不得善终的。关于李莲英的死有很多不同的说法：

其一，慈禧死后，李莲英尚受隆裕太后眷顾，退居南花园养老。由于他勒索太多，早就引起他人的侧目；又因他过去与慈禧狼狈为奸，坑害了许多人，人人为之切齿，所以一旦失去靠山，就成为众矢之的。不久，就在南花园神秘地被杀了。在现场找不到人头，最后只能用黄金（或说白银）制成假头，与身子拼凑在一起埋葬。

其二，李莲英有个侄孙女，嫁在山东无棣县，李莲英偶然打起兴致，前去探望她，路经山东与河北的交界处时被人杀死。当时两个随从吓得魂飞魄散，只拾得一个血淋淋的人头，用包袱一裹，马不停蹄地逃回北京。等到再派人返回找李莲英的尸身时，早已不见踪影了。

其三，李莲英退居南花园后，因大势已去，终日郁郁寡欢。一天，他怀念故主，就到东陵去拜谒慈禧陵寝，回来时半路上被人杀死。

其四，小德张是隆裕的亲信，与李莲英却水火不相容，鼓动隆裕查办李莲英。李莲英急忙向袁世凯的亲信江朝宗求救，在江朝宗的周旋下，总算暂时转危为安。小德张为了与李莲英抗衡，也去结交江朝宗，江朝宗见小德张是当今太后身边的红人，当然不会拒绝。一次，江朝宗下请帖请李莲英在什刹海回贤堂吃晚饭，一向轻易不出门的李莲英因对江朝宗感恩，破例准时来到会贤堂，席散后，李莲英路经后海时被土匪杀了。有人怀疑这是小德张有意布置的一个圈套。

关于李莲英的墓葬，过去也真真假假，扑朔迷离，不可捉摸。有人以为李莲英墓在北京德胜门外，占地两亩。据说这是李莲英生前自己营造的，费时一年，花了白银五六万两，但这里仅是个疑冢。有人认为李莲英墓在北京海淀区恩济庄，这里本来就是清代太监的茔地，慈禧太后生前恩赐李莲英一块高敞之地，因此，这里应是真墓。还有人说，李莲英死后两年，他的兄嫂在北京病故。在运柩回乡埋葬时，兄嫂的后代在祖坟内为李莲英留了个位置，还让北京的银匠打制了一个尺把长的银人，作为李莲英的替身，自然，这也只能算是假墓。还有人说李莲英的墓在北京永定门外大红门、在东陵慈禧太后陵寝之侧……总之，众说纷纭。

找到李莲英真墓，就能对李莲英是否善终作一个结论，那么，李莲英到底葬在哪里呢？

1966 年，北京海淀区恩济庄六一学校的一位教师在“文化大革命”中被打成“牛鬼蛇神”，与校长、书记等一起编入劳改队。一天，校“文革”主任带着几个红卫兵，命令他们去挖掘坐落在校园内的古墓。这座古墓相传就是李莲英的真墓，此前从未遭到过破坏，十分坚固，他们花了整整一个星期的时间才把墓道挖通。等到墓门被打开，这位教师第一个跳了下去。他发现，棺材完整无缺，里边一具尸身盖着被子躺在那里。他先摸到了“镇棺珠”，一共有四颗，以后又陆陆续续取出大小五十多件珠宝等文物。但是，在整个尸身部位，却只摸到一双鞋底，还有拖着三尺长辫子的头颅骨，此外，连一节指骨也没有找到。

至此，人们可以断言，李莲英不仅是死于非命，而且还是身首异处的。至于他为什么被杀，在何处被杀，为什么人所杀，这仍然是个未解之谜。

太平天国与拜上帝会

第一次鸦片战争以后，中国社会原有的矛盾加深，西方列强的侵略又带来新的灾难，终于酿成了洪秀全领导的太平天国农民起义。洪秀全出身于农民家庭，当过乡村教师，几次到广州参加科举考试，都没有考取，但却结识了一个传教士，得到了一本《劝世良言》，从此对基督教教义产生了兴趣，认为只有基督教平等的主张才是“救世真理”。因而，他发动的太平天国运动，与基督教教义有天然的联系。

差不多所有的近代史教材包括权威工具书《辞海》都提到，洪秀全从《劝世良言》中吸取了基督教的思想，并加以改造，与他的同学冯云山、族弟洪仁玕共同创立了一个叫“拜上帝会”的农民反清组织，洪秀全还特意制定了“十款天条”作为会员守则。拜上帝会在发展过程中，不断同封建势力展开斗争，广大会员投身于起义，为实现“天下一家，共享太平”的理想而奋斗。

然而，在1979年召开的太平天国史学术讨论会上，史学家茅家琦对“拜上帝会”提出了质疑。他在多篇文章中强调：“就我所翻阅过的有关太平天国官书和参加太平天国革命的人所写的文件和材料，并没有发现‘拜上帝会’这个名称。”而这一说法的权威性依据，即韩山文所写的《太平天国起义记》中提及“拜上帝会”的那段英文，“比较准确的译法应该是‘他们自己成群地会合起来，在一起举行宗教礼拜，很快，他们以拜上帝会的名称而远近驰名’。可见根据洪仁玕口述韩山文记录的材料，并不是洪秀全建立了拜上帝会，而是别人用拜上帝会这个名字称呼经常在一起举行宗教仪式的拜上帝的人。”

这以后，赞成这一观点的人越来越多，不少人认为，“拜上帝会”并不是这些举行礼拜的人的自称，而是别人加之于他们的称呼。更有人认为，太平天国运动中，“拜上帝”是对天国所属文武百官将士吏民的普遍要求，也是对所有“天下之人”的要求。但洪秀全要求的敬拜，是心理崇拜，而不是入会的仪式。拜上帝是洪秀全等人从意识形态对天国进行思想控制的方法，并不必然需要一个“会”之类的组织才能进行。因此，天国中不仅没有“拜上帝会”，而且任何“会”“教”一类的组织都是不存在的。

倘按照上述说法，中国史教程都必须改写。

但是，也有学者不同意这种观点，他们认为，在洪秀全传教初期，主要是“劝世人敬拜上帝，劝人修善，云若世人肯拜上帝者，无灾无难；不拜上帝者，蛇虎伤人。敬上帝者不得拜别神，拜别神者有罪”。随着传教活动的展开，入教人数增多，那些在械斗中失败的客家人、遭难的村民、被官兵击溃的“贼匪”，“均视拜上帝会为逋逃渊薮”，由此常常与当地团练发生冲突，一如《李秀成自述》中说的：“团练与拜上帝人，两有分别。拜上帝人与拜上帝人一和（伙），团练与团练一和（伙），各争自气，各逞自强，因而逼起。”可见当时在广西紫荆山区，确实有一个与传统信仰迥异的崇拜上帝的人群。

● 天王洪秀全画像

然而这个人群能不能看作是一个组织？扬州师范学院（今扬州大学）的吴善中认为，按社会学的观点，执行某种社会功能，完成特定的工作目标，构成一个相对独立的体系，有一定的规章制度的社会单位就可以叫社会“组织”。而金田起义前的这个崇拜上帝的“人群”，一有特定的目标和社会功能，即劝人崇拜上帝，宣扬拜上帝教教义。二有行为准则，即洪秀全、冯云山制定的“十款天条”。三有一定的组织结构，如冯云山在广西传教时，遥奉在广东的洪秀全为教主；洪秀全、冯云山以下有曾玉珍、卢六等骨干；各县属还有各自的首领，统属于洪秀全、冯云山等人。四是入教者须施行洗礼。皈依上帝者，还要定期举行宗教活动，“广西教徒叙集礼拜时，男女分座，先唱一道赞美上帝之诗。毕，则由主任人宣讲上帝之仁慈，或耶稣大恩”。据此，这群“崇拜上帝的人们”，完全可被看作是一个社会组织，从性质和功能看，它最初是一个宗教组织。当然，“拜上帝会”这个名称或许是当地地主文人强加给这些“拜上帝人们”的，但即便这个名称是“他称”，却也名副其实，因为太平天国的上帝教不同于基督教，太平天国强调上帝为“独一真神”，与基督教以耶稣体现上帝的上帝观不尽相同。因此，“拜上帝会”的命名，恰恰十分准确地反映了太平天国宗教——拜上帝教的特色。

有关“拜上帝会”的争论，不仅有译文之争，有名称之争，还有观点之争，看来并不是轻易可下结论的。近代史教程的确定，还有待于这些争论的归于一说。

杨秀清可曾“逼封万岁”

清咸丰元年（1851），广西爆发以洪秀全为首的太平天国起义，洪秀全于咸丰三年定都天京（今江苏南京），并取得西征、天京外围战的胜利，形成与清政府对峙的局势。在这过程中，东王杨秀清立下汗马功劳。与此同时，杨秀清与天王洪秀全之间的权力矛盾日益上升。如在建都问题上，杨秀清迫使洪秀全让步；杨秀清经缜密侦察，假托“天父附体”，破获叛变投敌、企图搞里应外合的张继庚案件，在处理时，凡洪秀全令杀者，杨秀清不杀，洪秀全欲不杀者，杨秀清令杀之；后杨秀清指斥洪秀全责罚下属过于严苛，以“天父下凡”附体的把戏，欲杖责天王洪秀全四十，洪、杨矛盾白热化。咸丰六年，发生天京事变，北王韦昌辉杀杨秀清，并进而大肆屠杀东王部属。翼王石达开返京，责怪韦昌辉杀人过多，韦昌辉竟又欲杀石达开，石达开连夜缒城出逃，但一家老小为韦昌辉杀尽，最后洪秀全率合朝文武杀韦昌辉，流血内讧平息，太平天国运动由此转衰。一般认为，导致这场变乱的直接原因，是杨秀清“逼封万岁”，但也有学者持异议。

不少资料都证明，杨秀清逼洪秀全封其为万岁，触发流血内讧。太平天国后期重要将领李秀成在其“自述”中说：“因东王天王实信，权托太重过度，要逼天王封其万岁。那时权柄皆在东王一人手上，不

● 杨秀清（《洪杨演义》）

得不封，逼天王亲到东王府封其万岁。北、翼两王不服，君臣不别，东欲专尊，后北与翼计杀东王。”早在天京事变爆发前，太平天国敌对阵营中的文人，已看出洪秀全、杨秀清之间矛盾重重，杨秀清“将来必有面篡之意”(《金陵纪事》)。杜文澜在《平定粤匪纪略》中指出，杨秀清“阴有自立意”，甚至事变前杨秀清调兵遣将，已在为逼封万岁做准备了。张汝南《东北贼递杀大略》载，杨秀清“使北贼（韦昌辉）寇江宁，翼贼（石达开）寇宁国……有去洪贼（洪秀全）而自称天王意”。知非子《金陵续论》也说：“杨秀清欲夺洪秀全伪位，先将洪党分调出城。”关于逼封经过，《金陵省难纪略》记载颇详。据说，太平天国取得天京外围战胜利后，形势大好，杨秀清居功自傲，忘乎所以。一日，忽称天父下凡，召洪秀全至东王府，问曰：“东王有咁大功劳，何止称九千岁？”天王答：“东王打江山，亦当是万岁。”东王又问：“东王世子岂止是千岁？”天王忙答：“东王既万岁，世子亦便是万岁，且世代皆万岁。”天京内讧后，外国人麦高文于《北华捷报》撰文说，杨秀清“有奸谋，欲弑天王而夺其位”。在太平天国统治区活动多年的英国人呤唎，在其《太平天国革命亲历记》中说：“东王、北王因企图反叛天王而就刑。”

有人认为，杨秀清并未“逼封万岁”，而是洪秀全主动加封其为“万岁”。翼王石达开在其“自述”（汇编本）中曰：“达开自江南带人到湖北，听闻洪秀全们在金陵彼此疑忌。韦昌辉请洪秀全杀杨秀清。洪秀全本欲杀杨，口中不肯，且故意加杨秀清为万岁，韦昌辉忿气，把杨秀清杀了。”可见，洪秀全感到来自杨秀清的威胁，于是施展计谋，主动晋封杨秀清为“万岁”，一方面麻痹杨，另一方面刺激韦昌辉

太平天国会议图

对杨的仇视，从而借韦之力杀杨。另外又有学者认为，杨秀清的“万岁”，由洪秀全主动加封，在当时看来并非异常之举。因为太平天国的政治体制是多“主”、多“万岁”的，封杨秀清为“万岁”，并不意味着动摇洪秀全的地位，只是一个封爵问题，事变是由韦昌辉擅杀引起的。

还有人指出，不管是杨秀清“逼封万岁”，还是洪秀全主动加封万岁，似皆子虚乌有，杨秀清或许未曾称“万岁”。若杨秀清已是“万岁”，那么天京城内的军民应遵旨，众口呼杨秀清为“万岁”。但令人疑惑的是，直到现在还没找到这方面的证据。相反，据当时曾多次出入各大王府、与太平天国领导人物有过交往的外国人肯能等人反映，直到天京事变爆发，杨秀清依然是“第二位”人物，仍被称作“九千岁”，因而杨秀清是否称“万岁”仍要打个问号。

洪秀全有无“诛杨密诏”

太平天国之初，洪秀全、杨秀清等领导人能同甘共苦，共图大业，但清咸丰三年（1853）定都天京后，领导集团内部争权夺利，终于导致流血内讧。咸丰六年八月四日（1856 年 9 月 2 日）凌晨，北王韦昌辉伙同燕王秦日纲，领兵入天京城，围东王府，杀东王杨秀清及其家人，接着又大开杀戒，两万多太平军将士被韦昌辉杀害，天京城一片腥风血雨。当时，太平天国领导成员之间矛盾重重，错综复杂，洪秀全与杨秀清之间因杨秀清“逼封万岁”而一触即发，韦昌辉、石达开等长期受杨秀清压抑而心怀不满，所以洪秀全、韦昌辉都有充分理由杀杨。那么，究竟是洪秀全诏令韦昌辉诛杨，还是韦昌辉擅自杀杨，这是个不解之谜。

有人认为，洪秀全有诛杨密诏给韦昌辉，韦昌辉的种种暴行，部分是遵照洪秀全命令进行的，部分是得到洪秀全支持或默许的。有人还进一步指出，洪秀全先联韦诛杨，后又处死韦，逼走石达开，一切都是按计划进行，洪秀全始终控制着事变的走势。若非如此，韦昌辉能率大队人马进入戒备森严的天京城，并顺利围东王府、杀杨秀清，是难以想象的。许多资料也印证了这一点。如一些外国人根据在太平军中充当炮手的爱尔兰人肯能口述，认为洪秀全颁发了诛杨密诏。《北华捷报》发表裨治文《关于东王、北王内讧的通讯报道》一文曰："我们确知东王、北王都已被杀，而他们之所以被杀，尽是出于洪秀全的诏旨。"麦高文《东王、北王内讧事件始末》记述："洪秀全于昏聩懵懂之中顿时醒悟，立刻诏令当时出征安徽的北王韦昌辉以及奔赴丹阳的顶天侯（秦日纲）及其他首领回京勤王。北王和顶天侯二人应召返京。"雷诺兹在《中国之友》刊文记，韦昌辉对秦日纲说："你得跟我一起回南京，因为我有天王信件，这是你所不知道的。"在他们到天京前，秦日纲一直不知道怎么回事。直到在城外停下，韦昌辉才告诉秦日纲，他得到洪秀全的命令，要杀掉杨秀清。一些与太平天国敌对的封建文人的野史、笔记都说韦昌辉是奉洪秀全密诏而杀杨。张汝南《金陵省难纪略》说，韦昌辉对杨秀清颇怀怨恨，"得洪贼（洪秀全）函，即晚率三千余人遽入南门，……杀东贼及其妻小"。知非子《金陵续记》曰，洪秀全"遣腹贼至江西调北贼韦昌辉回金陵"。汪士铎《汪悔翁乙丙日记》云："伪天王令伪北王韦昌辉将伪东王杨秀清杀了。"李滨《中兴别记》载："伪北王韦昌辉承伪天王洪秀全伪诏，以计刺杀伪东王。"李圭《金陵兵事汇略》载："天王有诏秀清谋逆，希僭大号，众共殛之。"清朝高级官员亦如是说，如两江总督怡良曰："杨逆向洪逆索取伪印，意图并吞，洪逆将韦逆调回杀死杨逆及其家属。"湘军第二号头目胡林翼说："杨逆被洪韦二贼所杀。"(《剿平粤匪方略》)

也有人认为，洪秀全未发诛杨密诏。在大量太平天国印书、文书中，迄今未曾发现直接或间接有关密诏的记录。深知太平天国机密的李秀成、洪仁玕、石达开等留下的文字当较可信，亦均未提及有密诏。

《李秀成自述》说："翼与北王密议，杀东一人。"可见杀杨是韦昌辉与石达开密谋的，与洪秀全无涉。洪仁玕是太平天国后期主要领导人，他叙述东、北两王到天京后起内讧，导致互相残杀时，也未及密诏一书。《石达开自述》记："韦昌辉请洪秀全诛杨秀清，洪秀全不许，转加杨秀清伪号，韦昌辉不服，便将杨秀清杀死。"只字未提密诏之说。可见，洪秀全发诛杨密诏应属子虚。有学者进一步指出，密诏是韦昌辉蓄意伪造，利用洪秀全的旗号来达到个人夺权的目的，《皖樵纪实》作者储枝芙道出其中缘由："贼首伪东王杨秀青（清）、伪北王韦昌晖（辉）自相杀。初伪天国事俱奉伪东王令，至是伪北王忌而杀之。"这正如《贼情汇纂》在事变前所预言的："杨贼与昌辉互相猜忌，似不久必有并吞之事。"可悲的是，杨秀清对韦昌辉毫无戒备，咸丰六年夏还

● 韦昌辉（《洪杨演义》）

令其率兵出征江西，但韦昌辉在江西屡屡失利，按太平天国规定，丢关失地者要受惩处，严重的要被处死。韦昌辉当考虑到这一点，于是，他趁杨不备，率三千兵马入天京，欲向天王洪秀全求情，洪秀全答曰："遣尔往援庐州，何得擅回，罪当诛。"并要他"亟诣东府请命，倘赦尔罪，尚速赴援毋缓"。韦昌辉鉴于平日杨秀清"性情高傲"，自己"屡受其辱"，这次断不会被轻饶，于是来个"先下手为强"，突袭东王府，杀害杨秀清。

洪秀全是否有"诛杨密诏"给韦昌辉，这是天京内讧过程中的关键环节之一，有待史家发掘更直接的材料加以澄清。

天府广场大屠杀是否有其事

清咸丰六年（1856），太平天国内部爆发了震惊中外的天京事变，北王韦昌辉杀东王杨秀清，接着对东王部属大开杀戒，血流成河。其中最耸人听闻的就是天府广场大屠杀，不过，有关这一事件，史界尚有异议。

有关韦昌辉制造天府广场大屠杀的原始资料，主要来自《北华捷报》的两篇报道。它们是裨治文《关于东王、北王内讧的通讯报道》和麦高文《东王、北王内讧事件始末》，其内容录自爱尔兰人肯能的口述。肯能曾在太平军中充炮手，他自称：杨秀清被杀当晚，他“居于距杨府仅数码之遥”。故亲眼目睹天京事变。裨治文所记肯能口述中有：“东王部下——各级官吏及士兵、仆役及随从，全体共有二万人至三万人，其中有一部分尚未在监视之列。于是有一特殊妙计以诱捕之。那时……韦氏及其将官杀人太多，超过天王诏谕的旨意。一班女宣诏使便在天王宫殿之前栏杆内宣布韦氏罪状，因为好些人无辜被杀，天王特下诏惩罚其罪，令受鞭刑四百。杨氏部下军官之得留性命者，皆被召往观北王受罪行刑。诏谕一宣布出来，韦氏之党痛心疾首，怨声四起。……次日……在天王府前，遵依上一日天王之特诏，无数人一早便蜂拥齐集。离宫门不远之地，即在女宣诏使宣读天王圣诏之后面，刑罚在此执行。韦氏及其将官俯首就刑，至为服从（亦至为狡猾）。”之后，麦高文又记其口述说：“为防免东王的武装死党复仇计，兼为肃清谋叛天王的余孽计，北王乃定下一条阴谋，要尽捕东王余党而致之死地。依照天王圣谕，北王与顶天侯罚受笞刑。施刑之际，两人之随从均高声痛哭，而两人则伸手足受刑。……而行刑者尽力一击，响声可闻，木棍当场折断。因天王曾经降诏东王逆谋是自天泄露的，而其余党一概赦宥不问。……东王之带甲部兵芟除净尽，其余党随被大规模的屠杀，其残酷惨状，无以过之。他们虽见有煌煌圣诏，允许受保护，而男女老幼被斩首无数。行刑者辄为小童，以杀人为嬉戏娱乐事。有好些个受害者高叫冤枉，呼吁上帝。又有些则请求那几个外国人行刑，以冀速死。”可见，韦昌辉为把东王部属斩尽杀绝，乘东王部属在天府广场观看自己受刑而无防备之时，大肆杀戮他们，死者无数。李圭《金陵兵事汇略》和南京图书馆馆藏之《六合丛谈》亦言及此事。李圭之书晚于《北华捷报》的报道，《六合丛谈》无作者姓名，无写作时间。

有人指出，所谓天府广场大屠杀事件，是肯能虚构的。像这样大规模的自相残杀，如真有其事，必会广为人知，但咸丰时人均未提及此事，一些较有价值的

韦昌辉（《洪秀全演义》）

文人著述，如《金陵续记》《金陵省难纪略》《湘军志》《乙丙日记》等，皆无记叙。太平天国文书、诸王自述也只字不提天府广场屠杀事。此外，肯能口述中不实之处颇多，如降诏方式不合太平天国礼制，洪秀全降谕系亲笔撰写于三尺黄绸，公布于固定地点——照壁，但肯能却说“一班女宣诏使便在天王宫殿之前栏杆内宣布韦氏罪状”；肯能所描述的行刑地点与宫禁实况不符，天府广场当时并不如肯能所讲的情形；对韦昌辉等所施之刑不合刑制，按肯能讲，“令受鞭刑四百”，而太平天国的鞭刑是施藤条，但肯能口述是用木棍击打，等等。那么，是不是肯能假造了耸人听闻的天府广场大屠杀事件呢？

洪秀全是自杀还是病亡

清同治三年四月二十七日（1864 年 6 月 1 日），正值太平天国首都天京在清军围攻下岌岌可危之际，太平天国首领洪秀全死于城内天王府，年五十一岁。关于其死因，史学界有不同看法。

在 20 世纪 60 年代以前，大多数人认为，洪秀全是自杀身亡。李秀成是太平天国后期的主要将领，洪秀全去世时，他在天京主持天京保卫战，对天王府的情况当有较确切的了解。曾国藩刊刻的《李秀成自述》中，言及洪秀全之死："天王（洪秀全）斯时焦急，日日烦躁，即以四月二十七日服毒而亡。"洪仁玕是太平天国后期的主要领导人之一。他被清军捕获后曾写下《洪仁玕自述》，其后半部分中说："天王之自杀，更令全局混乱。"太平天国的对手、湘军首领曾国藩在同年六月二十三日的奏稿中说："首逆洪秀全实系本年五月间，官军猛攻时，服毒而死。"同年七月初七日又奏称："有伪宫婢者，系道州黄姓女子，即手埋逆尸者也，臣亲加讯问，据供，洪秀全生前，经年不见臣僚，四月二十七日因官军急攻，服毒身死，秘不发丧。而城里群贼，城外官兵，宣传已遍，十余日始行宣布。"上述资料，分别出自太平天国和清政府双方的知情主将之手，因此大多史家认为洪秀全系"服毒自杀"。郭廷以说洪秀全之死，"以服毒说为近真"；简又文在《太平天国全史》中指出，洪秀全自杀是“事实”；罗尔纲《太平天国史稿》根据《李秀成自述》内容，认为洪秀全“四月十九日（天历，即1864年6月1日）服毒逝世”。但也有学者对洪秀全自杀说，表示怀疑。

20世纪60年代初，藏在曾国藩家中达一百多年的《湘乡曾八本堂·李秀成亲供手迹》正式影印发行，其中明确记述洪秀全是病死的：“此时大概三月将尾，四月将初之候，斯时我在东门城上，天王斯时已病甚重，四月二十一日（天历）而故。”“此人之病，不食药方，任病任好，不好亦不服药也。是以四月二十一日而亡……天王之病，因食咁露病起，又不肯食药方，故而死也。”有学者指出，这一记述当是可靠的，因为曾国藩刊刻的《李秀成自述》，是经曾国藩篡改过的。曾国藩的幕僚赵烈文在《能静居士日记》七月初七日条中说：“中堂（指曾国藩）嘱余看李秀成供，改定咨送军机处，傍晚始毕。”曾国藩把李秀成供稿呈送军机处时曾说：“李秀成之供词，文理不甚通适，而情事真确，仅钞送军机处，以备查考。”由此可知，曾国藩所出示的李秀成供稿，是被“改定”过的。由于他在此前的两份奏稿中，都

洪秀全（《洪秀全演义》）

谈及洪秀全自杀之事，所以把李秀成供词中洪秀全病死“改定”为自杀，当在情理之中。《洪仁玕自述》的后半部分中说洪秀全自杀，恐非洪仁玕本意，因为后半部分是由外人译出，原稿已失。外人在翻译时受《李秀成自述》刊刻本影响，是极有可能的。值得注意的是，《洪仁玕自述》前半部分，是出自洪仁玕供词原稿，其中有“至今年四月十九（天历），我主老天王卧病二旬升天”。此说应较可信。幼天王洪福瑱（洪天贵福）在“自述”中曰：“本年四月十九日，老天王病死了。二十四日（天历）众臣子扶我登极。”赵烈文《能静居士日记》五月初六日条记：“闻探报禀称，逆首洪秀全已于四月廿八日病死（彼中之四月二十日）。”这些史料又让人不得不相信洪秀全是病死的。

洪秀全究竟是自杀的还是病死的？这一悬案仍然没有完全破解。

有关洪宣娇的疑谜

洪宣娇是太平天国西王萧朝贵之妻，史书说她能“骑马临阵”，是位骁勇善战、叱咤风云的巾帼英雄。有关她的历史故事，连篇累牍，脍炙人口。但是，有关她的历史记载却实在有限，以至于史家产生重重疑窦，由此就有了一系列的问号。

首先，洪宣娇的籍贯就是个问题。有人说她是广东花县（今广州市花都区）人，也有人说她是广西桂平人。孰是孰非，莫衷一是。

● 洪宣娇（《洪秀全演义》）

其次，洪宣娇的族属也是个问题。有人说她是汉族姑娘，也有人说她是瑶家女儿，认为她是客家人的多一些。

洪宣娇究竟姓什么，更是个问题。过去一直说她是洪秀全的幼妹，那是姓“洪”无疑的了。但也有人说她是杨秀清的妹妹，被洪秀全认为义妹，如此，她就应该姓“杨”。又据戊申年（1848）十一月中旬“天兄”

下凡时说的“杨宣娇肉父黄权政”，那么，她是姓“黄”。不过，根据太平天国的避讳制度，凡王姓必须改为黄姓，因而洪宣娇实际上很可能是姓“王”。

据洪仁玕口述的《太平天国起义记》中记载，杨秀清、萧朝贵等人积极动员和组织群众参加拜上帝会，洪（王）宣娇也随着他们翻山越岭，广泛接触贫苦妇女，解除她们的疾苦，因此得到妇女们的拥护和爱戴，“很快在女教徒中至为著名”，成为女教徒的领袖。紫荆山区流传着“男学冯云山，女学杨云娇”的口号。这个“杨云娇”又是何人？此外，谢介鹤《金陵癸甲纪事略》把萧朝贵之妻直书为“杨宣娇”；《天父诗》又称是“天娇姑”。这些，是否指的是同一个人呢？如果说“天”和“娇”是客家话而同音，“宣”和“云”又是笔误所致的话，那么洪（王）宣娇怎么变成杨宣娇了呢？按地主文人的记载，杨秀清“尝与西贼妻宣娇私，睡未醒，贼夥至不及避。乃假作天父下凡状，谓贼夥曰：宣娇我第六女，秀清同胞妹，当易姓杨”。这一说法有诬蔑之意，故多为清朝官方史书所用。另一种说法是，杨秀清把洪宣娇介绍给萧朝贵为妻，但为了加强与萧朝贵的感情，将宣娇收为义妹，从而改姓杨。联想到杨秀清确有一个妹妹叫杨水娇，说宣娇之名是杨秀清给另起的也未可知。

杨宣娇与洪秀全认识是在洪秀全第二次到广西以后的事，据说，宣娇的父亲黄权政与洪秀全的表侄黄为政是本家，因此宣娇与洪秀全还有些拐弯抹角的亲戚关系。于是，戊申年的《天兄圣旨》之后，“天兄”下凡时再也不直呼“杨宣娇”了，可以断定，这以后，杨宣娇已改称为“洪宣娇”了。为什么？因为这时洪秀全已被捧为上帝次子、人间真主，既然这样，作为上帝第六女的杨宣娇应该姓洪秀全的姓才更加顺理成章。因此，在太平天国后期的有关史料当中，如李秀成在其“自述”中记载的就是：“天王妹子嫁其（萧朝贵）为妻”了。可见，洪宣娇的姓氏曾多次改动，那是为了宗教宣传和政治斗争的需要。

有关洪宣娇的研究中有一种很流行的说法是：洪宣娇并无其人。对此，梁义群在考证了洪宣娇的姓氏之后认为，如果洪宣娇的姓氏变动如上文所说有源可查的话，那么，洪宣娇确有其人也就成为不争的事实了。

洪宣娇在太平天国运动前期的地位是相当高的，除了上述的拜上帝会曾发出“男学冯云山，女学杨云娇”的号召外，《天父诗》第八十道诗又说：“天堂子女娇为贵。”在第十一道诗中还要求拜上帝会女会员“听二姐教”，这个“二姐”就是指洪宣娇。这些太平天国文献的记载，真实地说明洪宣娇确实是位出类拔萃、能领导成千妇女群众的领袖人物。她的号召力能与冯云山并列，反映了她在拜上帝会所具有的地位和起到的突出作用。然而，在太平军金田起义以后，就不见洪宣娇的活动，太平天国的文献中，也没有她一星半点的记载了。这又是为什么呢？

在《天父诗》第一百零八至一百十一道诗中曾记载着一件事，说由于洪宣娇“不遵天令乱言题”，杨秀清借“天父”下凡，狠狠地将她打了一顿。据《太平天国起义记》的模糊记载，这是由于洪宣娇擅自模仿洪秀全的“灵魂升天”和萧朝贵的“登天”活动，也搞了一次所谓的“灵魂升天”，以此来提高自己在会众中的威望。这当然是杨秀清不能接受的，同时，杨秀清还担心，如果会众都群起而仿效之，将会扰乱拜上帝会刚刚安定下来的局面。于是，杨秀清不得不借“天父”的名义，严厉责罚了洪宣娇。但是，也许是洪宣娇“豪爽过男儿”的顽强性格使她面对强力高压不肯低头，所以，己酉年（1849）十二月十八日“天兄”下凡时，仍说她“未能遵正”。于是，就在同月初一日，“天兄”就已公开宣布：“尔们各要修好炼正，男人要学冯云山，女人要学胡九妹。”这是取消了洪宣娇让人学习的资格，不承认她在拜上帝会中的妇女领袖的地位。从此，洪宣娇的政治地位一落千丈，很快在太平天国政治舞台上消失了。

至于洪宣娇为什么要搞“灵魂升天”？学者们认为，这是洪宣娇大无畏革命精神的体现。太平天国对妇女会众有着种种戒律，其基本的“女道”有两条：一是“女道总宜贞”；二是“幽闲端位内”。即使是对洪宣娇这样的“王娘”“天媳”“天婶”等高层次妇女，其基本要求也是“炼正”“遵旨”，还必须“不得大胆，不得瞒天”，“耳莫乱听，嗲莫乱讲。眼莫乱望，心莫乱想”。这些，对较少受封建传统秩序影响的客家妇女来说，无疑是一种束缚。对洪宣娇这位敢想敢干的女斗士而言，崇高的“西王娘娘”的身份更是一种桎梏，势必会与之发生冲突。因此，洪宣娇的“灵魂升天”以及随后的不服管教的举动，是她对男人争取平等权利的表示，是冲破封建网罗的反抗行动。不料，这让她付出了沉重的代价。

但是眼下又有一新说，认为太平天国时期既有杨宣娇，又有洪宣娇。杨宣娇是萧朝贵的发妻，早在金田起义之前就是紫荆山地区很有影响力的人物。她编造“异梦”来宣传洪秀全和拜上帝会，对组织群

● 洪宣娇（话剧《洪宣娇》剧照，唐若青饰）

众起了很大作用。因此在酝酿起义之时，洪秀全就将她认为义妹，称萧朝贵为上帝女婿。但不久，杨宣娇就病逝了，正好此时洪秀全派人到广东迎来全家老小一起参军，就将小妹嫁给萧朝贵为继室，并更其名为洪宣娇。可见，杨宣娇和洪宣娇是萧朝贵的前后妻子，前者是太平天国一女将，曾扬威一时；而后者只是一村姑，后为西王娘，是严格遵守天国戒律的贵妇人，并无传奇色彩可言。此说倒可以解释洪宣娇之所以在金田起义前的赫赫有名而起义后却默默无闻的奇异现象了。

关于洪宣娇的下落问题也众说纷纭。有的说，湘军攻陷天京后，她混杂在难民群中逃出城外，不知所终。有的说，早在杨韦内讧、互相残杀后不久，洪宣娇就怀着极度的失望，带所部女兵回到了广西。还有人说，她是被清军捕获后杀害的，因为据清宫《庚子失去宝物清单》记载，洪宣娇的牙齿原收藏在清宫内，八国联军侵入北京后“荡失”了。甚至有人说，天京城被攻破之日，洪宣娇乔装成农妇，随难民来到上海，以后又辗转随同传教士远渡美国，在旧金山一带开业行医。这些，都无据可证，难辨真伪。

此外，还有“洪宣娇有无智救洪秀全和冯云山”“洪宣娇有没有与傅善祥争宠”“杨韦内讧是不是洪宣娇挑拨的”等等一系列问题，或真或假，或褒或贬，令人眼花缭乱。但皆因不见于正史，如今只能将其作为小说家言看待了。

石达开为什么不救援天京

石达开是太平天国领导集团中文武双全的领袖之一，他英姿勃发，却性格平和，善讲道理，深受群众欢迎，享有较高威望。他与韦昌辉共同协助杨秀清管理天国的军政大事，还掌握全军的刑法和后勤工作，充分表现出他的政治才能。咸丰六年（1856）9 月，天京城里“祸起萧墙”，韦昌辉在洪秀全的支持下，杀死了杨秀清及其亲属、部众二万多人。正在湖北前线征战的石达开昼夜兼程，赶回天京，想进行排解，反遭韦昌辉的嫉忌，欲加杀害。危急之中，石达开缒城逃走，但妻子儿女却死于韦昌辉的屠刀下。韦昌辉的倒行逆施引起天京军民的极大义愤，洪秀全出于种种考虑，将韦昌辉处死，并将其首级传至石达开军中，石达开才允回天京。

天京内讧之后，广西首义的六王，只剩洪秀全与石达开了。论威望，论才干，石达开确实是辅政安民的理想人才，他的复出，使“众人欢悦”。但嫉贤妒能的洪秀全却“有不乐之心”，他重用哥哥洪仁发、洪仁达，处处与石达开为难，甚至有谋害之意。处于刁难、挟制和陷害中的石达开根本无法施展其才智以辅政，不得已于咸丰七年 6 月从天京出走，奔赴安庆。

仅隔数日，清兵即攻陷溧水，7 月 16 日又攻陷句容，大军云集镇江，并向天京进逼，形势非常危急。据说，当时洪秀全颇有后悔之意，百般求好于石达开，以图力挽狂澜。但据当时两江总督何桂清的奏报："洪逆……屡求石逆救援不应。该逆将洪仁发、洪仁达伪号削去，并镌伪义王金牌一道，及合各城大小伪职求救表章送往安庆。石逆但遣党二千余人，乘坐木排前来援镇等语。或云石逆并未受物，亦未允来，坐观洪逆成败，以为己利。"可见石达开并没有如洪秀全所愿，回军救援天京。作为天国的领袖，在天京危急的时候，为了私愤而坐观其变，这无论如何也说不过去，因此，过去论者都以此肯定石达开走上了分裂主义的道路，是"太平天国的叛徒"。

但是，滕新才先生等却认为不能以表面现象代替史实，石达开不救天京是事出有因。

其一，石达开出走，是在极为秘密的情况下进行的，当时的奏报为："或云十二日（即 1857 年 6 月 3 日）由南门走出，或云二十一日在雨花台讲道三天，遂不回城。"如此仓促的出走，必定不可能带走大量军队，安徽巡抚福济奏报：石达开"由金陵带其党与数千，道经该州前往上游"。可知石达开直接带走的军队仅数千人马而已，以后络绎出京投奔者，约五万至七万人。这些人马守住安庆已是捉襟见肘，更难以分兵救天京了。

其二，石达开当时已经有了一个更为深远的战略计划：调动陈玉成、李秀成和捻军往长江下游加强天京防务，自己则赴援江西，进军浙江，攻取江南财赋重地，扼断清廷经济命脉以解天京之危。由于洪秀全仍然对他存有猜忌之心，为了避免引起不必要的误会，给清兵以可乘之机，

翼王石达开夜啸图

石达开决定不派大军前往天京，而调动二千余人从安庆沿江东下，并声明是救援镇江，目标不在天京，以迷惑清兵的视听。

安庆是长江上游的军事重镇，是天京的屏障，严密扼守安庆，在战略上无疑是正确的。从安庆进入江西、浙江，就近拱卫天京，必将起到事半功倍的作用。事实证明，石达开进军江西、浙江，比直接进援天京收益更大：咸丰七年9月，石达开军进入江西，占领乐平（今属江西）、万年、安仁（今江西余江北），包围抚州府。又分兵六起准备直攻苏、杭，以分天京之势，吓得清军调兵遣将，重新布防。以后又全力图浙，连克府县，给清军以沉重的打击，迫使清廷火速派兵增援，把大量的清兵吸引到浙江战场，从而减轻了天京的压力，为陈玉成、李秀成再破江南大营创造了条件，稳定了太平天国岌岌可危的局势。

按照这一观点，石达开的"不救天京"，如同历史上孙膑的"围魏救赵"，它牵动了清军大量兵力，舒缓了天京危难，使长江中下游的军事形势趋于好转，在客观上促成了太平天国得以延续六七年的国祚。

如果这一结论成立，石达开的天京出走实在算不上是"分裂主义的标志"，他的真正"分裂"至少要到咸丰九年2月，确定远征四川，与天朝的政治军事斗争完全脱离才开始。当然，这已是另外一个议题了。

石达开死里逃生了吗

同治二年（1863）5月，石达开遭清兵围追，率军抵大渡河畔，欲渡河谋求发展。不料山洪暴发，贻误了渡河时机，使清兵得到了调兵合围的时间。石达开多次组织强渡，都没有成功，将士死者以万数。太平军进退失据，又弹尽粮绝，陷入绝境。面临全军覆没的险恶处境，石达开不禁悲观失望，这个讲义气的农民军领袖，决定用一死以尽忠尽义，成全余部。清军将领周岐源、杨应刚等似乎摸透了石达开的心思，通过种种途径劝他牺牲一切，保存部下生命，并“贻书约誓，待以不死”。于是，石达开“视死如归，毅然许之”，6月12日，他先叫王妃五人，怀抱两幼子投河以殉，然后携五岁的儿子石定忠偕同宰辅曾仕和等，前往清营。18日，清军将石达开一行押送至成都。第二天晚上，就对石达开的余部进行惨无人道的大屠杀。两千多太平军将士，除极少数拼死突围外，全都悲壮地牺牲了。

在敌人的公堂上，石达开昂首怒目，侃侃而谈，使负责审讯的清军将领“气沮语塞”，只能以死来威胁他。石达开大笑，毅然答曰：“是俗所谓成则为王，败则为寇，今生汝杀我，安知来生我不杀汝耶？”6月26日，清兵以残酷的凌迟大刑，秘密杀害了石达开和曾仕和等人。据《纪石达开被擒就死事》一文记载：“石王与曾仕和对缚于十字桩上，行刑人分持利刃，先剜额头皮，下掩双目，次剜双腕。曾文弱，不胜其楚，惨呼。石徐止之曰：‘何遂不能忍此须臾？当念我辈得彼，亦正如此，可耳。’曾遂切唇无声。凡百余刃，剜全体殆遍。初流血，嗣仅淡血，最后仅滴黄水。刑终，气早绝矣！”幻想舍命救全军的石达开，终至丧师身死，年仅三十三岁。

然而，在四川一带，始终流传着一种美好的传说，即石达开并没有死，当时忍受酷刑、凛然就死的是他的义女的丈夫马德良。

据说，石达开出征时，曾替一名叫韩宝英的少女报了家仇，少女为报恩愿委身事之，石达开仗义不纳，收为义女，让她掌军中文书，人称“四姑娘”。后有马德良来投军，四姑娘见他容貌酷似石达开，即嫁之。当石达开被困大渡河，决定自赴清营，舍命救全军的时候，四姑娘走进后帐，问马德良说：“父王待你如何？”马回答说：“父王与小姐待我恩重如山。”四姑娘又问：“大军被困绝地，全军事大，还是保全尔我性命事大？”德良慨然答曰：“能使父王及全军脱难，万死不辞。”于是马德良化装成石达开，入清营受缚，最终被害，四姑娘自己则抱着幼子沉河。而真正的石达开，已经混在乱军中突出重围，隐迹于山林了。此事源出王韬的笔记，又经《太平天国野史》等书籍的渲染，在四川地区家喻户晓，川中至今还在上演川剧《四姑娘》。

另有民间传说：石达开兵败大渡河后不久，涪州乌江有一位老艄公，在一个风雨交加的黑夜，载了一个神秘的客人。艄公把他渡过乌江后，发现客人留下一把特制的伞，伞杆是铁铸的，刻有“翼殿石”的字样，而石达开正是太平天国的翼王。这说明他并没有被清兵捉去，而是化装潜逃，渡过乌江，削发为僧了。

这些传说在民间不胫而走，广为流传，爱戴石达开的百姓宁信其有，不信其无，但史学家多将它看作是小说家言，因为它们毕竟有许多破绽。

但是，关于石达开未死的说法并非空穴来风，它首先来自官方。早在咸丰二年太平军北上之后，清将福兴谎报军情，说是在追击途中打死了“伪翼王石大剀”。钦差大臣徐广缙即据此上奏朝廷。以后向荣继任钦差，在战报中又提到石达开，咸丰皇帝觉得奇怪，责问道：“何又有石达开？是否即系石大剀？”这样，就给人造成一个印象：对于石达开的奏报不可轻信。宝庆会战之后，石达开战死的消息又在朝野传开，清廷一再下旨查询，但没有一个封疆大臣敢于作出肯定的回答。大渡河之战后，石达开落入清军之手，清廷还是将信将疑，再三查问。四川总督骆秉章在奏章中解释：“石达开自供与洪秀全等自广西金田村起事即封伪王，及窜扰各省情形历历如绘，皆臣所素悉，语皆符合。且其枭桀之气，见诸眉宇，绝非寻常贼目等伦，实为石达开正身无疑。”后又在处死石达开的布告中说明：“派前自贼营选出者辨认，实系石达开正身无疑。”骆秉章的反复说明，是因为社会上有疑问，但他一再辟谣，却并不能彻底消除人们的怀疑。人们不禁要问：能把太平天国的历史说得“历历如绘”的，就是石达开吗？眉宇间有“枭桀之气”的，就只有石达开吗？尤其是，石达开被押解到成都才两天即被处死，如此仓促，难道没有以假乱真的掩盖之嫌？

不仅百姓有疑，即便是清朝统治者，也长期真假莫辨，心中无底。

据《李秀成自述别录》记载，同治三年，曾国藩等审讯李秀成的时候，就提出过“石达开死否”这个问题，李秀成未作回答。这一问，正表明了清廷对石达开的确切死讯也无把握。而李秀成对曾国藩提出的其他问题都有问必答，唯有对此事却避而不谈，这更使人如堕雾中。

总之，关于石达开的生死、下落，我们不可轻信小说家言，但也不能忽视当时朝野上下的疑惑。正因如此，有关石达开死里逃生的民间传说，仍使人难以对其彻底的加以否定。

李秀成是真降还是伪降

李秀成是太平天国后期的重要领导人之一，在天国的政治、军事、外交等方面具有很大的影响。他也是太平天国人物评价上争议最大的人物之一，因为他在太平天国的京城被攻破后，为保护天王幼子突围，不幸被湘军俘虏。在曾国藩的囚笼里，他写下了长达五六万言的“亲供”，即后人所称的《李秀成自述》。在“自述”中，李秀成回顾了他投身革命的历程，指出了“天朝十误”，并为重新汇聚余部，定出“收齐之章程”，即后来通称的“招降十要”。长期以来，人们据此将李秀成视为晚节不保的叛徒，曾有一段时间，对李秀成的口诛笔伐充斥大小报刊。

李秀成真是叛徒吗？学者们并不完全认同此说。

首先，《李秀成自述》的真实性值得怀疑。曾国藩杀害李秀成后，立即将他的“自述”作了删节，誊抄一份上报军机处，后由九如堂刊刻行世。原稿则私下保留，深藏密室，曾氏后人也一直不肯公开示人。直到 1944 年，广西通志馆的吕集义赶到湖南曾国藩老家，费尽口舌才得以在曾氏兄弟的监守下阅读原稿，补抄了五千多字，拍了十四页稿本的照片。多年以来，有关李秀成“自述”原稿的真伪问题一再引起争论。以有争议的史料作为判定李秀成是叛徒的依据，这本身就不甚符合科学精神。

其二，即使“自述”真伪没有问题，人们也可察觉，据记载李秀成共写了五六万字，但已刊刻的“自述”再加上在曾氏老家抄出的，也不过三万三千字。那么，还有那一万多字就是被曾国藩销毁的了。为什么曾国藩对李秀成的“自述”那么如临大敌，非得删改、销毁呢？其中有没有不可告人之处？人们大胆地猜测，李秀成可能在“自述”中劝曾国藩反清，自己当皇帝。如史学家孟森所说：“可能以种族之见动曾，其时汉人已握实力，满人积威以替，不无动以取而代之说。”李秀成既然会劝曾国藩反清，那他怎么会真心投降于清呢？

其三，“自述”中隐瞒了一些最重要的真相。如隐瞒天王对他的信任，假造自己与天王不和；明知道天王幼子已经脱离险境，却故意说“十六岁幼童，自幼至长，并未骑过马，又未受过惊慌，九帅四方兵追，定然被杀矣”；隐瞒太平天国其他主力的动向；隐瞒太平天国在天京城内藏有大量金银财宝的真相，等等。如果李秀成真心投降，完全可以以这些信息邀功请赏，但他却没有这样做。

其四，李秀成一生的表现说明他不是个贪生怕死的人，且不说他参加太平军后征战十余年，出生入死，从不畏惧。兵败突围之际，还将自己的战马让给天王之子，把死亡的危险留给自己。即使是他被俘以后，曾国荃“置刀锥于前，……叱勇割其臂股，皆流血，忠酋殊不动”。临刑前，“复作绝命词十句，叙其尽忠之意”。这样一个对死神极度蔑视的人会突然屈膝投降，很可能就是另有所图。

其五，当时的历史条件决定了李秀成以伪降劝曾国藩反清是可行的。曾国藩的湘军攻陷了天京后，力量变得空前强大。而清朝的中央军却已不堪一击。以曾国藩当时的力量，完全有可能推翻清朝政权，自己取而代之。曾国藩的部下也不乏劝他反清的，据说彭玉麟就曾写信给他："东南半壁无主，老师岂有意乎？"吓得曾国藩脸色突变，急说："不成话，不成话，雪琴（彭玉麟）还如此试我，可恶！"甚至将信撕成碎片吞下肚。照此推测，李秀成有可能设计一个深谋远虑的计划，即先劝说曾国藩自立为皇帝，然后再伺机恢复太平天国的事业。但是，封建王朝的臣子是最怕君王怀疑自己有篡逆之心的，因此，如果李秀成的"自述"中有类似的文字，曾国藩也一定不会让任何人看到，必定设法删改掩饰的。

另外，关于李秀成伪降的猜测还有一条重要的口碑旁证。曾国藩的曾外孙女、北京大学西语系教授俞大缜曾对罗尔纲如此说："我母亲曾广珊，是曾国藩的孙女。……1946 年……有一天，她在卧室内和家中少数几个人聊天……因提到天王府，就提到了李秀成……事后母亲亲口对我说：'李秀成劝文正公做皇帝，文正公不敢。'当时我没有认识到这句话的重要性，所以没有追问，现在万分后悔。几年后，我读了罗尔纲老先生所著的《李秀成笺注》，才知道曾国藩把一部分李秀成所写的材料毁掉，再把母亲对我讲的那句话联系起来，就悟（顿）然大悟李秀成的确是想学三国中

李秀成

的姜维。”俞教授还强调：“我的母亲是虔诚的基督徒，是决不说谎话的。”这条口传史料对判定李秀成是否伪降应该有重要的价值。

当然，对李秀成而言，企图诈降以谋恢复，是不切实际的幻想。在革命失败的时候，把希望寄托在革命的敌人曾国藩身上，更是一个错误。但这与他在敌人的利诱下真心愿意投降毕竟不是一回事。因此，弄清李秀成是真降还是伪降，对近代史研究还是十分必要的。

李秀成笔迹

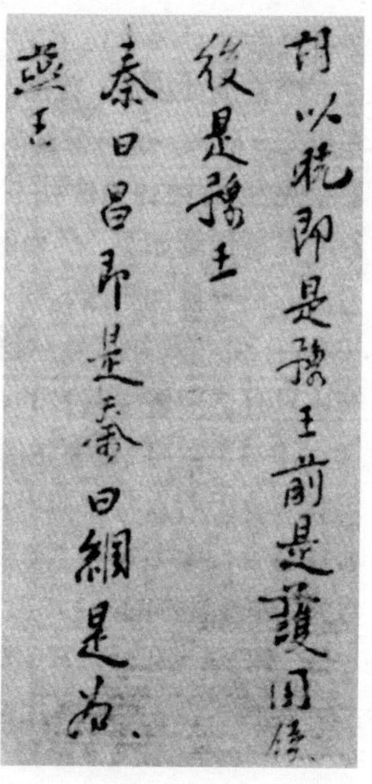
胡以晄即是豫王前是護國侯
後是豫王
秦日昌即是秦日綱是為
燕王

《李秀成自述》是否伪造

如上文所述，李秀成在狱中写下了洋洋数万言的“自述”，后人有据此认为李秀成是个晚节不保的叛徒。然而，这份“自述”是真是假，学术界为此已经争论了半个多世纪。

李秀成被害后，曾国藩命人将他的“自述”删改、誊抄了一份上报军机处，后来，这份誊抄的文本由九如堂刊刻，即所谓的“九如堂本”。原稿呢？世传被曾国藩私下扣留，既没有上交朝廷，也不肯公开示人。他的后人也讳莫如深，严加保管。光绪末年，有一个名叫韩孔的人，将曾国藩的刻本再加删改，刊入日本广智书局出版的《近世中国秘史》中。20世纪30年代初，罗尔纲开始研究《李秀成自述》，他所能看到的，只有这个谬误甚多的本子。

1944年，广西通志馆的吕集义先生赶到湖南湘乡曾国藩的老家，废寝忘食两天，共补抄了五千多字，还拍摄了十四幅照片。这些文字加上原来“九如堂本”的二万七千多字，就出版了《忠王李秀成自述原稿校补本》。

罗尔纲根据吕氏的校补本和照片进行研究，写出了著名的《忠王李秀成自传原稿笺证》，并断言，曾国藩后人出示的李秀成“自述”确是忠王亲笔。理由是：

● 曾国藩（《洪杨演义》）

第一，从笔迹看，曾氏所藏的“原稿”和李秀成的真迹同出一人之手。当时参加审讯李秀成的庞际云藏有李秀成亲笔答词二十八字。罗尔纲花了很大的功夫，将一字一句、一笔一画的拿“原稿”和上述真迹对照，还征求了笔迹鉴定专家的意见，最后断定“原稿”是真品。

第二，从内容看，“原稿”将金田起义到天京陷落十四年间的每一个过程和细节都描述得十分清楚，这是曾国藩难以捏造的。再则，“原稿”在称谓上多遵循太平天国的制度，这既非旁人能够清楚地知道，也不是旁人能习惯出自然地遵守的。

第三，“原稿”中用了许多李秀成家乡的方言，这更是曾国藩等人无法伪造的。

在很长的时间里，罗尔纲的这一观点几乎成了定论。但是，到了60年代初，曾氏所藏的“原稿”在台湾影印出版了，更多的史学家看到了李秀成“自述”原稿的全貌。于是，就有人提出了完全相反的意见，认为这份“原稿”并不是李秀成的真迹，而是曾国藩伪造后让人模仿李秀成的笔迹炮制的。如荣孟源提出如下理由：

其一，根据其他史料记载，李秀成是每一天写若干页，交给曾国藩的，共分九天。按常理，每天写的最后一页，一般总要空几行或几

曾国荃（《洪杨演义》）

个字。可“原稿”上每天都写到最后一页纸的最后一行字，看不出每天的间隔。何况，既是随写随交，真迹就应该是散叶或分装成九本，但现在所见的本子却是一本装订好的横条簿！这显然是有人把李秀成每天所写的真迹汇抄在一起了。

其二，所有的材料都说明李秀成当时是写了五万多字，但“原稿”只有三万三千多字，比真迹少了一万余字。这一万余字应是被曾国藩撕毁了的，那么，“原稿”的内容就应该是上下不衔接的。可是，现在人们所见的“原稿”却是前后内容完全相连的，人为的痕迹十分明显。

其三，太平天国有严格的书写规定，而“原稿”在写“上帝”“天王”等词的时候该抬头而不抬头。相反，在一些该避讳的时候不避讳，不该避讳的地方却避讳了。如凡“清”字均不讳，而不该讳的“青”却写成了“菁”，这是违背太平天国的避讳制度的。当然，偶有笔误是可以理解的，但“原稿”在这方面的笔误却太多了。

针对上述反对意见，仍有学者坚持“原稿”是真迹的观点。如钱远镕认为这个“原稿”是李秀成的真迹，不但是真迹，还是完整无缺的。曾国藩只对它进行了删改，并没有撕毁或偷换。

陈旭麓也认为李秀成在皈依拜上帝教之前，已是个二十六七岁的成年人，早已形成了通行的书写习惯，经历了十余年的太平天国革命，尽管熟悉了太平天国规定的书写格式，但有时疏忽犯了讳，也并不奇怪。再说如果曾国藩要作假，应该在上报军机处和刊刻的时候就完成，何必造个假东西当作宝贝传之后代呢？

罗尔纲虽然不同意钱远镕“完整无缺”的观点，认为“原稿”确有被曾国藩撕毁的地方。但关于“原稿”是否真迹的问题，却仍然坚持自己的意见。他认为反对者并没有从笔迹鉴定等方面推翻他的论断，而笔迹鉴定是所有论据中最权威、最无可辩驳的。然而，伪造笔迹古已有之，也是不足为证的……

争论了半个多世纪的《李秀成自述》真假案，何时才会有定论？

捻军首领张宗禹的下落

清同治三年（1864），太平天国首都天京被攻破，主要领导人或战死或被捕杀，太平天国失败了。但其余部与北方捻军会合，继续战斗，后捻军分为东西两支，张宗禹是西捻军首领。东捻军告急时，西捻军千里东下驰援，但援救不及，东捻军覆没，西捻军陷入敌军重兵围堵之中，同治七年六月二十八日（1868 年 8 月 16 日）于山东茌平失败。战斗中，张宗禹一马当先，骁勇善战。战败后，有关其下落说法各异，扑朔迷离。

一说为投水而死。主持攻捻的清军统帅李鸿章在奏折中称：张宗禹兵败后下马投水而死。其依据是，被捕的张宗禹随身侍卫王双孜的供述。张宗禹率八名亲兵突围，逃至黄河边，适因连日暴雨，河水漫涨，无法渡河，于是往北至徒骇河畔，又见河水暴涨。张宗禹劝令随从各自散去逃命，自己下马脱衣投水而死。但此说疑点较多，如当时清廷一再催促查验张宗禹尸首，但始终没有得到，李鸿章以尸体漂流多日，必已腐烂，无从寻认为由打发过去。另外，《山东军兴纪略》中亦载有王双孜及另一侍卫的供词，供词说他们目睹张宗禹浮沉中流，呼之不应，良久随波去。张宗禹是死是活，并未言明。李鸿章说张宗禹投水而死，似缺乏可靠依据，很可能是出于向清廷邀功请赏的目的，而有意虚报。

一说为落难孔家庄。有一些文字资料、传闻及现代人回忆都说张宗禹兵败后潜逃脱险，终老乡间。1919 年重修之《涡阳县志》中，记录了不少原捻军中人提供的情况。尹傻子是张宗禹侍卫，修《涡阳县志》时被请去提供张宗禹的材料，他说张宗禹“穿秫凫水，不知所终”。1933 年河北《沧县志》卷十四透露了张宗禹逃生后的隐居生涯：“张酋败后，逃至邑治东北之孔家庄，变姓名为童子师，后二十余年病死，即葬于其庄，至今抔土尚存焉。”“其临殁时告人曰：‘吾张宗禹也。’先是庄人恒见其醉饮时辄持杯微呼曰：‘杀啊！’因怀疑莫释，至是始恍然。”1980 年，有史学工作者根据《沧县志》所载，赴孔家庄实地查核，访问当年收留张宗禹的孙姓人家第四代孙孙奎元，孙奎元说：“张宗禹初来时，住俺家园屋，天冷了……俺老老太太（高祖母）说：‘给他做套棉衣裳！’她说话算，媳妇们不敢反对，就做了。她自己送棉衣去，张宗禹一见就跪下叩头说：‘比咱娘还要亲。’就喊娘。”“他长的黄眼睛，高个子，初来时辫子剪了，毛缨子披到肩上。俺这里人只知道他可能犯了法。”“小孩子怕他，他喝醉酒还喊‘杀！’他临死前自己讲是张宗禹。”“他是大捻子失败后来的，来时五十岁，七十多岁死的，在这住二十多年。”孔家庄还保存着张宗禹坟地。

还有一说为出家为僧。1957 年，涡阳人王大球写《张宗禹传略》，其中说：涡阳吴桥吴某，原是张宗禹部下掌旗兵，兵败后逃回家乡，与人合伙开粮行。粮行离张宗禹老家仅八里地。吴某曾亲自见到化装成僧人模样的张宗禹，到粮行住宿，还与吴某攀谈。此前，张宗禹老家祖坟上每年必有一次纸灰。自与吴某晤后，张宗禹再没出现，其祖坟上纸灰也不再有了。

1982 年，武汉长航一退休老人李海，自称是捻军头领李大个子第四代后人。老人说：李大个子是天津武清人，好武艺，爱打抱不平，在张乐行（1852—1863 年间捻军领袖）北上贩私盐时与其结识，并加入捻军。张乐行捻军被击散后，逃回家乡。几年后张乐行的侄儿张宗禹来找他，并住过一段时期。种种迹象显示，张宗禹似乎是死里逃生，并得以安度余岁。

同治帝缘何而死

清同治十三年十二月五日（1875年1月12日），年仅十九岁、即位不满十四年的穆宗（同治皇帝）载淳去世。关于其死因，朝野上下说法各异，至今仍是一个谜。

有的说，同治帝死于天花。翁同龢是同治帝授读师傅，曾多次奉两宫皇太后之命前往探视，他在日记中记下了亲眼目睹的同治帝病情：“十一月初二日，入至内务府大臣处，……见御医李德立、庄守和脉按言：天花三日……”又记：“初八日，……伏见天颜，温晬偃卧向外，花极稠密，目光微露。”就在同治帝病逝当月，慈安太后之女亦因患天花而“薨死”宫中，说明当时宫内流行天花病毒，同治帝不幸感染，不治身亡。近年又有学者于清宫档案《万岁爷进药用药底簿》中，查阅了自同治十三年十月三十日载淳发病，召御医李德立、庄守和入宫请脉时起，直至十二月初五日载淳病死时止，前后三十余天的脉案、处方及一百零六帖服药记录，肯定同治帝死于天花无疑。

有的说，同治帝患痈而死。痈即俗称之毒疮或疔。李慈铭《越缦堂日记》中说：“同治十三年十二月酉刻，上崩。先是……上旋患痈，项背皆一，皆脓溃，先十日已屡昏，殆不知人。”

有的说，同治帝是患了梅毒之症。此说在同治帝死后，已闹得满城风雨。同治帝在其生母慈禧的干预下，婚姻不幸福，于是微服出游，寻花问柳，到高级妓院怕为王公贵族认出，故所去的都是一些低级卖淫场所，结果身染梅毒，不治身死。《清朝野史大观》卷一《清宫遗闻》记曰："孝哲后，崇绮之女，端庄贞静，美而有德，帝甚爱之。以格于慈禧之威，不能相款洽，慈禧又强其爱所不爱之妃，帝遂于家庭无乐趣矣，乃出而纵淫。……专觅内城之私卖淫者取乐焉。……久之毒发，始犹不觉，继而见于面，盎于背。""太医知为淫毒而不敢言，遂以治痘药治之，不效。"给同治帝看病的主治御医李德立的曾孙李镇回忆：他于1938年听祖父说，同治帝确是死于梅毒。对此，其所识前清遗老，均额首称是。"同治梅毒溃烂后，流脓不止，奇臭难闻，曾祖父每日必须亲自为他清洗敷药。一个多月来受到强烈恶臭刺激，从此失去了嗅觉"。其实，当曾祖父李德立"入养心殿请脉之初，已看出是梅毒之症。为了慎重起见，曾约一位有名外科御医张本仁会诊，一致肯定是杨梅大疮。自忖若奏明载淳生母慈禧，她通晓医道，喜怒无常，如若一时火起，指责有辱九五之尊，必遭杀身之祸。……不如装糊涂吧。既然宫中都说天子出水痘，就照天花来治。……不过请脉处方还须格外谨慎……如用治梅毒的

清穆宗载淳

药，岂不自相矛盾，所以只能用……‘益阴清解饮’、‘益肾清毒饮’、‘益肾清解饮’等滋阴化毒的补剂。倘若用剂加重，太后会出面干预的。”这样，现见之清室档案中，皆天花病脉案和处方，就可以理解了。

还有人说，同治帝是死于慈禧之手。慈禧对异己者心狠手辣、毫不留情，是人所共知的。费行简在《慈禧传信录·穆宗致命》一节中记：“王庆祺（同治帝师傅）革斥后，辄语人云，穆宗亲政后，太后仍多干涉，乃请修园为颐养计，意在禁隔，使勿再干政耳。竟为太后所觉，遂致奇变。”若同治帝真企图从慈禧手中夺取政权，那么为慈禧加害，是不足为奇的。御医李德立曾孙亦述及同治帝死去时的状况：“同治之病，经先曾祖精心治疗已有起色。十二月初四日午后，阿鲁特氏（孝哲后）来东暖阁视疾，……这时早有监视太监走报西太后，说皇帝与皇后阁内私语。慈禧急来东暖阁，脱去花盆底高跟鞋，悄悄立在帏幔之后窃听，……此时皇后毫无察觉，哭诉备受母后刁难之苦。皇帝亦亲有感受，劝她暂且忍耐，待病好之后，总会有出头的日子。……不料慈禧听到此处正刺所忌，竟勃然大怒，立刻推幔闯入帏内，一把揪住皇后的头发用力猛拖，一大撮头发连同头皮都被拉了下来，又劈面猛击一掌，顿时皇后血流满面，惨不忍睹。慈禧又叫太监传杖，棒打皇后。同治大惊，顿时昏厥，从床上跌落在地，病势加剧，从此昏迷不醒。急传先曾祖入阁请脉，但已牙关紧闭，滴药不进，于次日夜晚死去。”可见，由于同治帝想有一天“出头的日子”，使慈禧太后于同治帝病榻前大耍淫威，虽未直接加害同治帝，但至少是加快了他的死亡。

刺马案的真相

“刺马案”是“清末四大奇案”之一，其主角名马新贻（1821—1870），字谷山，山东菏泽人，道光二十七年（1847）进士。曾参与镇压太平军、捻军，历任按察使、布政使、浙江巡抚。同治七年（1868），任两江总督兼通商大臣。两年后的八月二十二日，他在参加一年一度的总督阅射时，遭刺客袭击，伤重身亡。

当朝重臣竟在督署重地被刺，对清王朝的冲击不小，史籍记载同治皇帝“实深骇异”，慈禧太后惊问“这事岂不甚奇”？李鸿章也说：“谷山近事奇绝，亦向来所无。”于是，朝廷一日之内发出四道谕旨，要求将行刺缘由以及幕后策划人查个水落石出。

先是江宁将军魁玉担纲初审，他报告说：“拿获行刺之凶犯，始则一味混供，迨昼夜研鞫，据供系河南人，名张汶（文）祥，直认行刺不讳，而讯其行刺之由，尚属支离狡诈。”这一结果，自然不能让朝廷满意，王公大臣纷纷上奏：“督臣遇害，疆臣人人自危，其中有牵掣窒疑之处，应派亲信大臣彻底根究，勿使稍有隐饰。”清廷也意识到此案的严重性，接二连三地下旨，口气也越来越严厉。魁玉在惶恐中加紧审讯了一月有余，但每次的奏报仍不离“一味闪烁”“语言颠倒”“一味支离”等词。

十月，朝廷派张之万主持会审，张之万报告说："该犯张汶祥自知身罹重解，凶狡异常，连讯连日，坚不吐实，刑讯则甘求速死，熬审则无一言。既其子女罗跪于前，受刑于侧，亦复闭目不视，且时复有矫强不逊之词，任意诬蔑之语，尤堪令人发指……"其实，老奸巨猾的张之万采取的是拖延战术，他知道审理此案吃力不讨好，于是慢慢地审，等待曾国藩的到来。

果然，朝廷不仅谕令曾国藩速回江宁，还以刑部尚书郑敦谨为钦差大臣赴江宁复审，先前审理的人员全部撤换，显示了朝廷处理此案的决心。但曾国藩自九月三十日接旨，磨磨蹭蹭，历时三个多月才正式上任。到江宁后又一直不审理案件，耐心等待郑敦谨。而郑敦谨因雨雪阻滞，直到二月十八日除夕夜才赶到，初二即开审。郑敦谨雄心勃勃，非要把这天下疑案审理清楚，但一连十四天，仍然毫无收获。此时，曾国藩方淡淡地对他说："将来只好仍按魁、张二公原奏之法奏结。"顿时，郑敦谨产生了一种被人设计之感，也明白了此案的复杂性。最后，郑、曾联衔上奏，除了叙述更详细一些，取供、采证、行文更加缜密一些，基本内容果然不出魁、张的奏结。所不同的是：一、特别强调张文祥"听受海盗指使并挟私怨行刺"，"实无另有主使及知情同谋之人"；二、对张文祥的量刑更加残酷，除"按谋反大逆律问拟，拟以凌迟处死"外，另增一条"摘心致祭"。

前后主审大臣都反复强调"毫无确供"，清廷虽然不满意，但最后也不得不接受这一事实，肯定了郑、曾的奏结。四月四日，曾国藩奉旨监斩，将张文祥凌迟处死，并摘心致祭。

案件虽然了结，但审理并不能服众。马新贻的亲信孙衣言、袁宝庆当时也参加会审，就拒绝在奏结上“书诺”，曾国藩等干脆在奏结中不提他们参加会审一事，从而瞒过了朝廷。张文祥被处死后，孙衣言在为马新贻写的神道碑铭中慷慨陈词，揭露了审理真相。一时，舆论大哗，朝野震惊，连慈禧太后也知道其中必有隐情。但是，凶手已死，无法再审，同时，统治者也不愿为了一个已经作古的马新贻，而在朝中闹得天翻地覆，于是只好加恩赐恤，以慰亡魂。

案件究竟疑在哪里呢？疑在张文祥刺杀马新贻的根本原因始终是扑朔迷离的。当时盛传的说法是：马新贻贪图美色而做出了对不起朋友的事情，张文祥是替友复仇，不惜以身试法。如此，则马新贻是一个渔色负友的小人，做下的桃色绯闻是有辱门庭的事，按理，他的亲信、家人应该苦苦遮掩真相才对。在这种情况下，会审得出的“海盗挟仇报复”的结论，正是比较体面的说法。但为什么孙衣言、袁宝庆会拒不签字，自幼跟随在马新贻身边的四弟马新祐会一直悲呼疑案未明呢？

郑敦谨的表现也令人生疑，他先是一心想维持自己铁面无私的形象，审出个真相来，但后来却只能照曾国藩所说的办。奏结呈上之后，不等圣旨下，更不等张文祥正法，就愤然离开了江宁。曾国藩送他的程仪分文不收，也不回京交旨，最终以病为托，请求开缺，并终生不再为官。他的两个助手回京后也悄然而失。这说明郑敦谨虽然与曾国藩同上奏结，但心中始终不满，作为钦差大臣，他却无法使用尚方宝剑，是什么原因使他如此窝囊、如此无奈的呢？

所有这一切，让人感到背后有一股强大的势力，似乎有一双无形的手在操纵着事态的发展。是谁呢？有人说是慈禧太后，慈禧当然有这个能力，但她没有理由这么做，她为什么要去杀一个既无兵权，又不属于任何派系的马新贻呢？同治七年，她还特意召见马新贻，密旨他去调查湘军攻陷天京后太平天国金银财宝的去向呢！

高尚举先生认为湘军在“刺马案”中脱不了干系。曾国藩的湘军在十几年中实力迅速膨胀，但为了对付太平天国，清廷不得不倚重湘军。太平天国被镇压后，慈禧太后再不允许曾国藩在江南坐大，于是就将曾国藩调离江宁，派马新贻接任两江总督，迅速裁撤湘军。然而，两江之地一直被湘军视为私地，他们在那里经营了数年，岂肯拱手相让于马新贻？马新贻孑然一身来到江宁，本来就如同入龙潭虎穴。尤其在清廷施行裁勇改兵制度后，几万湘军士卒被裁撤，到处游荡掳掠，与黑势力结合，成为一大公害，而马新贻在惩治这些散兵游勇时非常严厉，成为黑势力的眼中钉。因此曾任江苏巡抚、湖广总督的郭柏荫就说：“张汶祥行刺有幕后怂恿者，应是这一类人物，最初有意制造流言的，也是他们。”时人颜士璋也在日记中写道：“刺马案与湘军有关”，“刺马案背后有大人物主使”。清廷或许也明白其中利害，刺马案发生后，既调曾国藩回江宁坐镇，以免激起兵变。从此，两江总督的宝座就长期掌握在湘系手中，他人不敢问津。

“刺马案”因主角死于非命，其中又有桃色绯闻，还有替友复仇的侠义情节，十分符合人们的猎奇心理。再加上案犯坚不吐实，主审人员态度暧昧，一拖半年有余而不能结案，最后的结论也是含糊其词，更使得流言蜂起，案情更加扑朔迷离。以后，许多图书、影视作品也一再以此为题材，但公众在感兴趣之余，更重要的是探究历史之本来面目，上述新说是否就是“刺马案”的真相了？

致远舰的沉没

清光绪二十年（1894）中日甲午战争期间，中日两国海军在黄海发生激战，战斗中，邓世昌管带的致远舰被日舰击沉。由于当时双方战舰穿梭混战，海面硝烟弥漫，“两军旗帜俱毁，各不能辨其孰为敌舰”，而致远船员大都殉国，故旁观者述及致远舰沉没情形时，各有异词，大致有两种不同的说法。

其一为，致远舰在弹药耗尽的情况下，疾驶欲撞日本吉野舰，不幸中吉野舰施放之鱼雷而爆炸沉没。清人姚锡光在其《东方兵事纪略》中有详尽叙述：“致远药弹尽，适与倭船吉野值，……遂鼓快车，向吉野冲突。吉野即驶避，而致远中其鱼雷，机器锅炉迸裂，船遂左倾，顷刻沉没，世昌死之，船众尽殉。”此后，大多学者皆信此说，电影《甲午风云》亦再现了这一悲壮场景。

其二为，致远舰所欲冲撞者，不一定是吉野号，且并非被吉野号发射的鱼雷炸沉，而是被日本军舰的炮火击沉。中日黄海海战时，曾“躬履行间、沈机观变”的英国海军提督斐利曼特说：“致远既受重伤，志欲与日舰同归于尽，于是鼓轮怒驶，且沿途鸣炮，不绝于耳，直冲日队而来。”泰莱在《甲午中日海战见闻》中曰：致远舰“欲撞吉野、浪速，与同尽，而不克”。济远舰二副守备陈天德指出，致远舰曾追击

● 邓世昌

一艘日舰（未指明舰名）。可见，致远舰在最后时刻所欲冲撞的，不一定是吉野舰。

海军提督丁汝昌的海战报告中称："倭船快，炮亦快且多。对阵时彼或夹攻或围绕，其失火被沉者，皆由敌炮轰毁。"照此，致远舰亦当在"敌炮轰毁"之列。外国人记载中也说致远舰为敌炮击沉。泰莱称，中国"为敌炮所沉者三舰"。斐利曼特谓，致远舰追撞日舰，"已垂垂到矣，不料日炮毕萃于其舰，独中沉渊之祸，惨哉"。日方资料《日清海战史》谓："致远忽出阵冲突吉野，于是吉野以纽状火药连弹装入快炮击之，密如雨下，三点三十分遂沉没。"还说："致远有豪勇敢为之舰长，开战伊始，即出阵外，……因之连受数弹，右舷倾侧。……盖日军之快炮，究非其力所能敌，故其接近吉野也，舰体之倾斜益甚，螺轮翘于水上，虚转于空中，终挟全舰人员以俱沉。此时砉然有声如裂帛者，恐即其汽锅之爆裂也。"亲历黄海海战的清朝海军军官，于战后奉命总结失败教训，其中镇远舰枪炮官曹嘉祥等人曰："譬如致、靖两船，请换截堵水门之橡皮，年久破烂，而不能修整，故该船中炮不多时，立即沉没。"海军守备高承锡亦云："水师战船贵有铁甲，甲厚则船坚，交锋之际经战持久，不易沉没。如大东沟之役，超勇、扬威、致远皆因无甲，故中炮即透入机舱，进水沉没。"这样看来，致远舰为日军炮火击沉，应是确定无疑的了。

丁汝昌写过降书吗

丁汝昌是清末海军提督，清光绪二十年八月十八日（1894 年 9 月 17 日）率北洋舰队护送运兵轮船赴平壤返回途中，于鸭绿江口大东沟海面遇日本舰队截击，爆发黄海海战。他挥舰应战，负伤后仍继续督战。此战后，李鸿章命北洋舰队避战保舰，困守威海卫（今山东威海）。次年初，日军攻陷威海卫，丁汝昌等将士在腹背受敌的情况下，坚持战斗，但最终丁汝昌服毒自尽。有人向日方送去盖有海军提督印的降书，北洋海军覆灭。丁汝昌是否向日方致了降书，这是一个关系到对丁汝昌如何评价，及中日甲午战争历史真相的重要问题。

有资料显示，丁汝昌亲笔写就降书遣人送往日方，然后自杀。登莱青道刘含芳、威海营务处候选道牛昶昞、北洋海军营务处候选道马复恒会禀曰："至正月十七日晚，丁汝昌接电，催令冲出，知援兵无期。氽口外倭舰、雷艇布满，而各舰皆受重伤，子药将尽，无法冲出。水陆兵勇又以到期相求，进退维谷。丁汝昌几次派人将镇远用雷轰沉，众水手只顾哭求，无人动手。夜间，舰艇又来攻击，康济中炮受伤，水陆兵民万余人哀求活命。丁汝昌见事无转机，对昶昞等言，只得一身报国，未得拖累万人，乃与马格禄面商，不得已函告倭水师提督伊东……派广丙管驾程璧光送往倭船。程璧光开船之时，丁汝昌已与张

● 黄海海战（《点石斋画报》）

文宣先后仰药，至晚而死。……以上各节，昶昞、复恒亲见确实情形。”曹和济根据在天津的听闻撰《津门奉使纪闻》云：“十七日丁（汝昌）接烟弁赍津电令冲击，始知援绝，敌已据宁海，乃与总兵张文宣、道员牛昶昞、马复恒、洋员马格禄商，致书倭水师提督伊东，献船、岛，约入勿伤军民，派广丙管驾程璧光往。是夜，丁与张即仰药死。”蔡尔康等编《中东战纪本末》载：“（丁汝昌）乃于十八日遣广丙管驾程璧光乘坐镇北小舰，高揭白徽，直造日提督伊东祐亨座船，投递降书。……十九日镇北又入日营，而下半旗，众惑不解。及接见程差

● 李鸿章

弁……则曰：‘昨带贵提督公牍及私函呈丁公……即入座作函。毕，起而言曰：我事毕矣！遂入卧室，服生鸦片一大剂。’”日本人竹下勇主编的《近世帝国海军史要》中载：“2月12日（正月十八日）上午，联合舰队在阴山口锚地。伊东司令长官见到清舰镇北号持白旗驶来……随后清国军使登舰，呈上投降书。……次日，即13日上午，清舰镇中（北）号挂白旗，且为半旗，到旗舰松岛号近旁，军使将丁汝昌的复书呈交给伊东司令长官……悄然说：‘丁提督昨日接到贵书……当即回书，而后托以后事，服毒自尽。’”有学者依据上述资料推断，北洋舰队的投降书出自丁汝昌亲裁，其服毒自尽的时间，应在他发出第二封请降书后，即十八日晚到十九日黎明前。近代爱国诗人黄遵宪所作《降将军歌》中，也有讥讽丁汝昌遣程壁光向日人乞降之事，诗曰：“冲围一舸来如飞，众军属目停鼓鼙。船头立者持降旗，都护遣我来致词。”“船头立者”当是广丙舰管驾程璧光，“都护”就是海军提督丁汝昌了。然而，有关丁降说，出自实际主持降事的牛昶昞等人报告，虽云“亲见”，亦实可疑；至于日本人编《近世帝国海军史要》，无法证明降书系丁汝昌亲撰，因而历来对丁既死且降说有所怀疑。

实际上，有更多记述显示丁汝昌没有参与投降活动，确系不屈自尽。姚锡光《东方兵事纪略》记：“自威海陆道陷，刘岛居民惶惧，兵轮管带不欲战者复交煽其间，兵勇水手和之。……在岛诸洋员请姑许乞降，以安众心。汝昌谓：‘我知事必出此。然我必先死，断不能坐视此事。’……十七日，倭水陆复以炮急攻我，岛中愈惶急。……而弹药将罄。是日，得烟台密信，始知东抚李秉衡已走莱州，援兵绝。汝昌召海军诸将议鼓力碰敌船突围出，或幸存数舰，得抵烟台，愈于尽覆于敌。诸将不允，散去。旋勇丁、水手露刃慑汝昌，汝昌稍慰之，入舱仰药。张文宣继之。十八日晓夜四更许，相继死。牛昶昞召诸将并洋员议降。”英国人泰莱的《在中国牵线》云：“12日清早，丁提督自杀身亡。我不曾亲临目睹当时所发生的一切，惟得自传闻及事后发表的瑞乃尔报告而已。盖丁氏既死，马格禄、郝威及中国官员数人上岸至牛道台寓所，遇见瑞乃尔。郝威倡议，伪托丁提督名义作降书，并亲自拟稿，译成中文，并钤提督印。”谷玉霖曾在来远舰上充炮手，后任守卫提督衙门的卫士，他是亲眼目睹丁汝昌最后日子的人。他所撰《甲午威海之役拾零记》曰：“丁军门先在定远，后上靖远督战。但为投降派所逼，知事已不可为，就从军需官杨白毛（绰号）处取来烟膏，衣冠整齐，到提督衙门西办公厅后住屋内吞烟自尽。我当时是在提督衙门站岗的十卫士之一，亲眼所见，所以知道详细。丁军门自尽后……（牛道台）为首集众筹议投降事。”苗秀山是刘公岛当地人，与北洋舰队官兵相熟，后于镇北舰当水手，亲历北洋舰队覆灭之役。他口述说：“刘公岛吃紧时，岛上绅士王汝兰领着一帮商人劝丁统领投降，丁统领说什么（也）不答应，还把他们训了一顿。张统领（文宣）倒是个硬汉子，想守到底，后来实在不行了，丁统领一死，他就在西疃的王家服毒死了。领头投降的是牛提调（昶昞）。当时派镇北去接洽，我也在船上。受降地点在皂埠东海面上。我们船靠近日本船时，只听日本人用中国话呵斥：‘叫你们抛锚啦！’兄弟们都低下头，心里很难受。去接洽投降的中国官有五六个。结果港里十条军舰都归了日本，只留下康济运送丁统领等人的灵柩。”（戚其章《东洋舰队》附录三）范文澜肯定丁汝昌“威海被围，宁死不降”，是当时将帅中“难能可贵”的人物。盖棺论定，丁汝昌“不愧为一位爱国将领”。

方伯谦是否蒙冤而死

方伯谦（1854—1894）是清末北洋海军将领，字益堂，福建人，早年考入福州船政学堂学习，后赴英学习驾驶。光绪二十年（1894）六月，中日之间战云密布，他管带济远号会同广乙号、操江号护送高升号运兵船赴朝，二十三日（7月25日）在丰岛海面遇日本舰队袭击，广乙号自卫还击，遭创后撞海滩焚毁，操江号被掳，高升号九百余名官兵誓死不降，被日舰用鱼雷击沉，除二百多人生还外，余皆壮烈殉国。方伯谦管带的济远舰经激战，不敌日舰，鼓轮遁去，并升起白旗，但济远号此后仍有力地打击追来的日舰，并返回基地。八月十八日，中日海军在鸭绿江口外的大东沟海面相遇，展开一场恶战，此即黄海海战。激战三小时后，方伯谦的济远舰西驶撤离战场。海战近五小时，后日本舰队首先撤离，北洋舰队旋亦驶回旅顺。八月二十五日晨，中日甲午黄海海战之后第七天，海上硝烟尚未散尽，方伯谦于旅顺口被军前正法。

清廷给方伯谦定的罪名是："首先逃走，致将船伍牵乱，实属临阵退缩，著即行正法。"清廷如此定罪的依据，主要来自海军提督丁汝昌给清政府的报告，报告指责方伯谦在海战中首先逃回，牵乱队伍，撞坏扬威舰，导致海战失利。此后，认为方伯谦罪有应得者，大有人在。

他们指出，丰岛海战中，方伯谦躲在船舱内，令悬白旗，请求投降。黄海海战中，方伯谦令人用巨锤击坏舰上大炮，伺机逃遁，并误将扬威舰撞沉。方伯谦济远舰比其他各舰早到旅顺军港四个多小时，而海战总共才四小时四十分钟，故方伯谦是一个毫无斗志、贪生怕死之徒。

但为方伯谦鸣冤者不乏其人，他们指出，方伯谦在海战中战功显著，是有理想的爱国海军指挥官，其被杀，乃是历史上一大冤案。在丰岛海战中，方伯谦面对优势敌舰的突然袭击，一直坚守望台，指挥战斗，其望台中炮，大副沈寿昌裂脑而死，方伯谦本与沈并立，脑浆与血沾其衣。激战一时许，济远重创日舰，但毕竟寡不敌众，舰体中弹颇多，人员伤亡惨重，若舰体再受创伤，则绝无生还希望，在此困境下，方伯谦决定保舰归去。日舰一心想俘获济远号，据《中日战争》丛刊资料载：济远虽悬挂白旗和日本海军旗，但未停船。午刻，日舰吉野将追及济远，济远停炮诈敌，日舰靠近拟虏济远，济远猝发后炮，一弹击中日舰将台，二弹毁其船头，三弹中其船中，黑烟升腾，吉野遂退遁，济远发第四弹，炮力已不及。吉野号悬挂白旗和大清龙旗逃走，济远无力追击，向威海卫驶去。至此，历时四小时之久的丰岛海战方告结束。黄海海战时，济远号在方伯谦指挥下，战斗很顽强勇敢，不幸遭受敌人炮火重创，“炮械全坏”，舰上人员伤亡惨重，已失去继续攻击的能力，但仍有四艘日舰攻击济远舰，企图将它一举击沉。在此情况下，主动退却，保护有生力量，是唯一正确的选择。且济远退却时，海战已进行五个多小时，与海战结束时间相差“仅片时也”。另据记载，首先逃离海战的不是济远舰，而是广甲舰。刊行于 1895 年、为方伯谦鸣冤的《冤海述闻》称："广甲自午开仗，约一点钟时，即离队。"可见，说方伯谦率济远舰"首先逃走"，是不成立的。此外，接战时，由于阵形忽变，造成阵势散漫，给日舰以乘势嵌进的机会，而这时"督船帅旗于第三次排炮时即被敌炮击落，坠入海中便不再升。……督船不升，各船耳目无所系属。督船忽左忽右，亦无旗令，而阵益散"。在不利形势下，日舰进攻愈发猖狂，清海军遂陷入被动挨打境地。日方记载也显示，丁汝昌以掎角雁行阵与日舰队接战是错误的，造成清海军队形散乱。所以，"船伍牵乱"之罪不可能在小小舰长方伯谦身上，而在海军提督丁汝昌。还有，扬威舰被毁的根本原因，是日舰攻击，"敌弹入机舱"，起火焚烧。且当时扬威舰朝大鹿岛方向退去，而济远舰"保船西驶"，两舰行驶方向相反，距离遥远，哪里撞得着？可见济远撞坏扬威是无中生有。

那么，方伯谦被杀的真正原因是什么？有的史书记载说，在战前方伯谦与丁汝昌因隙而结怨，故丁汝昌借故杀方伯谦。但更多史学家指出，丁汝昌杀方伯谦的根本原因是丁汝昌、李鸿章为了逃避黄海之战失败的责任。北洋舰队是李鸿章保持权势、飞黄腾达的资本，如果丁汝昌被处罚，李鸿章不但失去一个亲信，更严重的是北洋舰队将落入外人之手，关系到李鸿章在清廷中地位的稳固与否。所以，他精心策划，找到方伯谦作替罪羊，以保全海战失败的主帅丁汝昌。李鸿章在处理方伯谦时，异常雷厉风行，八月二十三日向清政府要求严惩方伯谦，次日得清政府命令，二十五日清晨即将其军前正法。不让方伯谦有申辩机会，以免露出破绽。《冤海述闻》曰：方伯谦是在"不察情

● 丰岛海战（《点石斋画报》）

形，不经审讯，强加罪名”的情况下被“置于死地”的；《海军大事记》说：“济远管带方伯谦被诿以逃军，军前正法，军中冤之。”这当是事实。

方伯谦是贪生怕死之徒，还是战功显著的海军将领，他的下场是罪有应得，还是蒙冤而死，历史将会有公论。

刘步蟾可曾“畏敌避战”

刘步蟾（1852—1895）是清末海军将领，字子香，福建侯官（今福州）人。毕业于福州船政学堂，光绪元年（1875）赴欧洲学习枪炮、水雷诸技，回国后于北洋海军任职。十一年赴德国购定远舰，次年任该舰管带。十四年迁副将，擢北洋海军右翼总兵。北洋舰队编成，“规制多出其手”。光绪二十年八月十八日（1894年9月17日），参加黄海海战。战后加强战备，准备抗击日军侵犯。次年初日军进犯威海卫（今山东威海）时，移舰抗击，后见败局已定，遂沉舰自杀。刘步蟾在战斗中的表现如何？史学界有截然不同的两种说法。

有研究者认为，刘步蟾在黄海之战中畏缩怯懦，造成北洋舰队陷于不利，其主要依据有：刘步蟾在海战中，为保全自己，让弱舰充其屏障，擅自改变队形，不利作战；他不听泰莱建议，竭力使定远舰不与敌舰接触；他于战斗中见敌丧胆，惊慌失措，东躲西藏，影响整个北洋舰队士气。总之，刘步蟾是个“胆小怕死、临阵退却的懦夫”。

也有不少学者认为，刘步蟾在黄海海战中机智勇敢，战功卓著，是一位爱国将领。当北洋舰队与日本舰队接仗时，是以人字形阵（一说掎角雁行阵）冲击的，刘步蟾所在的旗舰定远号，位于人字形的尖端上，“当先迎敌”，突入敌阵。故说刘步蟾“临阵退却”，是不实的。

十二时五十分，定远舰打响海战第一炮，随即一炮击中日舰吉野，炮弹透过铁板在甲板炸开，杀伤吉野舰官兵十一人，并引起大火。定远号在刘步蟾指挥下，战绩赫赫。它发炮“将比睿右舷之舰长室打穿，又打进士官室，在后墙爆炸”。死敌十七名，伤三十二名。它多次击中日本赤城舰，赤城舰官兵死伤数十人，击坏舰上机械、炮具，弹片还“打穿正在观看海图之坂元舰长头部，鲜血及脑浆溅在海图台上，染红了罗盘针”。定远舰所发炮弹还击中日舰西京丸，炮弹“在机械室后部和中间爆炸”，“并打穿上甲板，破坏通舵机之蒸汽管，使蒸汽舵机顿时失效”。当时在西京丸上的日本海军将校“皆以为‘我事已毕’，相对默默”。当战局陷于不利时，唯刘步蟾定远舰与林泰曾镇远舰坚持战斗，以寡击众，苦战“一时许”，从而稳住了阵脚。战斗中，定远舰还发炮击中日本旗舰松岛号，引起其甲板上火药爆炸，松岛号全舰瘫痪，死者枕藉，伤者无数，失去战斗力。日本舰队南逃时，定远、镇远两舰尾随追击。可见，在这场中日海军大搏杀中，如果没有刘步蟾沉着而巧妙的指挥，要想与占优势的日本舰队对抗两个多小时，简直是不可想象的。定远号水手称：“刘船主有本事，也有胆量，全船没有一个孬种！”（《定远舰水手陈敬永口述》，1958 年）因此，说刘步蟾畏敌避战显然是不妥的。

“公车上书”是假新闻吗

清光绪二十一年（1895），中国甲午战败，与日本订立丧权辱国的《马关条约》，中国民族危机迫在眉睫，康有为、梁启超等维新派人士乘入京师应试的机会，联合各省举人联名上书请愿，提出拒和、迁都、练兵、变法的主张，以挽救国家危亡。此举被称为“公车上书”。关于公车上书，至今仍有不少难以确定的史实。

首先，关于联名上书的人数究竟是多少，现难有确切数据。有的说只三百人，胡思敬《戊戌履霜录》卷二《康有为构乱始末及邦交志》曰：“南海举人康有为方入都应试，率公车三百余人，上书都察院力陈不可，请迁都西安，急图变法自强。”有说六百零三人，此即《公车记》附刊《题名》的数目。有说数百人，刘锡爵为《公车记》作《序》说：“见公车谏草……公车联数百人为一疏。”有的说一千三百多人，哀时老人和袁祖志为《公车记》作《序》曰：“集千三百余人。”徐勤《南海先生四上书记·杂记》（南海先生即康有为）、吴恒炜《知新报缘起》、梁启超《戊戌政变记》，均载一千三百余人连署上书，徐、吴、梁皆康有为亲信，维新派骨干，此说影响颇巨。有的说一千二百余人，此说出自《康南海自编年谱》，此书“光绪二十一年乙未三十八岁”条载：“合十八省举人于松筠庵会议，与会者千二百余人。”有说三千人的，梁启超《三十自述》中记："乙未，和议成，……南海先生联公车三千人上书请变法。"《南海先生诗集》亦有"抗章伏阙公车多，连名三千毂相摩"之句。有的说是数千人，梁启超《清代学术概论》说："有为当中日战役之后，纠合青年学生数千人上书言时事，所谓'公车上书'者是也。"还有说"万名书生"联名上书的，李提摩太《留华四十五年记》云，康有为"起草上书，有万名书生签字，包括一千三百名举人"。苏特尔《李提摩太传》亦云："署名的官员学生，约有万人之多。"

其次，在是否成"书"和是否有"上"书一节上，也有不同记载。有的说，无"书"亦未"上"。《公车记》哀时老人《序》曰：康有为先草疏万八千言，"文既脱稿，乃在宣武城松筠庵之谏草堂传观会议"，以四月"七、八、九三日为会议之期"，"拟定于初十日在察院投递"。起初，虽集有一千三百名举人，但并未定议成书。初八日时，人数已锐减至数十百人，至晚间，因"闻（和）局已大定"，便"群议涣散"，亦未成书。初九日，"松筠庵之足音已跫然矣，议遂中寝"，签名成"书"就此失败，拟定初十日投递察院之举，就更无从谈起了。有的说有"书"而无"上"，《公车记》袁祖志所作《序》中有："惜书未上而议（指中日和议）已定。"有的说有"书"亦有"上"。《公车记》刘锡爵《序》云："及至疏进而木已成舟，无可挽回矣。"

上述异说使得人们对"公车上书"的史实一再产生怀疑，甚至有人认为"公车上书"是彻头彻尾的"假新闻"。自20世纪80年代以来，学界对"公车上书"的研究更为深入，新论迭出。

以往对"公车上书"事件的认识，大都沿袭《康南海自编年谱》

中的说法，认为康有为在当年三月二十一日得知李鸿章欲求和，即令梁启超等人先后鼓动在北京会试的十八省举人三千多人共上“万言书”，至四月初八日投递都察院。而都察院则以“既已用宝，无法挽回”为由，拒绝接收。另外，康有为还认为，当时的军机大臣孙毓汶是阻挠此次上书的罪魁祸首。

学者黄彰健、汪叔子、王凡等先后对“公车上书”的三种主要史料（即《公车上书记》《南海先生四上书记》《年谱》）进行了分析，认为三书对投递都察院一事记载各异，很可能康有为根本未呈递给都察院。且认为其中所记上书人数有三个阶段的变化，这种变化是为康党的政治宣传服务的。

1999 年，姜鸣发表了《真有一次“公车上书”吗》的文章，指出反对马关议和的最有影响的主体是各级官员而不是举人；都察院没有拒收康有为的“万言书”，而是康根本就没有去递。因而，作为历史事件的“公车上书”并不存在，顶多只能称作“公车集会”或者“公车拟上书”而已。同年 12 月，汤志钧发表了《“公车上书”答客问》，反驳上书观点，认为历史上确曾发生过康有为领衔十八省举人发动“公车上书”一事。其后欧阳跃峰发表《“公车上书”：康梁编造的历史神话》一文，再次否定了“公车上书”事件，认为这是康梁等为抬高康有为维新运动领袖的地位而蓄意编造的历史神话。

2005 年，茅海建发表《“公车上书”考证补》一文，对“公车上书”事件作了较为系统的考证。他运用了大量藏于中国第一历史档案馆的档案资料并与相关史料互证，同时深入探讨了政治高层与“公车上书”之

● 康有为

间的关系，得出以下结论：第一，历史上有两个不同概念的“公车上书”，其一是由政治高层发动，由文廷式等京官暗中策动组织，由梁启超、陈景华等公车直接参与的上书，共计31次，参加的人数达到1 555人次；这一概念的“公车上书”，对当时的政治决策起到了微弱的作用。其二是由康有为组织的号称十八行省举人联衔的上书，那是一次流产的政治活动，对当时的政治生活并无作用。第二，公车上书是由翁同龢等政治高层发动的，康梁本人是被策动的对象而非运动的领袖。第三，康有为将上书的失败归罪于都察院，但史料证明并非是都察院不收，而是康有为根本没有去送。随后，房德邻对此提出异议，认为：并没有证据能够证明上书行动是翁同龢等政治高层鼓动的，上书不是被人策动而是自发进行的，同时认为康有为不仅是“公车上书”的鼓动者，而且还是十八省举人联合上书的倡议者、主持者、上书起草人，是“公车上书”当之无愧的领袖。至于上书的失败究竟是都察院拒收还是康有为根本没有呈递这一问题，房先生指出，都察院曾有拒收上书的记录，拒绝的理由很可能是上书言辞过于激烈。

随着学术研究的推进，有关公车上书的考证越加细腻，讨论的问题也更为广泛，这一方面拓宽了人们的视野，同时也留下了更多未解之谜，如京官到底有没有影响举人们的上书行为？孙毓汶是否真的指使黄曾源破坏了上书？康有为一派对公车上书一事的叙述究竟有多少可信的成分等，这些问题至今仍未有一确切的、学界一致认同的答案。

戊戌政变的直接导因

清光绪二十四年四月二十三日（1898年6月11日），光绪帝在康有为等维新派的策动下，颁布“明定国是”诏书，宣布正式变法。八月初六日凌晨，慈禧太后为首的封建顽固势力发动政变，囚禁光绪帝于瀛台，宣布重新垂帘听政，下令逮捕维新人士，杀谭嗣同等六君子。“百日维新”被扼杀于血泊之中，史称“戊戌政变”。慈禧太后发动政变的根本原因，在于维新措施侵害了封建守旧势力的既得利益，这是毫无疑问的。但引发戊戌政变的直接导因是什么？史界尚无定论。

过去比较流行的说法，是袁世凯告密促使慈禧发动宫廷政变。梁启超著《戊戌政变记》说，八月初三日夜，谭嗣同赶往袁世凯在京城的住地法华寺，要袁世凯起兵围颐和园，劫西太后，杀西太后亲信、直隶总督荣禄。袁世凯信誓旦旦，表示万死不辞。初五日，光绪帝第三次召见袁世凯。召见结束，袁世凯于傍晚至天津，向荣禄透露了维新派“锢后杀禄”之谋，荣禄大惊，当即微服入京，直奔颐和园，向西太后告变。次日破晓，怒气冲冲的西太后带禁卫亲兵，奔紫禁城发动政变。又据袁世凯写给家人的一封信看，其告密过程是这

● 袁世凯

● 清德宗载湉

样的：初五日晨，光绪帝召见袁世凯毕，袁世凯步出宫门，不料荣禄早就追随袁世凯来京，这时正于宫门前候袁世凯出来，荣禄厉声问："你到京师来干什么？"袁世凯惊慌失措，当即把维新派密谋和盘托出。荣禄马上拉袁世凯同奔颐和园，向西太后告密。当日傍晚，他们回至天津。还有史料说，袁世凯向荣禄告密后，荣禄并未闯宫告变，而是向西太后电奏维新派密谋。戊戌政变后，日本驻天津领事向外务相汇报："皇帝在九月十九日接见袁世凯时，密令他从小站派四千名兵士到皇宫担任皇帝的禁卫军。在袁世凯回小站的第二天，袁向后党分子直隶总督告密了。直隶总督立刻电奏慈禧太后，太后立即重新执政。"当年八月二十三日《申报》有报道："康有为等曾奏请饬调新建陆军三千人，入京围颐和园，劫令皇太后改易服式，为天下倡……慰帅（袁世凯）微有所闻，……密告荣中堂（荣禄），电奏皇太后，宫寝得免震动。"但袁世凯本人否认告密而引发政变，其《戊戌日记》载：他于八月初五日陛辞出京，黄昏抵达天津，见直隶总督荣禄时，只"略述内情"。次日一早，袁世凯才以详情告荣禄，而此时京师政变已经发生了。此外，政变后清廷下诏捉拿康有为和康广仁，并未下诏拿谭嗣同。如是袁世凯告密，那么作为策动袁世凯"谋乱"的谭嗣同，理应被列入"首犯"之列。

有的说，由于光绪帝接见日本前首相伊藤博文，慈禧怕维新派和光绪帝受外国势力支持，从而威胁其统治地位，于是发动政变。八月初五日，光绪帝接见伊藤博文，一些京朝官员上奏，要求光绪帝留伊藤博文为顾问官。此前，就有人提醒慈禧太后曰："伊藤果用，则祖宗所传之天下，不啻拱手让人。"慈禧太后还风闻康有为欲勾结日本，谋劫太后。光绪帝晤伊藤博文时，慈禧太后于帘内监视，见伊藤博文由康有为同乡好友、户部侍郎张荫桓带领，他们在到班、上殿、下殿时都拉手致意，慈禧太后更感不安，便于次日发动政变。

还有人说，是李鸿章的亲家、顽固派人物御史杨崇伊向慈禧太后上"即日训政"密折，说康有为偕其弟康广仁"煽动天下之士心……不知何缘，引入内廷"，光绪帝"两月以来，变更成法，斥逐老成，借口言路之开，以位置党羽"，这无疑是向慈禧太后的权力挑战。慈禧太后决定接受杨崇伊奏请，于是回宫发动政变。

上述诸说，究竟何为事实真相？

康有为有无围禁慈禧之谋

甲午战争后，中国出现了维新变法运动，“百日维新”把这一运动推向高潮。在康有为、梁启超等人领导和光绪帝的支持下，颁布了一系列新法，这引起慈禧为首的守旧势力的极大恐慌和仇视，他们决心扼杀这一进步运动，屠刀已向维新志士砍来。危急时刻，康有为等力图依靠光绪帝的权威，联络袁世凯武装而有所作为，但最后他们失败了。在这过程中，康有为究竟有没有图谋围颐和园、劫制甚至杀死慈禧太后的计划，至今未有定议。

康有为本人否认曾图谋围颐和园、捕慈禧太后。他在《上摄政王书》中说：“戊戌春夏之交，先帝发愤于中国之积弱，强邻之侵凌，毅然维新变法以易天下。其时慈宫意旨所在，虽非外廷所能窥伺，就令两宫政见小有异同，而慈孝感召之诚，终未尝因此而稍杀。自逆臣世凯无端造出谋围颐和园一语，阴行离间，遂使两宫之间常有介介，而后此事变遂日出而不穷，先帝所以备历艰险以迄今日，实惟此之故。”这里，康有为指明是袁世凯捏造了维新人士谋围颐和园的情报，清廷听信其虚报，引发种种事变。有些学者亦认同此说。

有不少资料都显示，康有为等确曾图谋围颐和园、捕慈禧太后。戊戌政变时，清廷就以康有为犯有“谋围颐和园，劫制皇太后”之罪，通缉追捕他。袁世凯《戊戌日记》说，维新志士谭嗣同，在政变发生前夜访袁世凯，要袁世凯派兵围颐和园，并有“不除此老朽，国不得保”等语。梁启超《戊戌政变记》中叙述谭嗣同夜访袁世凯详情，当时谭嗣同说：“荣禄密谋，全在天津阅兵之举，足下及董、聂三军，皆受荣所节制，将挟兵力以行大事。……若变起，足下以一军敌彼二军，保护圣主，复大权，清君侧，肃宫廷，指挥若定，不世之业也。”显然，康有为等维新派，确曾希望利用袁世凯的军事力量，武力制服慈禧为首的顽固势力。康有为的密友王照逃亡日本后，与犬养毅的笔谈中说：“围禁慈禧之谋，蓄之已久，南海（即康有为）因言用兵夺权之计，余已再三面驳，故又令他人言之，以全颜面，然深信此诤友必不泄也。”康有为还要王照游说聂士成，率军保护光绪帝。谭嗣同好友、湖南会党首领毕永年所写日记《诡谋直纪》，也证实康有为确有“围园杀后”密谋。据记载，康有为曾召毕永年至其室，说：“汝知今日之危急乎？太后欲于九月天津大阅时弑皇上，将奈之何？吾欲效唐朝张柬之废武后之举，然天子手无寸兵，殊难举事。吾已奏请皇上，召袁世凯入京，欲令其为李多祚也。”又曰：“吾欲令汝往袁幕中为参谋，以监督之何如？”毕永年认为袁世凯若有异志，以其一人之力无法驾驭袁。康有为又曰：“或以百人交汝率之，何如？至袁统兵围颐和园时，汝则率百人奉诏往执西后而废之可也。”后又有人告诉毕永年：“顷梁君谓我云，先生（指康有为）之意，其奏知皇上时，只言废之，且俟往颐和园时，执而杀之可也。未知毕君肯任此事乎？”还有材料说，捕杀慈禧的人选，除毕永年外，又曾急召唐才常由湖南进京。可见，

● 谭嗣同

康有为计划在袁世凯围颐和园时，另派人捕杀慈禧。英国传教士李提摩太是康有为替光绪帝聘请的新政顾问，康有为、梁启超、谭嗣同曾分别与之商讨保护光绪帝的办法，故李提摩太应是当时维新派谋划的知情者。他在《留华四十五年记》中说：“（慈禧）下谕秋天要在天津阅兵，皇帝恐怕在检阅的藉口之下，慈禧将要夺取所有权柄，而把他放在一边。维新党催着他要先发制人，把她监禁在颐和园，这样才可以制止反对派对于维新的一切障碍。皇帝即根据此点召见荣禄部下的将领袁世凯，计划在他的支持下，带兵至京看守她住的宫殿。”还说：“维新党都同意要终止反动派的阻力，唯一的办法就是把慈禧关闭起来。”

康有为究竟有无围禁慈禧之谋，是信康有为之自辩呢，还是信时人之另说？

光绪帝“衣带诏”之真伪

光绪二十四年八月初六日（1898 年 9 月 21 日）慈禧太后为首的顽固守旧势力发动政变，戊戌维新运动失败，维新派首领康有为逃亡海外。同月，康有为在给英国传教士李提摩太的信中，附录了政变发生前光绪帝赐给他的两道诏书，其一曰：“……今朕位几不保，汝可与杨锐、谭嗣同、林旭、刘光第及诸同志妥速密筹，设法相救。朕十分焦灼，不胜企望之至。”其二曰：“朕今命汝督办官报，实有不得已之苦衷，非楮墨所能罄也。汝可迅速出外，不可迟延。……将来更效驰驱，共建大业，朕有厚望焉。”正因为有这两道诏书，康有为及其门徒俨然成了身负皇上重托，四处奔走“救驾”的忠臣。他们在政变后最初几年的活动，就处于比较有利的环境中。此后，许多专家学者都相信康有为奉有“衣带诏”的说法。

但也有学者认为，康有为公布的光绪帝密诏，是他逃亡海外后的伪作。康有为、梁启超都曾说过，光绪帝赐给康有为的第一道密诏是由杨锐带出的。宣统元年（1909），杨锐之子杨庆昶向都察院呈缴了这份光绪手诏，其中有：“……但必欲朕一旦痛切降旨，将旧法尽变而尽黜此辈昏庸之人，则朕之权力，实有未足。果使如此，则朕位且不能保，何况其他？今朕问汝，可有何良策，……使中国转危为安，化弱为强，而又不致有拂圣意。尔等与林旭、刘光第、谭嗣同及诸同志妥速筹商，……朕实不胜十分焦急翘盼之至。”此诏书与康有为所公布的诏书，内容有很大不同。诏书中既没有讲“今朕位几不保”，亦没说“设法相救”，只是要杨锐等拿出一个既推行维新、又不激怒慈禧太后的办法。杨庆昶所出示的手诏，获得清政府的认同，而且王照的《与木堂翁（犬养毅）笔谈》和袁世凯的《戊戌日记》所述密诏内容，与杨庆昶所藏手诏相吻合。王照、袁世凯记述密诏时，杨庆昶所藏的手诏还不为外间知晓。这都证明，杨庆昶交出的光绪手诏是真的，而康有为公布的第一道密诏是根据赐杨锐手诏假造的。康有为公布的第二道密诏中，有“汝可迅速出外”一语，后康有为再谈及此诏时，却成了“汝可迅速出外，设法相救”。康有为还反复宣称，他奉有“出外求救”诏，第二密诏是令他“出外国求救”。正由于康有为所述密诏文句多变，使人对其真实性产生怀疑。此外，从光绪帝当时的思想状况来看，他不会以向外国求救这一远水不解近渴的方法来解决问题，因为这样做只会激化与慈禧太后间的矛盾，进而危及自己的皇位。作为皇宫封闭环境中长大的封建帝王，光绪帝也不大可能在危急时派人到外国去争取外交支持。康有为伪造密诏的目的，是为了便于其在海外的保皇活动。

珍妃之死的真相

珍妃，他他拉氏，满洲镶红旗人，礼部左侍郎长叙之女，生于清光绪二年（1876），光绪十四年进宫，次年光绪帝大婚，被封为珍嫔，时年十四岁。珍妃颇通文史，“才色并茂，且有胆识”，光绪二十年被晋封为珍妃。当时，清朝最高统治集团内有帝后党之争、对日战和之争等，甲午战争后又出现维新与守旧之争，传说珍妃亦介入其中，支持光绪帝推行新政，引起慈禧太后对珍妃的极大怨恨。光绪二十四年戊戌政变后，光绪帝被囚于瀛台，珍妃则被削去封号，禁于景运门外的三所。此后，慈禧太后力图废黜光绪帝，甚至想谋害他，另立新君，珍妃又挺身“抗辩”。光绪二十六年七月，八国联军进攻北京，当清廷上下一片恐慌、仓促西逃之际，珍妃死于宁寿宫外井中，年仅二十五岁。珍妃怎么死的，历来说法不一。

清官书载，珍妃是因来不及随光绪西行而殉难宫中。《清列朝后妃传稿》二卷中记：“妃有宠于帝，光绪二十六年各国师入京师，帝西狩，妃仓猝不能从，于宫中殉焉。”但大多数人认为，这不是珍妃之死的真相。

更多的人相信，珍妃是慈禧太后害死的。慈禧太后对珍妃积怨甚深，八国联军进攻北京时，慈禧太后乘乱下令将珍妃处死。据王照说，当城外枪炮声隐隐传入宫中，宫中大乱，慈禧太后传话处死珍妃，左右太监面面相觑。“只有崔玉贵攘臂而出，口说：‘都是怂小子，看我去。’随后，崔凶神附体似地进入幽禁珍妃的院落，把珍妃连推带提拥到井口。珍妃跪地求见老佛爷一面，崔厉声喊道：‘没有那些说的！’一脚把珍妃踢进井中，又投以石块，然后面有得色，向慈禧太后复命”（《清末民初云烟录》上篇）。可见当时是慈禧太后下令，太监崔玉贵行凶，慈禧太后和光绪帝皆不在场。

有的说，是慈禧太后当光绪帝面，令太监将珍妃扔到井里，直接起因是珍妃直言要光绪帝留北京。事发当天入值宫内的内务府大臣景善在其日记中记曰：“老佛爷（慈禧太后）……匆匆装饰，穿一蓝布衣服，如乡间农妇。……妃嫔等皆于三点半钟齐集，太后先下一谕，此刻一人不令随行。珍妃向与太后反对者，此时亦随众来集，胆敢进言于太后，谓皇帝应该留京。太后不发一言，立即大声谓太监曰：‘把她扔到井里去！’皇帝哀痛已极，跪下恳求。太后怒曰：‘起来，这不是讲情的时候，让她就死罢，好惩戒那不孝的孩子们，并叫那鸱枭，看看他到羽毛丰满的时候，就啄他母的眼睛。’李莲英等遂将珍妃推于宁寿宫外之大井中。皇帝怨愤之极，至于战栗。”许指严《十叶野闻》也有类似记载。慈禧太后召光绪帝与嫔妃齐集，“将行，珍妃昂然进曰，‘皇帝一国之主，宜以社稷为重，太后可避难，皇帝不可不留京。’太后怒甚，视之以目，忽厉声顾命内监曰：‘可沉彼于井中。’内监即取毡裹妃，欲持去，皇帝哀痛已极，长跪恳求，谓彼年幼无知，幸太后恕其生命。此时太后怒不可遏，曰：‘速起勿言，此时尚暇讲情理乎？

彼必求死，不死反负彼。天下不孝之人当知所戒，不见夫鸱鸮乎，养得羽毛丰满即啄其母之眼，不杀何待！’盖此语明斥光绪帝戊戌之事也。”戊戌政变后，慈禧太后试图废黜光绪帝，有传说她还想加害光绪帝，之所以没能如愿，原因之一是外国列强出于其在华利益考虑，对慈禧太后施加压力，保全光绪帝。义和团运动兴起，慈禧太后本想通过利用义和团抗洋，发泄对外国列强的怨恨，但义和团并非刀枪不入，八国联军兵临北京城下，慈禧太后慌了手脚。她最怕外国列强要她归政光绪帝，甚至把她当“祸首”惩处，此时若让光绪帝留京，她就会完全丧失对光绪帝的控制，显然这对慈禧太后极为不利。故珍妃要皇上留京之语，定会深深刺痛慈禧太后的心病，珍妃就必死无疑了。

还有人说，当时珍妃没讲过“皇上留京”，她是被慈禧太后用“倘遭污，莫如死”的封建贞节观诱逼堕井的。旧宫监唐冠卿回忆：庚子七月十九日联军入京，宫中惊惕万状。午后，慈禧太后赴颐和轩，唐冠卿随侍，至颐和轩廊上，太后令唐冠卿守候，并说：“如有人窥视，枪击勿恤。”此时，崔玉桂（即崔玉贵）来了，扶慈禧太后出角门西去。少顷，珍妃至，请安毕，慈禧太后说：“现在还成什么话？义和拳捣乱，洋人进京，怎么办呢？”接下来唐冠卿听到嘟嘟哝哝的说话声，忽闻太后大声说：“我们娘儿们跳井吧！”珍妃哭求恩典，且曰：“未犯重大罪名。”太后不允说：“不管有无罪名，难道留我们遭洋人毒手么？你先下去，我也下去。”珍妃再恳求免死，太后令崔玉桂下手，崔玉桂对珍妃说：“请主儿遵旨吧。”珍妃曰：“汝何以逼我耶？”崔玉桂：“主儿下去，我还下去呢。”珍妃怒斥：“汝不配！”此时太后厉声

● 清德宗皇妃（《慈禧写照记》）

● 清德宗皇后（《慈禧写照记》）

疾呼："把她扔下去吧！"于是唐冠卿听到有挣扭之声，继而"砰"然一响，珍妃堕井。（《故宫周刊》）其实，所谓保全贞节，只是慈禧太后杀珍妃的借口，不然的话，怎么唯独令珍妃跳井呢！

有人根据唐冠卿的回忆绘制了《珍妃最后幽禁处及投井经过路线图》，上面标明了慈禧与珍妃对话处和唐冠卿所处的位置，发现两处相距甚远，认为唐冠卿根本无法听到慈禧、珍妃及崔玉桂三人的对话。因此，所谓目睹者的证词也不尽可信，珍妃之死仍然是一个未解之谜。

疑团丛生的光绪帝驾崩

清德宗（光绪帝）载湉，四岁时即皇帝位，在慈禧太后淫威下长大。他不甘做傀儡皇帝，力图有所作为。甲午战争后，他支持康有为、梁启超等人发起维新变法运动，下诏变法。维新运动遭到以慈禧太后为首的顽固守旧势力反对，他们发动政变，杀“戊戌六君子”，康有为、梁启超等出逃国外，光绪帝被幽禁于瀛台。此后他一直未获自由，光绪三十四年十月二十一日（1908年11月14日），年仅三十八岁的壮年天子在瀛台去世，次日，七十四岁高龄的慈禧太后亦死去。一对政敌在不到二十四小时内相继死去，是巧合还是另有缘由？此中疑团丛生，令人们猜测纷纭，至今仍是一个未解之谜。

● 清德宗载湉

有人说，是慈禧太后命人害死了光绪帝。慈禧太后感到自己不久于人世，她怕自己死后，光绪帝掌握朝政，对她不利。曾任御史及起居注官的恽毓鼎在其所著《崇陵传信录》中说，慈禧病危时，有人向她报告说：光绪帝听说太后病重，面露喜色。太后闻言大怒曰：我不能先汝而死！于是决心害死光绪帝。据说光绪帝去世前，宫门紧闭，气氛异常，敏感的人已预知宫中必有大变，果然不久就传出光绪帝驾崩的消息。

另有人说，光绪帝是被太监李莲英害死的。德龄《瀛台泣血记》云，李莲英平时依仗慈禧太后的威势，横行霸道，经常捉弄、欺凌光绪帝。当太后将归天时，他深恐太后死后，光绪帝掌权，对己不利，于是抢先下手，害死光绪帝。

还有人说，光绪帝是被袁世凯害死的。在维新运动时期，光绪帝受到慈禧为首的顽固势力威胁，危在旦夕。他曾授袁世凯密诏，命其武力相救，保护维新，但袁世凯出卖光绪帝，向慈禧告密，慈禧发动政变，扼杀维新运动。当慈禧病重将死之际，袁世凯怕将来光绪帝重操权柄，必然与他算账，遂派人进药，药中掺毒，光绪帝服后身亡。

近来有人根据中国第一历史档案馆所藏光绪帝医案认为，导致其死亡的直接原因是疾病。光绪帝自幼体质孱弱，加上失去母爱，慈禧太后有意对之严厉约束，消磨其意志，故而光绪帝是在抑郁沉闷的环境中长大，身心健康大受损害，抵抗病毒能力差，且患有遗精病史。成年后，病情更重，从现代医学角度看，他患有严重神经官能症、关节炎或骨结核，还有血液系统疾病。他去世前半年内，御医对其病症已束手无策，光绪帝经常因自己病情不见好转而斥责御医无能。肺结

● 袁世凯（《袁世凯全传》）

核、肝病、心脏病和风湿等慢性病，导致抵抗力进一步下降，最后，可能是心肺功能慢性衰竭，合并急性感染，夺去了光绪帝的生命。当然，从根本上说，光绪帝的病魔缠身，与慈禧太后对他的高压控制、百般凌辱有很大关系，可以说他是被慈禧折磨而亡。上述看法，是根据脉案药方推测得出的，不过，在慈禧太后一手遮天的情况下，受慈禧指使而伪造清宫医案的可能性也是存在的。

2003 年起，一个由各方面专家组成的研究小组花了 5 年多的时间，采用先进的科技手段，对现存光绪帝的头发、遗骨及衣物，进行了严谨的检测和分析。研究发现其头发中砷的含量特别高，部分发段竟达 2 404 微克 / 克，为当代健康人的正常含量的 17 000 余倍，与隆裕皇后及同时代的清人头发比较，也要高出 200 多倍。研究者对尸骨及墓葬周围的环境包括棺椁内的帷幔碎屑、香料等残渣进行检测，发现它们的砷含量都非常低，不可能成为光绪帝头发中砷的来源。此外，还发现光绪帝内衣的砷含量远高于外衣，胃肠部位衣服的砷含量又远高于其他部位的衣服，于是专家们得出结论：光绪皇帝尸骨中的砷，来源于其体内。

砷主要包括砒霜（三氧化二砷）、雄黄（二硫化二砷）、雌黄（三硫化二砷）等，其中砒霜是剧毒砷化物，而光绪皇帝体内所含的砷就是剧毒的砒霜。医学上测定，人体口服砒霜 60 ～ 200 毫克就将中毒死亡，而据测算，仅光绪皇帝的头发及其部分衣物和残渣中的砒霜含量就已高达 201 毫克。一句话：光绪皇帝是死于砒霜中毒。

然而，谁是凶手？凶手又是怎样下毒的？这些，依然还是未解的历史之谜。

赛金花究竟是何方人氏

清末名妓赛金花是中国近代史上的传奇人物。她本是贫家女，为生活所迫而入青楼，后嫁状元洪钧，并随洪钧出使俄、德、奥、荷四国，是个出色的大使夫人。洪钧死后，她再入风尘，艳名远扬，交往的都是些达官贵人。庚子之变时，她凭借出洋时的经历，与八国联军统帅瓦德西周旋，更使她名震一时。但是一代名妓的晚年却是异常凄凉，她病逝时家无分文，连丧事都是靠社会募捐办完的。

赛金花留下的疑谜不少，诸如她的姓氏、她的年龄、她与瓦德西的关系等，都虚虚实实，似是而非。这里，我们只讨论近一个世纪来一直争论不休的问题，即赛金花的籍贯。

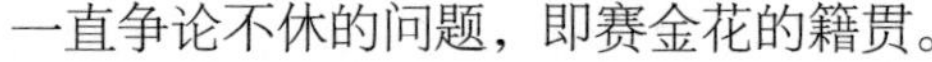

有人说，赛金花是苏州人。专咏赛金花之事的《彩云曲》就有“况兼苏小是乡亲”之句，这是较早涉及赛金花籍贯的文字。郑逸梅先生在《清娱漫笔》中认同此说，并更具体地说她“生在吴门萧家巷”，“一个靠抬轿子为生的穷人家，屋子卑陋，现在早已倾圮改建”。

有人说，赛金花是盐城人。小说《孽海花》的作者曾朴力主此说。《中国近代史词典》（上

赛金花

海辞书出版社，1982）也云：“原名傅彩云，江苏盐城人。幼居苏州，父以挑水为业。鬻为稚妓。”

也有人说她是徽州（治今安徽歙县）人。刘半农撰《赛金花本事》时就直言：“籍贯是徽州人。”赛金花逝世时，南京《中央日报》报道：“赛金花本姓赵，生长在姑苏，她原籍是徽州，家中以当业为生。十二岁时，因长毛匪乱，全家离散，她到苏州找祖母，在苏州落户。”

光绪二十九年（1903），赛金花在上海因虐待婢女犯案，遭拘禁，释放后发回原籍，因此她一度回到了安徽。既然是发回原籍，而她又回到了安徽，那么，赛金花十有八九应是徽州人了。问题是，当时的徽州辖六县，即休宁、绩溪、歙县、婺源、祁门和黟县，究竟哪个县是赛金花的出生地?

有的书刊说她是歙县人，因为她的丈夫洪钧祖籍歙县。还有人说，洪钧去世后，她改名为曹梦兰，可能是歙县雄村官裔之后。

较流行的说法是赛金花原籍安徽休宁县，祖父业商，曾与人开过典当，当赛金花降生时，家道已没落。但是，《休宁县志》对此只字未提。

20 世纪 80 年代初，《安徽文史资料》发表了程梦余的文章《回忆赛金花发配原籍》，说到赛金花发回原籍时，遭衙门刁难，是程氏帮她释困，由此有了一段交往。而当时是明确递解回黟县的，后赛金花在闲谈中也说到出生在黟县二都上轴郑村，姓郑，傅是随老鸨的姓。

此后，又出来不少旁证，如黟县人范道菁回忆说，他的父亲范汉生（曾任驻日总领事）曾捐款修建北京陶然亭赛金花墓，碑文中明记赛金花是黟县人；刘半农之婿方教授经考察，也证实“赛金花是黟

赛金花

县人”；赛金花曾与北大教授郑颖荪较接近，而郑是黟县人，他曾证实赛金花是黟县人；1982年出版的《新安人物志》说她是黟县人。

盐城人周梦庄曾专门研究赛金花，并到实地调查。他认为清人方朔《枕经堂文钞》所记比较可信：“赛金花本名曹梦兰，其父曹彭洛，字芙裳，安徽歙县人。咸丰中避粤寇之乱，侨居盐城上冈十余载，后客死海州。同治十一年（1872），梦兰生于上冈。幼时甚美，耍于门前，为拐子抱去，辗转鬻入扬州娼门，成一盐商小妾。彭洛乃大学士振镛之曾孙，高才博学，工诗，古文卓然成一家言。尝主讲席，能立师道，盐人多从之游。梦兰失踪，家人四处找寻，久之，始悉梦兰为妾。彭洛认此有辱门风，潜令梦兰不得姓曹，不得道及家世。不一年，盐商卒，梦兰改赵姓，名彩云，入苏州娼门，复嫁洪氏，此即赛金花也。”如此看来，赛金花乃祖籍安徽歙县，生于盐城上冈镇，原姓曹，改姓赵，她自述幼年事多不实之词，也是有难言之隐的。

总之，赛金花的籍贯问题，在众多的异说中，终于开始有了一些倾向性的看法。赛金花生前常常为了某种需要信口开河，如她隐瞒了三岁年龄，直至弥留之际才坦白；她和瓦德西的关系也不乏自我吹嘘的成分。再加上野史的“妙笔生花”，使得她的真实面目始终如迷雾缭绕。她的籍贯的“真相大白”，也将有利于认识这位名妓的庐山真面目。

胡适之父是否战死沙场

胡适的父亲胡传，原名守珊，字铁花，号钝夫，清光绪十八年（1892）二月至二十一年六月在台湾任职，先后担任全台营务处总巡、台南盐务局提调、台东直隶州知州兼镇海后军统领，是一位正直、廉洁的官吏。以往的著作都说他在光绪二十一年七月初三（1895年8月22日）在厦门病逝，因此有关他的死，原本不是什么学术问题。但是在20世纪90年代中，有白吉庵著《胡适传》时，推翻陈说，明言胡传是“在台湾为了抵抗日军的侵略而战死沙场”，而在此之前，有石原皋也持此说，于是，这就成为一个悬而待决的问题了。

最早记载胡传之死的是《胡铁花先生家传》，这是胡传老友张经甫代胡适兄弟四人写的，其中说胡传“自抵台南，即患脚气，海警起，劳瘁备至，足愈肿，左足尤不良。割台议定，诏臣工内渡，先严以军事交代统，携州印交安平忠令，于闰五月初三自州启程……刘军门（永福）苦留相助，先严辞以病，不许。六月十八日又患泄泻，继以下血，益不支，双足俱不能动，刘公始放行。二十八日抵厦门……延至初三日子时竟弃不孝等而长逝矣。”当时胡传有第二个儿子洪骓随侍在身边，张经甫既是代述，必定有所本，因此，这《家传》所记，如无特别可靠的材料是不应怀疑的。

但是，与胡适是同乡又是亲戚的石原皋对上述记载的真实性提出两点异议：第一，既然《马关条约》规定割让台湾，清廷诏臣工内渡，如果再公开说胡传是抗战殉难的，那他就是违抗朝廷命令而擅自行动，不仅得不到封赠，反而有罪，只有借口病死，才可以免除许多麻烦。第二，根据封建社会的祠规，凡是凶死的人牌位不能进宗祠，名字不能上族谱。因此如果说胡传是因抗日而死，便不能入宗祠、上家谱了，还不如借口病死，可以免遭族人歧视。石先生的另一条重要理由是：胡传死后，村人一直议论纷纷，说他是被杀头的，棺材里是一个假头。而这个假头，有的说是金的，有的说是铜的，有的说是木头的。直到“文革”中的“造反派”将坟墓掘开，“寻遍棺中，压根儿找不到头颅骨，哪有金头？……从此才证实了胡适的父亲确是爱国的，是抗日殉难的志士”。此外，胡传于1895年6月20日所立的遗嘱中用了“殉难”二字，这也可看成是他决心抗战的一个伏笔。

石先生的意见引来一些学者的反对，他们认为，以抗日而论，当时的帮办台湾军务刘永福率领军民勇敢抗击日寇，更是“违抗清朝命令”，但是刘永福后来失败回到大陆，清政府并没有治罪，还令其为总兵，守钦州边境。刘永福尚且如此，胡传位在刘永福之下，更不用担心会有“违令抗日”受处罚的麻烦。退一步说，如果胡传果真是为抗日殉国，在清朝不得不隐瞒真情的话，那么，在辛亥革命推翻清朝后，尤其是抗日战争胜利后，胡传当年抗日的事迹应是很光荣的历史了，也不用再担心上不了族谱了，后人理应昭扬。但此时乃至以后，胡传的家人始终都没有提到他抗日殉国的事，难道，这时还有什么必要隐瞒吗？

至于胡传坟墓中找不到头颅骨一事，有学者专门赴绩溪上庄察访，询问了上庄乡的干部群众以及胡适的族人胡乐丰，了解到“造反派”掘坟之事确有，但找不到头颅骨的话是传闻，并无人确见证实。相反，有人可以证实棺内确有下颚骨。因此，“金头”“无头”之说是站不住脚的。事实上，胡传在台湾有较高名望，如果他确实在台湾抗日战场上战斗过，甚至捐弃了头颅，台湾军民中不会没有传闻，日本军队不会不以此炫耀，历史学家也不会吝啬记此一笔的。因此，即使棺中确实无头，也只能是由于其他原因，而不是由于胡传在台湾战死，被日本人割去了首级。

还有，胡传的遗嘱是“光绪二十一年五月二十八日书于台东镇海后军中营”，一般来说，临战前军人给家人写遗书，立遗嘱是很正常的事，何况当时胡传重病缠身，行动已很不方便，在这种情况下立下遗嘱，并不足怪，更不能因为遗嘱中用过“殉难”二字，就断言他是战死在疆场的。

胡适在《四十自述》中是如何描述他父亲之死的呢？《马关条约》签订后，“台湾绅民反对割台，……台人公请唐（景崧）为台湾民主国大总统，帮办军务刘永福为主军大总统。我父亲在台东办后山的防务，电报已不通，饷源已断绝，那时他已得脚气病，左脚已不能行动。他守到闰五月初三日，始离开后山。到安平时，刘永福苦苦留他帮忙，不肯放行。到六月廿五日，他双脚都不能动了。七月初三日他死在厦门，成为东亚第一个民主国的第一个牺牲者”。以后，有人对胡适称胡传是“东亚第一个民主国的第一个牺牲者”的说法提出质疑，胡适也对此作了修正。但是，他对胡传之死的回顾，或许还是不能轻易置疑的。

其实，胡传作为一名官吏，带病抗战，努力报国，最终因病辞世，虽然没有战死沙场，但他还是无愧于“爱国志士”这一称号的。

谁是最后的状元

自隋朝以来，我国各封建王朝都设科考试选拔官吏。因其分科取士，故称科举制。科举考试名列第一的皆称元，如乡试第一为解元，会试第一曰会元，殿试第一就是状元。中状元者号“大魁天下”，是科名中的最高荣誉。一千多年里，科举制度造就了无数状元郎，其中确实有不少品学兼优者，如南宋文天祥就是一名值得称颂的“状元丞相”。

按清代的科举考试制度，乡试三年举行一次，于子、卯、午、酉年的八月举行；会试则在次年即丑、辰、未、戌年进行。乡试考中的举人入京会试，会试考取的贡士再参加由皇帝亲自主持的殿试，其结果经钦定御批为三甲，一甲第一名就是状元。清光绪三十一年（1905），清政府推行学校教育，科举制度即被废除，也就是说，最后一个状元应出现在1905年之前。

张謇

清末最后一个状元是谁呢？过去人们一直认为是张謇。张謇字季直，号啬庵，江苏南通人。同治七年（1868）他十六岁时考中秀才，入庆军统领吴长庆幕中任文书，先后结识了袁世凯和军机大臣翁同龢。光绪十一年，他应顺天府乡试，考中举人。九年后，正逢慈禧太后六十大寿恩科会试之期，张謇赴北京参加考试，取一甲第一名进士，以状元入翰林院授编修，时年四十二岁。

有关张謇考中状元的情况史料有较明确的记载。如翁同龢《翁文恭公日记》光绪二十年四月二十四日（5 月 28 日）记："卯正，上御乾清殿西暖阁，臣等捧卷入，上谛观第一名，问谁所取？张公以臣对。……臣以张謇江南名士，且孝子也，上甚喜。"可见，本科负责取士的是翁同龢。事实上，当时翁同龢为取张謇为第一名，还与同僚大加争执，王伯恭《蜷庐随笔》记载："殿试之制，新进士对策已毕，交收卷官，封送阅卷大臣阅之……光绪甲午（1894）翁师傅得张季直卷必欲置第一，张子青不许，几欲与忿争。"最后经众人调停，"南皮（张子青）无可如何，乃勉如翁意"。这些史料可以证明，张謇中状元，是经翁同龢等帝党拔擢的，且确切年代是在 1894 年 5 月。

那么，光绪二十年的科举是否最后一次进士考试呢？显然不是。甲午战争以后，民族危机空前深重，资产阶级民主革命运动开始兴起。在新形势下，清政府也不得不改弦更张，实行"变法新政"。光绪二十七年五月至六月，湖广总督张之洞、两江总督刘坤一先后奏著名的"江楚会奏变法三疏"，提出设文武学堂、酌改文科、停罢武科、奖励游学以及练外国操、广译东西各国书等建议。不久慈禧太后发布上谕，以科举流弊太多为由，决定从第二年起改革科举，罢时文诗帖，废八股文，以经义、时务、策论试士，停止武科。以后，全国各地纷纷开设了许多学堂，政府也先后派出不少留学生，新的教育制度逐渐产生影响并深入人心。于是，清政府在光绪三十一年八月又一次发布上谕："自丙午科（1906）为始，所有乡、会试一律停止。各省岁科考试亦即停止。"至此，科举制度彻底废止。以后，为了解决不能进入学堂的举、贡、生员的出路，曾举行过一些生员补充优贡、补考拔贡和举、贡考职等弥补性的考试，但是真正意义上的科举考试，就再也没有举行过了。也就是说，光绪三十年的甲辰科，就是中国历史上最后一科进士考试了。可见，在张謇之后，应该还有四次正科，即光绪二十一年乙未科、二十四年戊戌科、二十七年辛丑科和三十年的甲辰科，分别产生了骆成骧、夏同龢、王寿彭、刘春霖四位状元，可见，甲辰科的第一名刘春霖才是中国最后一位状元。

按惯例，每一次科举考试后，都会由礼部出资立一"进士题名碑"，因此，北京市安定门内国子监街的孔庙中，就保存有一百九十八座"进士题名碑"。其中清光绪三十年甲辰科所立的碑，即科举制度最后一科的"题名碑"，有两个特殊之处：一是由于当时国势阽危，财政拮据，礼部已拿不出钱来建碑，于是这块碑是新科进士自己出钱为自己树了碑，并将它送入太庙的。二是碑上所刻的第一名有两个：谭延闿和刘春霖。这又是怎么回事呢？原来，当时最高级的考试分会试和殿试两步进行，这科会试的第一名是谭延闿，即会元。但是，在会试之后进行的殿试中，谭延闿的成绩却掉了下来，取得第一名的是刘春霖。因此，尽管"进士题名碑"上将两人的名字并列，而事实上真正的状元只有一个，即刘春霖。

由此可见，清末最后一次科举考试不是在张謇高中的1894年，而是在十年之后的1904年举行。最后一位状元郎也不是赫赫有名的张謇，而是自称是“第一人中最后人”的直隶肃宁（今属河北）人刘春霖，他因书法出众，人们又称其为“字状元”。后世之所以普遍将张謇看作是末代状元，很可能是由于张謇在当时办学堂、创实业，社会影响较大，而他的状元身份也在事实上为他的事业增加了分量。由此，以讹传讹，成为普遍之说。

谁是暗杀吴禄贞的主谋

吴禄贞是湖北云梦人，早年怀着为国雪耻的志愿，入湖北武备学堂学习，清光绪二十四年（1898）赴日学习军事，加入兴中会，开始了反对清政府的革命生涯，当时与云南的蔡锷齐名，人称北吴南蔡。光绪二十八年归国，于清廷军界任职，武昌起义爆发后，他加紧活动，拟在北方发动起义，清廷对此有所察觉，特授予署理山西巡抚之职，以示笼络。宣统三年（1911），他在石家庄被暗杀。是谁策划了这次暗杀，长期以来流传着三种说法。

有人说，吴禄贞因个人私仇被杀。1964年载涛著文曰："据我所知，既非袁之所为，亦非清政府所干，仅系由于个人的私仇，致酿成适逢其会的凶杀而已。"（载涛《吴禄贞被刺真相》）

有人认为，是清政府派人刺杀吴禄贞。李剑农在其《戊戌以后三十年中国政治史》一书中说："清廷见吴的行动有异，乃阳任吴为山西巡抚，阴遣人刺杀之于石家庄。"陈锡璋所著《细说北洋》一书记："清廷恐吴将来有变，乃任吴禄贞为山西巡抚，藉以联络。可是吴不为利诱而动摇，进而截留清军运往湖北之军火，并弹劾荫昌误国大罪。清廷既不肯明令责斥吴禄贞，又深恐其举兵发难进攻北京，不得已只出于下策，于宣统三年以金钱收买被吴黜退之部属第十二协协统周符麟及标统马蕙田，在九月十六日深夜刺杀吴禄贞于石家庄正太铁路站房之办公室内。而后割取吴之首级，逃京献功。”

有更多的人认为，是袁世凯派人暗杀吴禄贞。当时，《大同报》所载之《民国春秋》曾断言：“袁世凯使人暗杀吴禄贞于石家庄。”不少人都有相同看法，但多半属主观推论。多年后，袁世凯部属泄露有关秘密，证实袁世凯杀吴禄贞之说不虚。如袁世凯的警卫团团长唐天喜曾向人透露：“袁世凯知道吴禄贞有胆略，很能干，有政治野心，又倾向革命，很嫉妒他。吴也反对袁世凯。”又说：“清政府派吴为山西巡抚……袁更恨吴，袁世凯出山后，亲到孝感视师，因前线需用军火甚急，袁连电催促。清政府接济袁的军火列车，在石家庄被吴禄贞截扣，袁听了，急得吐了两口血。袁知道吴禄贞决心要在北方起义了，就决心要杀吴禄贞。即派人贿通第六镇协统周符麟，唆使管带马步周（即马蕙田）带人行刺。”（任芝铭《袁世凯刺杀吴禄贞之我闻》）后马蕙田又“勾结连长梁云章、排长杨福奎下此毒手。当夜十二点钟，周符麟由北京专车到石家庄，取吴的人头到北京献功，当即交马蕙田五万元酬金”（元柏香《吴禄贞被刺事件鳞爪》）。李书诚的《我对吴禄贞的片断回忆》记载了北洋政府内务部长张志谭的话：“杀吴禄贞的是袁世凯；袁不杀吴禄贞，就不能来到北京，袁的全盘计划就无从实现。”曾任吴禄贞参谋的何遂说：1924年，段祺瑞的长子宏业曾和他闲谈，大大称赞马蕙田“是英雄，够朋友”，因马蕙田的行动“省了不少不少的事”。有学者据此认为，是袁世凯策划暗杀吴禄贞，具体执行者是其爪牙段祺瑞。段祺瑞找到同乡周符麟，许以五万元赏金，并答应事成

● 袁世凯洹上垂钓（《袁世凯全传》）

之后官复原职（周曾任协统，后被吴禄贞革职）。周符麟又找到同乡马蕙田。马蕙田深得吴禄贞信任，是吴的卫队管带，就是他安排人刺杀吴禄贞。

袁世凯为何非杀吴禄贞不可呢？史家分析动机主要有二：一、维护清政府的存在，利用清廷与南方革命政权讨价还价；二、确保北方局势稳定，北方是袁世凯经营多年的老巢，是他操纵清廷、对抗南方革命势力的大后方，所以他要用一切手段保住北方。

此外，还有其他的说法，如有人认为吴被杀，是周符麟的报“私仇”行为；有人认为是出于陆军大臣良弼的阴谋；《阎锡山回忆录》认为，是朝廷以白银两万买通吴禄贞部下吴鸿昌所干的勾当，等等。无论谁是凶杀的主谋，都改变不了吴禄贞是清末爱国将领、近代资产阶级革命者、辛亥革命之烈士这一光荣的身份。

《红楼梦》究竟是谁的作品

有关《红楼梦》研究的所谓“红学”已经“热”了近百年，从而发展成为与“敦煌学”“甲骨文”地位相当的中国三大“显学”之一。20世纪90年代后，“红学”不仅没有偃旗息鼓的迹象，反而烽烟四起，热点纷呈，让人眼花缭乱。诸如“曹雪芹祖籍之争”“曹雪芹墓石之争”“脂批真伪之争”“脂本与程本孰先孰后之争”等都曾经让学者们争了个不亦乐乎。《红楼梦》的作者问题当属热点中的热点，早在1990年，就有学者赵国栋提出《红楼梦》并不是曹雪芹的作品而是曹雪芹之父曹頫所作的观点，由此引发了一场“作者之争”。而到了90年代末，著名作家、四川联合大学（今四川大学）教授张放更提出了一个惊人的论断：《红楼梦》的真正作者不是别人，就是《红楼梦》的评点者脂砚斋！

张先生认为，曹雪芹是不大可能写出《红楼梦》这部小说来的。其理由有三：一、曹氏家族自曹雪芹的曾祖曹玺起，三代为江宁织造，确实享尽荣华富贵。至雍正时，其父曹頫以“骚扰驿站”获罪抄家，从此家道渐衰，不得不举家迁居北京。而生于雍正二年（1724）的曹雪芹此时才五岁，因此，他可以说是生于破落，长于贫困，基本上没有经历过“烈火烹油，鲜花着锦”的尊荣生活，也从未有过“忽喇喇似大厦将倾”的切身体验，他怎么可能将荣、宁二府的贵族生活写得那样逼真？二、曹雪芹为生活所迫，曾做过宗学杂役，投奔过亲友还遭受了侮慢，最后穷困潦倒，无法在北京城中生存，只好移居西山，靠画制风筝糊口，常年处于“举家食粥酒常赊”的境况中。困顿贫病的曹雪芹有这样的经历和财力以十年之久的时间来从事这部长篇巨制的创作吗？三、曹雪芹个人的性格是典型的诗人隐士而不是小说家类，他常常“酒渴如狂”，又特别喜欢访古游林，属于那种喜尚空谈而不肯面对现实的人，他的诗文水平也比较平常，要写出《红楼梦》中的那些诗篇可能是很困难的。

从曹雪芹同时代人的表现也可以得出同样的结论。曹雪芹的几位至交好友从未提起过曹雪芹写过《红楼梦》一事，无论在曹雪芹的身前，还是死后。如果曹雪芹果真花了十年的光阴来创作《红楼梦》，他的朋友们怎么可能一无所知？知道了又怎么可能矢口不提？即使在曹雪芹身前要为他保密，那么在他死后又有什么必要再保密呢？再具体点说，与曹雪芹交往甚密的努尔哈赤第六代孙爱新觉罗敦敏、敦诚两兄弟在曹雪芹死后还在世上活了二十多年，这时曹雪芹著《红楼梦》一事已经广为传道，但敦敏和敦诚两兄弟却从未提及一词，甚至在他们追悼曹雪芹的挽诗中，也从无一句提及或暗示曹雪芹曾写过《红楼梦》，只说曹雪芹“坎坷以终”。

但是，这其中有一个破绽：敦敏兄弟从没有确认曹雪芹曾写过《红楼梦》，但是，当世人都说《红楼梦》是曹雪芹所作的时候，他们又为什么不出来辟谣呢？这岂不是一种矛盾？张放认为，这种态度正涉及了《红楼梦》的真正作者，而这位真正的作者，就是敦敏兄弟的叔父墨香，《红楼梦》小说最早就是从他那里传出来的。

墨香曾做过乾隆皇帝的侍卫，是潦倒的宗室，也是努尔哈赤的后人。他目睹了皇家的世态炎凉，也了解其中的波涛和凶险，他完全有条件写一部备极盛衰荣哀、影射皇家生活的小说。而《红楼梦》中不少章节的诗文确实是皇子皇孙的口吻，如“天恩祖德，锦衣纨绔”“无材可去补苍天，枉入红尘若许年”等等，就决不是一般的破落子弟所能言的。

墨香既然写了《红楼梦》又为什么要托名曹雪芹？张先生是这样分析的：墨香通过敦敏兄弟了解了一些曹雪芹的身世，又可能看过一些曹雪芹的诗文，当他写完《红楼梦》时，曹雪芹已死，于是就借了死者之名。这一方面是因为书中有影射皇家之事，而曹家已家破人亡，不必担心惹上“文字狱”；另一方面是由于当时人认为写小说是“雕虫小技”，有辱身份，所以托别名写小说是常见之事，作为皇室后裔的墨香更会有这种要求。既然托名，就要让别人相信《红楼梦》确是曹雪芹所作，因此，墨香故意在书中使用了曹家的“接驾四次”等经历，对读者使用了“障眼法”。

墨香在将《红楼梦》的著作权拱手相让给死者曹雪芹后，又对自己的被埋没而于心不甘，于是就以“脂砚斋”的名义对《红楼梦》进行评点，而其中不少评语都在暗示《红楼梦》另有一个作者。分析至此，结论自然而然产生：脂砚斋就是墨香，是《红楼梦》的真正作者！

一说图中人是曹雪芹

张放的研究和结论彻底突破了传统“红学”研究的禁区，给人以耳目一新的感觉。虽然，他的结论尚未得到大多数人们的首肯，但是，他的探索，无疑是为扫清红楼雾障提供了新的角度。《红楼梦》作者的真相究竟如何？我们拭目以待。

大观园的原型

凡是读过《红楼梦》的人，都会对大观园中翠竹摇曳的潇湘馆、蕉棠两植的怡红院、青篱曲折的稻香村、异草荟萃的蘅芜苑等佳境留下深刻印象，恨不能身临其境。上海青浦曾花巨资模拟建造了一座大观园，吸引了无数游客流连其中，亲身感受一下宝、黛等公子小姐的生活环境。然而，这毕竟是“假古董”。历史上究竟有没有一座大观园？曹雪芹写作时是以何处园林作为蓝本的？红学家们各有不同的看法。

与曹雪芹同时代的人大多认为大观园就是南京随园。随园是乾隆时诗人袁枚的园林，袁枚虽是杭州人，但曾任江宁等地知县，辞官后侨居江宁，在小仓山筑随园。他在自己的《随园诗话》中说：“《红楼

［清］《大观园》

梦》……中有所谓大观园者，即余之随园也。”作为随园的主人，他总不能信口开河、无中生有吧？乾隆时满洲人明义在《绿烟琐窗集》中也说，曹雪芹所撰的《红楼梦》之所以“备记风月繁华之盛”，是因为其祖上曾任江宁织造，久在金陵，其书中所描绘的大观园就是南京随园故址。这种说法是关于大观园所在地的最早观点，后来胡适先生在他的《红楼梦考证》中也认同并坚持大观园是随园的看法。

稍后，人们较倾向于北京什刹海说。谢道隆《红楼梦分咏绝句题词》中言“汉海方塘十亩宽，枯荷瘦柳蘸波寒。落花无主燕归去，犹说荒园古大观”。又在其后注曰：“十汉海，或谓大观园遗址，有白石大花盘尚存。”民国蒋瑞藻在《小说考证》中也曾记叙了什刹海的优美风景，还特意指出，这里的景色与《石头记》中的大观园极其相似。此外，徐珂在《清稗类钞》中有“京师后城之西北，有大观园旧址，树石池水，犹隐约可辨”之句，进一步确认了北京什刹海说。

20 世纪 60 年代起，台湾省学者赵冈力主大观园是江宁织造署西花园说。他从《红楼梦》中所描写的大观园建筑风格着手研究，大胆推理，并与南京行宫图相对照，最后提出，大观园，这个容国府的西花园，就是南京行宫的西花园。南京解放后，这里已改作大行宫小学，曾经发掘出题着“红楼一角”的碑石，为此说增添一证据。1984 年 8 月，这里又发现了完整的假山石基和水池，即历史上有名的西花园西池。这是近年来红学文物研究上的重大发现，自然也为大观园是西花园说提供了有力的实物证据。

还有一种争议较多的“北京恭王府说”。20 世纪 50 年代，红学家周汝昌在《红楼梦新证》中首先提出此说，以后有不少学者附议。他们指出，恭王府和大观园在建筑风格上十分相似。周汝昌还在《芳园筑向帝城西》一文中，对恭王府和大观园从地理环境、景物遗存、建筑布局、府第沿革、文献印证等方面进行考证。虽无直接的证据，但恭王府和大观园有一种联系，这一点却是十分明显的。但是，中国艺术研究院红楼梦研究所大观园研究课题创始人顾平旦不同意此说，他在《从“大观”到“萃锦”》一文中指出，恭亲王的萃锦园规模和建筑大多是同治之后才有的，而曹雪芹的《红楼梦》是在乾隆年间写的。恭亲王奕䜣本人极有可能就是一个《红楼梦》迷，因此，应该是他模仿大观园建造了自己的邸园，而不是曹雪芹以他的萃锦园作大观园的蓝本。顾先生此文否定了恭王府说。

潜心研究《红楼梦》二十二年的湖北鄂州职业大学童力群教授认为南京江宁区江宁镇的花塘才是大观园的原型。童教授发现，花塘一带与《红楼梦》相吻合的地名和姓氏多达四十余处。如《红楼梦》中描写的金陵四大家族是贾、王、史、薛，花塘一带历史上就曾有过曹、王、史、薛四大家族，而对红学稍有了解的人都知道，“贾”是假的，“曹”才是真的。如今，这里仍有四家村，曹上村的村长曹宏德明确地说，他们的祖宗就是曹雪芹，此外还有小王庄、薛家凹和改名为“新府”的史家庄。除此之外，这里还有观东村和观西村，如果花塘村是大观园的花园的话，那么观东村和观西村就应该是大观园的东门和西门。附近还有与“甄府”对应的曾庄，与葫芦庙对应的葫芦坝等。今天，人们站在花塘这个水塘边放眼骋目，仍可见四处绿树掩映，水面

● [清]《大观园》

沉静优美，不时有数只白鸟从树丛中掠过水面，正可跟史湘云与林黛玉对诗时所吟的“寒塘渡鹤影”对应。花塘中还有一小岛，据当地人说，这是曹氏家族衰败前所筑古亭的亭基。还有，《红楼梦》第二十四回写贾芸“出西门找到花儿匠方椿家里去买树”，而曹上村西边 3.5 千米处有个方儿冈、2 千米处还有个方村。《红楼梦》第三十三回写宝玉向忠顺王爷府长吏回答蒋玉函的去向：“听得说他如今在东郊离城二十里有个什么紫檀堡，他在那里置了几亩地几间房舍。”而曹上村的东面正有个蒋门山……类似的“巧合”还有很多，而童教授认为，书中名句“芳园筑向帝城西”已经暗示了大观园的方位。南京是六朝古都，又是明朝初年的首都，堪称“帝城”；花塘村在南京的西面，也符合

“帝城西”的说法。

还有一些学者认为，所谓“大观”，就是“集大成”的意思，因此，大观园根本没有一个固定的蓝本，人们将这种观点称作“综合说”。30 年代，吴伯箫提出此说，他认为，《红楼梦》一书，是曹雪芹借北京的景物追写、烘托曹家当年在江宁的荣华富贵状况。曹聚仁在《小说新语》中认为，曹雪芹是以曹家的院子作底本，而北京的芷园，南京、扬州、苏州的织造府都可能是大观园的蓝本之一。70 年代，戴志昂认为，大观园是吸收了园林建筑的精华并加上作者的想象而创造出来的艺术形象，但其最基本的依据还是北京的皇家园林。而顾平旦最近又指出：大观园是南北皇私的集大成，既有北方皇家园林的气派，又兼备江南园林、私家园林的灵秀。曹雪芹的浪漫气质将这些园林的特色融合一体，便诞生了《红楼梦》中的大观园。书中对大观园的描写是“天上人间诸景备”，因此，它必定比任何一个原型更美、更精致、更完善。所以，大观园是作家艺术灵感的再现，人们可以继续寻访大观园的原型，但“书中才有大观园”，真正的大观园只能在曹雪芹的《红楼梦》一书中。

大观园究竟在哪里？红学家们提出了种种设想和可能，也为我们追求“唯一”提供了思路和线索。

《景苏园帖》刻石的下落

《景苏园帖》石刻是清末历史地理学家、金石书法家杨守敬（1839—1915）与黄冈知县、书法家杨寿昌，斟选六十八件苏东坡书墨法帖，请武昌石工刘宝臣摹刻而成的。六卷拓本分两次刻完，计勒石一百二十六块。第一批四卷完成于光绪十八年（1892），后又完成两卷。石刻镶嵌在杨寿昌辟建的“景苏园”内墙壁上，故名《景苏园帖》。《四库总录·艺术篇》及《碑帖叙录》均载其为四册，推测是由于编者没有见到后补的两卷。石刻原本多选自杨守敬所藏法帖，如《前赤壁赋》出自《馀清斋帖》，《后赤壁赋》出自《秀餐轩帖》，《郭熙秋山平远帖》出自《西楼帖》，《祭黄幾道文》及《答谢民师书》出自《怡园帖》，《洞庭春色赋》及《中山松醪赋》选自《秋碧堂帖》，《送家安国教授归成都诗》选自《经训堂帖》等。此外，还有从散于各处的墨迹及宋拓本中选

● 《洞庭春色赋》

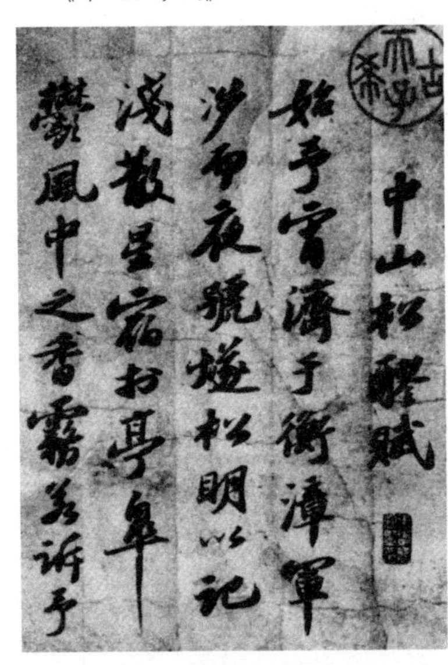
《中山松醪赋》

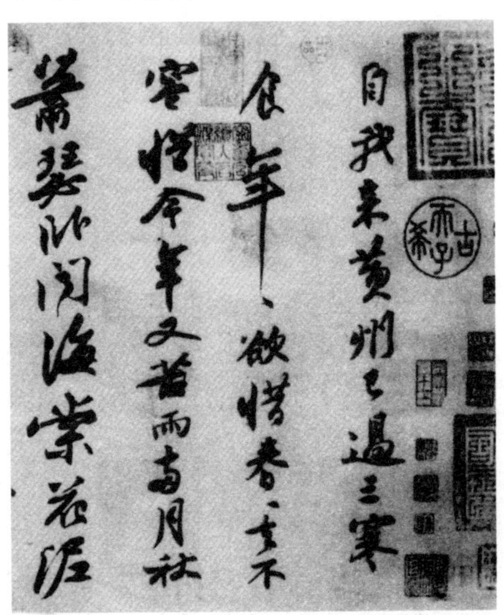
《黄州寒食诗》

取的。如《杜甫桤木诗卷》选自日本林氏兰千山馆藏真本,《黄州寒食诗帖》选自墨迹,《罗池庙迎享送神诗碑》选自广西柳州马平罗池庙南宋嘉定十年(1217)原刻宋拓本。

《景苏园帖》石刻单块高 37.5 厘米,宽 85 厘米。卷前有苏轼小像(宋刻,清末湖广总督端方收藏,翻刻后始广为流传)、杨守敬手书的黄庭坚《东坡先生像赞》,卷末有杨守敬、杨寿昌跋。《景苏园帖》收集的多为苏轼传世书法作品中的精品,如卷一楷书《前赤壁赋》是苏轼作赋的第二年于黄州应友人之邀书就的,被明书法家董其昌视为苏子代表作,认为宋人书法“无能逾是”;清代书法家朱日浚称其为五百年间第一佳作。行书《黄州寒食诗帖》是中国三大行书之一(另两件为王羲之《兰亭序》,颜真卿《祭侄文稿》),历来被视作苏书之冠，黄庭坚在跋中盛誉为“此书兼颜鲁公、杨少师、李西台笔意，试使东坡复为之，未必及此”。卷二的行书《楚颂帖》被元书法家赵孟𫖯视为“传之后世为不朽”之作。其他如卷三的行书《黄州时书〈楚辞〉》和《杜甫桤木诗帖》、卷四的行书《久上人帖》、卷六的《罗池庙迎享送神诗碑》等，都是成就很高的书法珍品。《景苏园帖》石刻是目前保存苏书石刻最多、最好的石刻碑林，绝大部分保存至今。由于北宋时政治原因，苏书在作者生前和死后曾遭到数次禁毁，墨迹及石刻流传下来不多。近千年来，苏书拓本散见于各集帖者二三十种，而苏书集刻很少。南宋乾道四年（1168）汪应辰刻《西楼帖》，及明

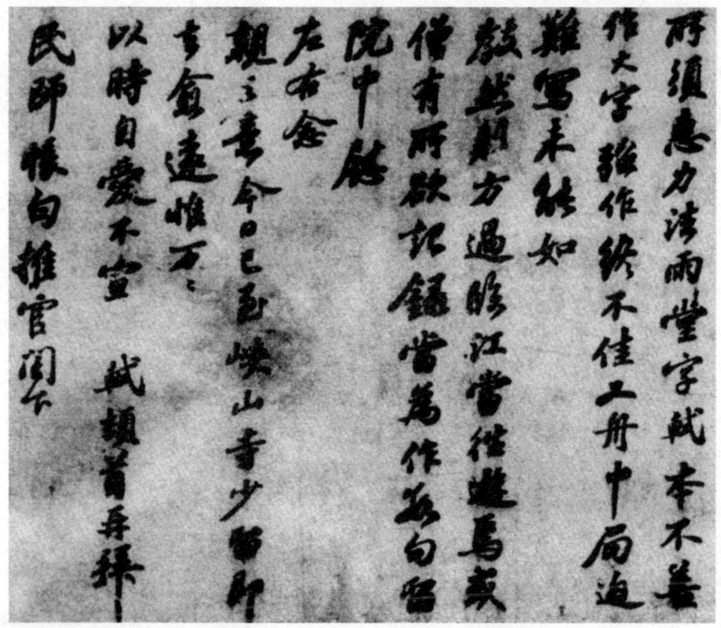

《答谢民师论文帖》

陈继儒《晚香堂帖》，原刻均早佚。《景苏园帖》石刻本为一百二十六块，杨寿昌卸任黄冈知县后，欲将《景苏园帖》石刻运回四川，但从黄州运到汉口，就因运费不济无法继续前行，不得已将石刻典当给汉口“张信记”商铺，议定回去取钱来赎，不幸的是他回川不久即辞世。其子至汉口赎取石刻时，典当期限已过，无法以原价赎出，若要石刻，只能高价购买。杨家不服，遂将“张信记”告上法庭，但两家诉讼三十年未能妥善解决。1925年，黄州东坡赤壁修建挹爽楼。汉口“张信记”商行决定将石刻售与海外，此事被湖北督军萧耀南（黄冈人）获悉，出资购得石刻，交修建挹爽楼的承办人汪棼，镶嵌于挹爽楼下的“碑阁”四壁，此时才发现石刻不知何故遗失了二十四块，遍访不得，其下落终成一谜。而今，一百余块石刻完好保存在湖北黄冈市东坡赤壁碑阁内，希冀有一天能找到遗失的石刻，使《景苏园帖》石刻得以团聚。

《马氏文通》的作者

《马氏文通》是语法书，共十卷，于1898—1899年陆续出齐。其书分正名、实字、虚字、句读四个部分，从经、史、字、集中选出例句，参照拉丁语法，分析其同异。由于它是我国第一部较全面系统的语法专著，所以一直受到学术界重视。

《马氏文通》的署名作者是马建忠，马氏于光绪二年（1876）被派赴法国留学，获博士学位后归国，为李鸿章办理洋务。他精通英、法语文及希腊文、拉丁文，因而有条件参考拉丁语法撰中文语法书。各种史书、传记资料及工具书对于马建忠撰《马氏文通》之说均趋一致，但实际上这个问题却是近代史上的一段疑案。

《马氏文通》的著者有三种可能，一是马建忠独撰，这是最常见的说法。二是马建忠和其兄长马相伯（本名马良、马建常，先后创建震旦学院、复旦公学，代理北京大学校长，著名的抗日老人）合撰，这是多数学者所持的观点，但其中又有分歧：或说该书主要出自马建忠之手，其兄马相伯只是起了某些帮助作用；或说两兄弟都是实际作者，马相伯所起的作用不限于“帮助”。第三种说法是1980年朱星提出来的，他认为《马氏文通》根本就是马相伯撰的，其根据是：1935年时，他常有机会与已是96岁的马相伯交谈，每次论及《马氏文通》，马相伯总是说“我三弟的《文通》”如何如何，不直说是他写的，但言语间却常常露出相反的意思。如他说：“我是采用拉丁文法，尽量就中文特点，避免摹仿之迹。”因此朱星断言：“当初马相伯参考了欧洲拉丁文法，所以编出了科学的汉文法。”

朱星的新说让学术界大吃一惊，《马氏文通》被研究了多年，其研究必定会联系到作者的经历、思想、学识等，突然说该书与以往所认为的作者无关，那所有的研究岂不近乎荒唐？于是，围绕《马氏文通》的作者问题，学者们展开了热烈的讨论。

邬国义反对朱星的说法，他的依据是，梁启超曾多次论及马氏兄弟和《马氏文通》，但他从来只称马建忠是著者，而不提马相伯的作用。梁启超向马氏兄弟学拉丁文，由此结成忘年交，成为马宅的常客，他的话应该是可靠的。因此邬先生认为，马建忠是主修，马相伯是协助，其作用的主次是截然分明的。但是，邬先生未能解释，为什么马相伯一再流露出自己是《文通》的撰写人？他的协助，究竟只是提供几个例句呢？还是拟定框架甚至修订全书？

许国璋认为，马相伯的大半生是在修道院里生活，他的汉学根底不深，没有像马建忠一样遍读四书三传，因此，不可能编撰《文通》这样一部书。一来他的学养不够；二来天主教会不会允许读凡俗之书，即使可以读也不许从事非宗教书籍的著作。许先生的意见也遭到反驳：马相伯虽然获神学学位并成为教士，但他与许多殷实人家子弟一样，自幼便在私塾读古文，早就读毕四书五经，他自己曾自称“国文比较有些根底”，章太炎先生也曾论及当时精通西学的四大名士（严复、马相伯、辜鸿铭、伍廷芳）中，马相伯的中文是最为纯熟的。再说，外国人开办的教会学校除了教授西文、神学等科目外，都把中文和中国经籍作为必修主课，否则无法为中国社会接受。因此，马相伯读遍中国典籍是不足为奇的。

蒋文野考察，马建忠著《马氏文通》的时候，马相伯并不在上海，因此他也不可能是《马氏文通》的作者。此说也有偏颇之处，马建忠作《马氏文通》大约始于19世纪80年代中期，至1896年完成初稿，撰著加修订的时间，至少有十年以上。这段时间里，马相伯出入政界，先与美商谈判收回招商局事宜，又向李鸿章建议筹措外资，兴办实业，建立海军，并亲赴美国商借巨款。1887年，他回国向李鸿章述职，虽知在政界已无大作为，但还是很关心洋务实业，心系国事。大约在1890年，他回到上海，以养病为名，远离政界。1893年，马相伯的妻子和儿子死于海难，这对他的尘世生活是极大的打击。1895年，他母亲临终遗言又希望他重归教会。三年后，马相伯终于再度成为一名神父。根据上述情况可以推测，在马建忠刚开始写《马氏文通》的几年中，马相伯忙于政事，或者没有时间与其弟在一起编书，但是在1890—1898年间，马相伯基本都在上海，不能说他没有和马建忠共同著书的可能。

林玉山认为，马建忠只是《马氏文通》的署名作者，实际作者应是马氏兄弟两人，马相伯的作用也绝对不限于“帮助”“校订”而已，他与其弟切磋琢磨了二十多年，形成了《文通》的框架、体例、材料、观点，这完全属作者行为。《马氏文通》原稿有百万字以上，由马相伯删去三分之二，始成定本四十万字，这样大面积的删改，也应属作者的工作。因此，林先生认为，把《马氏文通》完全说成是马建忠或马相伯独撰的，都不符合历史事实，实际作者应是他们两兄弟，当然，马建忠是主要作者，马相伯是次要作者。

或许有人会问，马相伯既然是实际作者之一，为什么《马氏文通》仅由马建忠单独署名？既然马相伯于该书有很大的功劳，为什么马建忠在序文或附志中只字不提？其实，人们只是以今天的眼光看百年前的事情才会觉得此事难以理解。很可能，马氏兄弟虽多方合作，但在署名问题上却认为是小事一桩，无须斤斤计较；至于在序文中道谢之类，以他们的兄弟情感，更觉得无此必要。

澄清《马氏文通》的作者，是考察中国学术史的需要。《马氏文通》草创了中国语法学，为中国现代语言学的建立奠定了基础。马建忠是壮年骤逝，没能继续语法探究，因而以往对《马氏文通》的研究也仅限于《文通》本身。如果能断定马相伯也是作者之一，那么，在马相伯身上，尤其是在马相伯所著的《致知浅说》一书中，人们可以找到《文通》思想的延续、发展和更新，这无疑是中国语法学研究一片新的绿洲。

下落不明的“北京猿人”

1929年12月2日下午4时，在北京西南约50千米处的周口店，当时还是刚毕业大学生的考古学家裴文中在昏暗的山洞中发现了一个完整的“北京猿人”头盖骨化石。1936年，接替裴文中工作的贾兰坡又在周口店发掘到五个头盖骨化石，这些发现是古人类学、考古学研究中的一件划时代大事，因为它不仅使中国人认识了自己的童年，还证明了从猿到现代人之间，确实曾有过“直立人”的阶段，它介于“南猿”和“智人”之间，是从猿到人进化过程中的重要环节。中国人为之激动了，世界为之震惊了，“北京人”化石丰富了人类精神财富，也当之无愧地成为中国的国宝。

这些珍贵的化石一直存放在北京协和医院，由著名的瑞典人类学家魏敦瑞主持研究。第二次世界大战爆发后，魏敦瑞为化石的安全计，提议将其运往美国，得到中国政府的同意。1941年，珍珠港事件发生前不久，协和医院总务长美国人博文通知将化石秘密装箱，运到美国大使馆，准备随美国海军陆战队运往美国。但从此以后，“北京人”化石就消失得无影无踪。当时以及战后，人们不知花了多少精力去寻找这批珍贵化石，悬赏金曾高达10万至50万美元，但千呼万唤不出来。这一神秘的失踪，被称为20世纪中国最大的科学悬案。

“北京人”化石究竟到哪里去了呢？一般认为，有几种可能。

其一，在日本。按照当时的计划，运往美国大使馆的化石应该由海军陆战队送上“哈里逊总统号”邮船带往美国自然历史博物馆。但是，专用列车在秦皇岛被日军截获，邮船也一直没驶到秦皇岛。既然专列落在日本人手中，那么，化石也应该在日本人手中。而日本人在化石失踪后曾大肆宣扬其“被窃”，不仅派人对医学院进行严密的监视和搜寻，还动用了老牌特务锭者繁晴暗访。但不久就再不提及此事，并以经费问题为由，停止寻找。人们以为，日本人当时已经找到了化石，否则是不会如此善罢甘休的。二战结束后，当时的中国代表团向同盟国总部要求日本归还“北京人”化石，但是，日本归还的标本物品中只有部分石器、骨器和动物遗骸，而最珍贵的“北京人”头骨、下颌骨等都不在其中。也有人认为，当时劫火车的日本人不懂化石的珍贵价值，或许将它们当作破烂扔掉，或许将它们视为“龙骨”之类入药，当然，也有可能流落在日本民间。

其二，在美国。由海军陆战队通过油轮运送是人们熟知的方案，但是，很难说当时美国只有一套运送方案。是否有可能，那次开往秦皇岛的专列仅是一次声东击西呢？1972 年，美国金融家“希腊古物基金会”主席贾纳斯访问周口店，回国后立即登报悬赏，要求人们提供线索，赏金从 5 000 美元增加到 50 万美元。不久，有一位妇女约见贾纳斯，声称她丈夫从中国带回的文物中有“北京人”化石。她拿出了装有化石箱子的照片，上面的中文字还隐约可见。当发现旁边有人拍照时，这妇人惊慌地匆匆离去，以后又寄了一张化石的照片，再没了音讯。美国人类学权威夏皮诺博士认为“照片上的头颅化石和北京猿人一模一样，一经目击我立刻就能分辨”。但也有人认为，照片上出现的是周口店从未出现过的盆骨和指骨，那女人只是个骗子。以后，贾纳斯没有停止寻找活动，也收到过不少提供线索的电话和信件，无一收效。据《纽约时报》1981 年 2 月 26 日的消息，贾纳斯被控有欺诈 64 万美元之嫌，为寻找活动而筹集的款项大部分都被他占为已有。

其三，仍在中国。20 世纪 70 年代初，有一名美国人认为化石仍在中国的天津，并提供了三条线索，有关部门特意组织了相关的调查，但都被证实是讹传。80 年代初，中国人类学家周国兴发现一条新的线索，据说，珍珠港事件爆发之前，有一卫兵守在美国海军陆战队总部和美国大使馆相通的门口，看到两人抬了一箱东西，埋在大使馆后院。周国兴推测这很有可能是化石，他还找到了这个地方，可惜上面盖有房屋，无法发掘。90 年代中，一个曾在“731 部队”工作过的日本军医吉村在临终前透露一件“非常遗憾”的事，就是他曾经参与转移“北京人”化石，并将化石埋在某处。为此，中科院古脊椎和古人类研究所对吉村所指的地方进行了挖掘，但毫无结果。但是人们没有放弃希望，不少高校学生当上志愿者，参加艰苦的发掘活动；许多人打进热线电话，提供可能带来重大突破的线索；还有一些个体从业者表示愿意捐款，“非找到不可”。这次被称作是“世纪末的寻找”的活动在国人的企盼中进行着，但日历无情地翻到了 2000 年，“北京人”化石仍然没有出现在新世纪的门槛前。

其四，沉于海底。有人认为，化石当时确实已装上了邮船，但邮船在赴美途中遭海难，“北京人”也随之沉没于太平洋海底。还有人说，日本人截取了火车上的化石，并装上驳船，准备装到一艘开往天津的货船上去，但驳船翻掉了，“北京人”自然就长眠于海底了。这些说法都因查无实据而不太令人信服。但是，在 20 世纪末的时候，一位多年追踪研究二战时日本沉船“阿波丸”号秘密的中国记者提出新说：“北京人”化石很可能随“阿波丸”号沉睡海底。

“阿波丸”号是二战期间日本的民用货船，因为是唯一被特许为“不被进攻”“不被检查”“不被干涉”的万吨巨轮，它承载着多种使命。1945 年 4 月 1 日，它在从东南亚撤回的途中，于福建平潭牛山岛海域被美国潜艇击沉，船上二千余名军政要员、家属及成员除一人外无一生还。当时由于种种原因没能全面打捞。据多方资料考证，“阿波丸”号装载着日本军国主义掠夺的大量金银珠宝，其中有四十箱艺术品和贵重物品，都是日本侵略军在中国境内由北向南推进时掠夺并从中国偷运出去的，很有可能包括了“北京人”化石。已经打捞出来的物品中，就有伪满洲国政要郑禹的家藏小官印及郑孝胥安葬后分赠后人的官砚等，足以证明船上有中国的文物宝器。1977 年，交通部和海军曾共同组成打捞队寻找“阿波丸”号，仅用了一天时间，人们就找到了沉睡了三十二年的巨轮，但是限于当时的打捞技术，历时三年的打捞只捞起了 3 000 吨锡锭及部分散落物品和大量尸体，被放置在舱内固定位置的贵重物品根本无法打捞，“阿波丸”号又重新沉寂于海底。

“阿波丸”号上究竟有没有“北京人”？只有等沉船浮出水面才能真正揭晓。北京周口店“北京人”遗址保护委员会主席贾兰坡曾呼吁：

"北京人"的价值决定了在没有找到之前任何线索都至关重要，因此应该尽快再次打捞"阿波丸"号，尽快揭开"北京人"下落之谜。许多爱国人士和著名专家也都在积极努力促成其事。有关"北京人"的踪迹能不能在 21 世纪有一个令人信服的答案？全世界都在翘首以待。

谁是甲骨文的发现者

甲骨文是商周时期人们在龟甲和兽骨上刻写的文字，也称为“殷虚甲骨文字”“龟甲文”“契文”“贞卜文”“殷墟卜辞”“殷墟书契”等，是世界三大古文字（西亚楔形文字、腓尼基字母）之一。

甲骨最早是于清同治年间（1862—1874）在河南安阳西2.5千米的小屯村发现的。小屯是个有丰富蕴藏的地方，罗振常《洹洛访游记》说：在小屯及其附近，土中“埋藏物多，每耕耘，或见稍奇之物，随即其处掘之，往往得铜器、古泉、古镜等，得善价”。某日，一农人耕地时得到一些龟甲和兽骨，拿回家洗净后发现，有的甲骨上还有一些曲里拐弯的线条。农人想这应该是好东西，于是收藏起来，希望卖个好价钱。不料日子一天天过去了，却没人对此感兴趣，他只好把甲骨拿到药铺，当作入药的龙骨、龟板以很便宜的价格卖了。

龙骨、龟板是两种性能差不多的中药材，可用作安神消炎、敛疮生肌及止血。由于无人见过龙，更不要说龙骨了，于是这些出土的兽骨被当成龙骨。实际上，中医所说的龙骨是指古代兽骨化石。

还有一说，当时小屯村有个剃头匠，把龟甲、兽骨研成粉末，当作止血的“刀尖药”。每当他剃头不慎划破客人皮肤时，就敷上一点药末，以止血消炎。这样一来，“甲骨功效神奇”被传得越来越远，药铺

商代祭祀狩猎涂朱甲骨文

也愿意多多收购。农闲时，人们到处寻找甲骨，送药铺换钱。由于出土甲骨太多，药铺也挑肥拣瘦，把刻有文字的当作劣品。为了卖掉甲骨，人们不惜费力把文字统统刮掉。

那么，第一个认定甲骨上所刻为殷商卜辞，从而发现了中国现存最古老的文字的是谁呢？众说纷纭，至今已出现王懿荣、王襄和孟定生、范姓商人和英国人山苗尔·库林（Samuel Couling）等多种说法。

1931年，汐翁在《华北日报·华北画刊》上发表《龟甲文》一文，详细介绍王懿荣偶得甲骨文的经过。王氏系晚清国子监祭酒，清光绪二十五年（1899）他得了病，家人从北京宣武门外菜市口达仁堂中药店买回中药，其中有一味“龙骨”。王氏发现龙骨上刻有从未见过的文字，十分惊讶，于是亲自到药店用高价买回一批刻有文字的龙骨。经过辨识，系商代文字。就这样，王懿荣成了最早发现甲骨文的人。另据王懿荣之子王崇焕《王文敏公年谱》和刘鹗《铁云藏龟》介绍说，光绪二十六年潍县（今山东潍坊）范姓古董商，将河南安阳小屯村一带出土的百片刻有古文字的龙骨带到北京，王懿荣见后“大喜、狂喜”，遂用高价买下，此后又购得数千片，开始了甲骨文的研究工作。陈梦家《殷虚卜辞综述》也主张王氏是收藏和鉴定甲骨文的第一人。

但是，1983年，李先登在《光明日报》上发表了《也谈甲骨文的发现》一文，认为最早发现甲骨文的是天津学者王襄和孟定生。他否定王懿荣发现甲骨文的力证是，当时菜市口没有达仁堂中药店，况且中药店出售的龙骨均已敲碎，不可能带有文字。而范姓古董商曾于光绪二十四年去天津，向王襄和孟定生请教有关龙骨的问题。王、孟两人劝范氏收购龙骨，次年范氏购得带有文字的甲骨片，请王、孟两人鉴定，才确定龙骨上的文字是古文字。范商索价“计字论值，每字一金（白银一两）”，王襄和孟定生财力有限，只能购买其中一小部分，其余被范氏悉数携至北京，卖给王懿荣，得价三千金。

郭沫若则在《中国古代社会研究》中认为：“甲骨之第一发现者则当为潍县范商，更广义的说则当是小屯的农民。”据介绍，宣统元年（1909）罗振玉得知甲骨出土于安阳小屯后，曾亲自到小屯去考察过。

英国人山苗尔·库林撰《河南所出的奇骨》一文，以甲骨文首先发现者自居。库林当时是居于潍县的传教士，庚子之乱后，范姓古董商将甲骨运回潍县，库林也曾购得部分，以后又转卖给不列颠博物馆和匹兹堡、爱丁堡、芝加哥等地的博物馆。然而，据郭沫若所见库林文章中插入的甲骨文图版，均系古董商人仿刻。由此看来，库林决不可能是我国甲骨文的最早发现者。

上述诸说中，王懿荣、王襄和孟定生都有可能是甲骨文的发现者，而王懿荣说影响最大。王懿荣，字廉生，山东福山（今烟台市福山区）人，光绪进士。光绪二十六年，八国联军攻打北京，他“率勇拒之”，因寡不敌众，军溃，遂投井自尽，以身殉国，其所得甲骨后来全归

● 刻有文字的甲骨

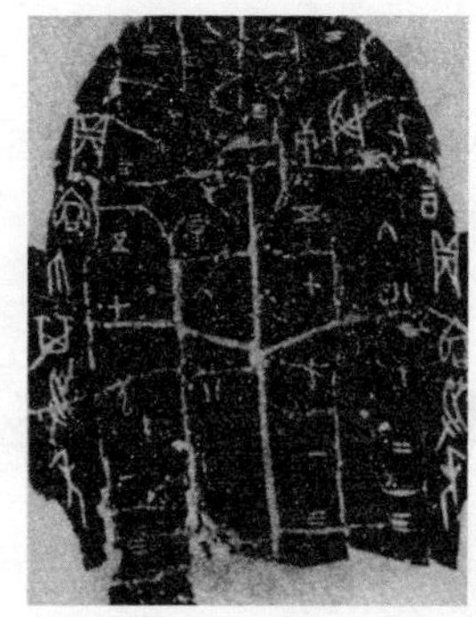

刘鹗。

无论王懿荣是不是发现甲骨文之第一人，他至少也是第一位大量收藏有文字的殷商甲骨者。他不惜巨资收购和收藏，为保护甲骨文作出了重要的贡献。

● 灼过的甲骨

罗氏藏甲的疑谜

王懿荣殉国后，他收藏的大量龟甲，先为刘鹗所得，后被罗振玉收藏，由此引发了罗氏藏甲的悬案。

罗振玉字叔蕴、叔言、式如等，号雪堂、贞松老人。他学识渊博，著作等身，成就斐然。甲骨出土后，其搜集、保存、传播之功，罗振玉当居第一。罗振玉从光绪二十八年（1902）开始收藏甲骨，刘鹗戍死边陲后，所收藏的五千余片甲骨，除一部分归英国人哈同，一部分归丹徒叶玉森，其余大部分则归罗振玉。之后，罗振玉“遣山东及厂肆古董商至河南购求，得万余片。继又遣戚属至安阳采掘，收藏增至三万余片。”他的甲骨藏品之多，是当时其他收藏家都无法比拟的。与许多学者一样，罗振玉收藏甲骨，不仅仅是收藏，更注重研究。他通过对甲骨的研究，首先考证出河南安阳甲骨，即出自殷墟，为甲骨文字研究作出了不可磨灭的贡献。其所撰《殷虚书契前编》《殷虚书契后编》《殷虚书契续编》《殷虚书契菁华》等四书，是研究甲骨学的学者必读的文献资料。

1940 年，罗氏在旅顺病逝，所藏的甲骨旋即成为人们寻找的目标。有传说他寓居大连时，将所藏甲骨存放在寓所“寒斋”的书柜中，但人们遍寻不得。罗氏藏甲，就成为抗战期间收藏界的一大谜案。

抗战胜利后，中共胶东区委派遣干部到大连接收原属日本人开办的企业。一般情况下，在企业工作的日本人都选择了回国，但是，远东榨油厂有一自称是工程师的日本人却不愿离开，考虑到他的身份，中方同意他留下。不久，派驻厂中工作的山东各救会干部田砚在一个弃置厂院的角落里发现了一个四面密封焊死的大铁箱，铁箱上锈迹斑斑，可见封存已有一段时间，但是却没人知道其来历。他还注意到那个日本工程师也在暗中关注铁箱，这引起了他的警惕。田砚找机会打开了铁箱，一看，里面竟然藏着八十四个精致的楠木小匣，匣中存放着一千二百七十片甲骨。胶东行署各救会会长张修竹知道这一惊人的发现后，立即派人秘密将其运往山东栖霞根据地。铁箱被打开并运走后，那个不愿离厂的日本工程师也就不辞而别了。

解放战争中，胶东区委为确保这批甲骨的安全，专门派人加以保护。20世纪50年代，胡厚宣鉴定这批甲骨时，意外发现这就是日伪时期下落不明的罗氏藏甲！

这批甲骨何时所藏？为何人所藏？为什么会放在远东榨油厂？原来打算运到哪里去？一连串的问题引起人们的思索，可惜几十年来都无解。有人说这批甲骨是被日本人劫掠而未能及时带走的，这种说法也许有一定的道理，但也没有史料依据。此外，即便这批甲骨确为罗氏所藏之物，但数量也不到其全部藏品的二十分之一。那么，其余大量的罗氏所藏甲骨又在何方呢？

敦煌藏经洞是如何被发现的

19世纪最后一个春天，清光绪二十六年（1900）的五月，甘肃敦煌莫高窟藏经洞现世，这一重大发现震撼了世界，吸引了无数人的目光。

藏经洞内堆满了文物，共有佛经、文书四万七千余件，纸绢绣画、木刻印刷品、铜木法器一万余件，极具历史、艺术、文献、史料等价值。如写经就有佛经、道经、摩尼经、景教经等，有些非常珍贵，久已失传的佛经《大乘四法经论》等在此均有保存。此外，还有目前世界上保存年代最古、最完整的印本书——刻于唐咸通九年（868）的《金刚经》。敦煌学界给予这些文物高度评价，称赞这是“中国历史上从来没有过的。过去几次学术上的发现，例如汉代的孔壁遗文，晋代的汲冢竹书和近五十年来的居延汉简，殷墟甲骨，都不能和它比拟”。

藏经洞发现至今才百余年，但是它是如何被发现的，却早已说法不一。

目前流传最广的是，有一个叫王圆箓的人，因家乡湖北麻城连遭灾荒，生计难以维持，逃荒到甘肃。也有说，他原是肃州巡防军的退伍士兵。总之，因穷困，出家当了道士。王圆箓来到敦煌莫高窟住定后，在窟南区北段清理沙石，供奉香火，收受布施，兼四出布道募

莫高窟

化，小有积蓄后，乃于莫高窟第十六窟东侧建太清宫道观，即今“下寺”。因布道的需要，王道士请了一位姓杨的人，为他抄写经文。这位姓杨的就在该洞窟的甬道里置一案，背壁而坐。姓杨的好吸旱烟，在抄经之余，常用芨芨草燃火点烟，并将燃余之草随手插入身后窟壁的裂缝中。一天，余草较长，当草全部插入缝中，仍未到底。姓杨的甚感奇怪，便用手拍打窟壁，听到空空的回声，他把此事告诉了王道士。王道士与姓杨的在天黑之后，打开了这堵墙壁。墙壁打开后，里面露出一扇小门，打开小门，里面则为一个复室。王道士拿来油灯一照，惊奇地看到里面堆满了法器、经卷、文书、绣画等。藏经洞就这样被发现了。

但是，据王道士的徒弟于1931年为王道士所立的墓志说，在光绪二十五年五月二十五日，王道士以流水疏通洞中多年积沙，沙出壁裂一孔，仿佛有光，遂破墙壁，从而发现了藏经洞。此说疑点不少，如以水疏通洞中积沙，似不可能；且莫高窟处于沙漠之中，也不可能引水疏沙。又如壁裂一孔，仿佛有光，与藏经洞深入甬道，洞口向南背

● 称为"藏经洞"的第十七窟

光的实际情况不符，似难以为据。

另外，据叶昌炽《缘督庐日记》、王道士《催募经款草册》等说，在光绪二十六年五月二十六日清晨，忽有天炮响震，原来封在洞口的泥土开裂，一洞窟隐约可见。王道士赶紧与工人一起用锄头挖掘，终于发现了一间高约1.6米，宽约2.7米，略呈长方形的复室，名扬天下的藏经洞就在不经意间被发现了。王道士和叶昌炽都是最早接触藏经洞及其文献的人，他们所记述的发现经过想必也不会是凭空杜撰的。

沉睡了近九百年的敦煌藏经洞的被发现，是人类文化史上的一件大事。然而，它的发现经过究竟是怎样的，至今仍是一个谜。